俄罗斯教育发展
对其国家竞争力影响之研究

单春艳 ◆ 著

吉林大学出版社

·长　春·

图书在版编目（CIP）数据

俄罗斯教育发展对其国家竞争力影响之研究 / 单春
艳著. -- 长春：吉林大学出版社，2021.5（2025.1重印）
ISBN 978-7-5692-8382-2

Ⅰ. ①俄… Ⅱ. ①单… Ⅲ. ①教育事业－影响－国际
竞争力－研究－俄罗斯 Ⅳ. ①F151.2

中国版本图书馆 CIP 数据核字(2021)第 099100 号

书　　名	俄罗斯教育发展对其国家竞争力影响之研究
	EDUCATION DEVEL OPMENT ON NATIONAL COMPETITIVENESS IN RUSSIA
作　　者	单春艳　著
策划编辑	孙　群
责任编辑	矫　正
责任校对	殷丽爽
装帧设计	李　玉
出版发行	吉林大学出版社
社　　址	长春市人民大街 4059 号
邮政编码	130021
发行电话	0431-89580028/29/21
网　　址	http://www.jlup.com.cn
电子邮箱	jdcbs@jlu.edu.cn
印　　刷	长春市昌信电脑图文制作有限公司
开　　本	787 毫米×1092 毫米　1/16
印　　张	15.5
字　　数	270 千字
版　　次	2022 年 1 月　第 1 版
印　　次	2025 年 1 月　第 2 次
书　　号	ISBN 978-7-5692-8382-2
定　　价	65.00 元

序

　　国家竞争力这一概念自20世纪80年代开始为世界各国所关注并日益受到重视。随着经济全球化趋势的加强，国家之间的竞争日益激烈，人们深刻意识到国家竞争力的提升对于一国国民财富的增长和经济持续繁荣的重要性，有关国家竞争力问题的研究也持续升温。对国家竞争力问题的深入研究表明，教育对国家竞争力的提升具有重要的作用，是保证一国具有持久竞争力的重要因素。本书以俄罗斯为研究对象国，围绕教育发展对国家竞争力的影响这一问题，借助相关的国家竞争力理论以及俄罗斯本国对国家竞争力问题的研究，探讨全球化背景下俄罗斯教育的发展对其国家发展及国家竞争力的影响。

　　本书首先对教育发展与国家竞争力之间的关系进行梳理和探讨。教育发展与国家竞争力之间的关系实际上是教育与国家关系在新的时代条件下的升级，笔者主要以美国学者波特的国家竞争优势理论、欧洲两个研究国际竞争力的权威组织以及俄罗斯学者对于国家竞争力问题的研究为基础，探讨教育发展与国家竞争力之间的关系。

　　接下来进入本书的主体部分，探讨俄罗斯教育的发展对其国家竞争力的影响，这也是本书的核心部分。主要从三个方面展开：首先，俄罗斯教育发展对其国家竞争力产生影响的历史根基和现实环境，即俄罗斯的教育在其国家历史发展过程中形成了怎样的特质，积累了怎样的优势，当前其国家的政治、经济、文化以及外交环境将对教育产生哪些影响；其次，针对俄罗斯教育发展对其国家竞争力的影响进行可能性分析，主要从其教育领域的宏观教育政策、人才培养上的变革以及教育质量的提高等三个方面展开；最后力图通过量的描述和分析对两者之间的关系加以进一步的研究，主要通过教育发展指标来考查教育领域所取得的基本成效，并与国家竞争力指标体系或者国民经济发展中的一些重要方面建立联系。

　　本书最后一章是对前面的阐述和探讨进行因素分析和总结，分析教育发展对其国家竞争力产生影响的内外部因素。笔者认为，在国家竞争力的提升过程中，教育的功用具有相当突出的影响和意义，教育的发展能够对国家竞争力产生影响是多方面因素作用的结果，包括教育长久以来积淀下来的优势、外部环境状况以及教育自身的不断变革和更新，进而引出教育发展对国家竞争力产生影响的三个基本特征：潜在性、周期性和持久性。

本书旨在通过对俄罗斯教育发展对其国家竞争力的影响研究，为我国教育的改革发展、教育体系的完善和制度创新提供经验借鉴，认识到教育的发展对于一国国家竞争力提升的重要意义，并通过政策推动、改革创新、发展完善等方式促进教育发展对国家竞争力的提升产生积极影响。

目　录

第一章　绪　论..1

　第一节　研究背景与意义..3

　　一、研究背景..3

　　二、研究意义..6

　第二节　文献综述..7

　　一、关于国家竞争力的相关研究..7

　　二、关于教育在国家竞争力中作用的相关研究....................11

　第三节　概念界定..13

　　一、俄罗斯..13

　　二、教育发展与教育竞争力..13

　　三、国家竞争力..16

　第四节　研究思路和方法..18

　　一、研究思路..18

　　二、研究方法..20

第二章　教育发展与国家竞争力之间关系的理论探讨.................23

　第一节　教育与国家的关系..25

　　一、教育——作为国家统治的工具......................................26

　　二、教育——对国家形成与建设的重要意义........................28

　　三、教育——国家经济腾飞的重要保障................................30

第二节 国家竞争力理论及其评价体系 32

 一、国家竞争力理论及国家竞争力评价体系 32

 二、俄罗斯关于国家竞争力问题的探讨 37

第三节 教育发展与国家竞争力关系解读 47

 一、教育通过人才培养为国家竞争力提升积蓄优质人力资源 ... 48

 二、国家竞争力的提升主要依靠优质人力资源推动生产力的发展而
  实现 52

第三章 俄罗斯教育发展对其国家竞争力产生影响的历史根基和现实
  环境 57

第一节 俄罗斯国家形成、发展中教育特质和优势的形成 59

 一、俄罗斯教育发展对其国家形成和建设的贡献 59

 二、教育发展对俄罗斯国家崛起的重要意义 63

 三、俄罗斯教育在其国家发展中所形成的特质和优势 64

第二节 21世纪以来俄罗斯教育发展的现实环境 66

 一、普京执政时期经济的复苏及对教育的推动作用 67

 二、俄罗斯国家发展思想对教育发展的保障作用 68

第四章 俄罗斯教育发展对其国家竞争力产生影响的可能性分析 77

第一节 宏观教育政策的实施——教育发展对国家竞争力产生影响
  的方向引导 79

 一、教育现代化构想 79

 二、青年教育政策 83

 三、民族教育方案（Национальный проект《Образование》）..... 87

第二节　人才培养上的变革——教育发展对国家竞争力产生影响的
　　　　潜在力量 90

　　一、俄罗斯教育领域的人性化、人文化改革 91

　　二、人才培养上的创新 99

第三节　教育质量的提高——教育发展对国家竞争力产生影响的关
　　　　键因子 109

　　一、教育质量体系建设 109

　　二、国家教育标准的不断改善 122

　　三、大学排名体系建设 130

第五章　俄罗斯教育发展对其国家竞争力产生影响的现实性分析 139

第一节　俄罗斯教育发展指标分析 141

　　一、教育发展指标的界定 141

　　二、俄罗斯普通教育发展指标及分析 144

　　三、俄罗斯高等教育、科学研究发展指标及分析 159

第二节　俄罗斯教育发展指标及其在国民生产领域的反映 183

　　一、俄罗斯国家竞争力指标分析 183

　　二、俄罗斯教育发展指标及其在国民经济领域的反映 187

第六章　教育发展对国家竞争力产生影响的因素分析及基本特征 199

第一节　教育发展对国家竞争力产生影响的因素分析 201

　　一、教育的传统优势——教育对国家竞争力产生影响的基础 201

　　二、国家的外部环境——教育发展对国家竞争力产生影响的条件 204

　　三、教育自身的生命力——教育发展对国家竞争力产生影响的内因 208

第二节　教育发展对国家竞争力产生影响的基本特征..................210

　　一、教育发展对国家竞争力产生影响的潜在性..........................211

　　二、教育发展对国家竞争力产生影响的周期性..........................213

　　三、教育发展对国家竞争力产生影响的持久性..........................217

结　语...221

参考文献...229

后　记...237

Education Development
on National Competitiveness
in Russia

———————— · 第一章 · ————————

绪　论

第一节 研究背景与意义

一、研究背景

20世纪80年代初，经济全球化和贸易自由化使得各国间的竞争日益激烈，与此相伴的是部分国家企业和产业的国际竞争力的下降，这个自然的经济演变过程把许多国家卷入了激烈的国际竞争之中，一些西方发达国家纷纷开展对竞争力问题的研究，以应对国家竞争力不断下降的事实。

最先对国家竞争力问题进行研究的是美国、欧洲一些国家和组织。1978年美国白宫和参议院要求美国技术评价局对美国的竞争力问题进行研究。1980年，美国劳工部国外经济办公室提交的"关于美国竞争力的总统报告"是美国发布的第一份正式的国家竞争力报告。[①]鉴于美国一些支柱产业为别国所超越，里根总统于1983年设立了一个产业竞争力委员会，两年后，该委员会提交了具有广泛影响的《总统委员会关于产业竞争力的报告》。1987年，以迈克尔·波特（Michael Porter）教授为首，在哈佛大学成立了一个研究小组，出版了《国家竞争优势》一书，提出了著名的"钻石模型"理论。在欧洲，总部设在瑞士日内瓦的世界经济论坛（以下简称WEF）自1980年开始进行国家竞争力排名的研究，1985年它与瑞士洛桑国际管理学院（以下简称IMD）合作，对工业化国家和重要发展中国家的竞争力进行综合评价。英国经济与社会研究会于1983年联合英国高等院校，对二十多个有关国际竞争力的专题进行研究。在美英两国的带动下，其他欧洲国家及日本、澳大利亚、韩国、新加坡、中国香港、印度、巴西等国家和地区也相继展开对国家竞争力问题的研究，形成一股世界性的研究热潮。

中国对国家竞争力的研究始于1989年，原国家体改委与WEF、IMD商定进行国家竞争力方面的合作研究，90年代初，我国出版了第一本关于国际竞争力的书籍——《国际竞争力》，是原国家科委重大软件科学课题

---

① 张金昌.国际竞争力评价的理论和方法研究[D].中国社会科学院研究生院，2001：4.

"国际竞争力的研究"的研究总结（狄昂照，1992）。1996年，原国家体改委经济体制改革研究院与深圳综合开发研究院、中国人民大学联合组成中国国际竞争力研究课题组，并于次年出版了《中国国际竞争力发展报告（1996）》。[1]我国经济学家樊纲认为："竞争力是一国商品在国际市场上所处的地位，商品在市场上是否具有竞争力来源于同样质量的产品具有较便宜的价格，或者说同样质量的产品具有较低的成本。"[2]

对国家竞争力问题的深入研究表明，教育对国家竞争力的提升具有根本性的作用，是保证一国具有长期持久竞争力的重要因素。教育的发展水平决定着一国的科技发展速度和国家经济的发展，如果一国教育发达、科研实力雄厚，该国就可能在国际竞争中处于优势地位。波特在他的国家竞争优势理论中指出，国家的竞争优势取决于四个基本要素，其中的高级生产要素是通过长期投资和培育创造出来的，如复杂和熟练的劳动力、科研设施以及专门技术知识。波特认为高级生产要素对竞争优势具有更重要的作用，因此，政府通过加大对基础教育和高等教育的投资，提高人的普通技能和知识水平，刺激和鼓励高等教育与科研机构的研究，将会极大地提高国家高级生产要素的质量，[3]进而有助于该国国家竞争优势的获得。在WEF和IMD的国家竞争力评价指标中都包含教育的因素，2007年WEF在对国家竞争力评价指标体系进行修正时，特别将初等教育和高等教育作为支柱，与以往相比对教育的重视程度有了很大提高。[4]IMD在对国际竞争力数据进行分析的基础上，总结出了提升国际竞争力的"十大金律"，其中之一就是：向教育投资，特别是在保持基本教育水平和劳动力的终身技能素质培训上的投资。[5]

作为一个大国，俄罗斯在当今世界政治经济格局中仍占有非常重要的地位；作为一个正处于经济、社会转型中的大国，俄罗斯的发展深受国际

---

① 胡列曲，丁文丽.国家竞争力理论及评价体系综述[J].云南财贸学院学报，2001（03）：57.

② 樊纲.论竞争力：关于科技进步与经济效益关系的思考[J].管理世界，1998（03）：10.

③ 张守锋，韩君.从比较优势到竞争优势——国家竞争优势理论评述[J].社科纵横，2006（09）：60.

④ 国家发展和改革委员会体管所国际竞争力比较课题组.全球竞争力报告.2006—2007述评——解读我国的竞争力评比结果[J].中国经贸导刊，2007（23）：19.

⑤ 朱春奎.国外竞争力理论研究综述[J].生产力研究,2004（01）：187.

社会的瞩目；作为一个地域广阔，有着深厚历史积淀的国家，对俄罗斯国家当前现状及未来发展进行研究具有十分典型的意义和重要的研究价值。

苏联解体后，俄罗斯在向市场经济转轨的过程中遇到了政治、经济、社会等各方面的困难。特别是经济的全面滑坡，造成连续几年工农业生产递减，人民生活水平下降。但这并不能说明俄罗斯已不再是一个经济大国，也不能由此否认其巨大的经济发展潜力。一些西方发达国家仍将其看作是具有雄厚发展潜力、可能重新崛起的大国。美国高盛集团将其列为"金砖四国"（BRICs）之一，美国A.T.科尔尼咨询公司将其评为"越来越具有投资吸引力的国家"。①1994年俄罗斯首次被列入世界各国经济竞争力分析报告，1996年俄罗斯在世界46个国家竞争力排名中列最后一位。1998—2007年，IMD框架下俄罗斯国家竞争力排名基本上徘徊在第43–54位之间，②尽管俄罗斯在世界各国国家竞争力的排名中靠后，但其在居民普通教育水平、科研机构和组织的数量方面、科学家和工程师人数等指标上的排名还是比较靠前的。20世纪90年代末，在世界经济竞争力的坐标体系中，科技潜力和人力资本依然是俄罗斯的最强项。截至2007年中期，从WEF的视角看，俄罗斯的国家竞争力在某些方面依然保持着相当的优势。除自然资源外，还有其公民的受教育水平较高，基于开发与研究的创新能力相当强。③

总之，随着经济全球化进程的加快，各个国家间的竞争愈来愈激烈，如何有效地提升国家竞争力将是未来很长一段时间整个世界集中关注的问题，而教育作为影响国家竞争力的重要因素也必将成为人们关注的焦点。俄罗斯仍是当今世界上的一个大国，其在教育上历来就有别于其他国家并保持着自己的优势。研究其教育发展对国家竞争力的影响，并从中总结出教育发展对国家竞争力产生影响的一些基本特点，不论对于相关的理论研究还是具体实践都具有重要意义。

---

① 唐朱昌.俄罗斯经济重新崛起的前景分析[J].东北亚论坛，2005（05）:78.

② 刘军梅，刘志扬.俄罗斯经济的竞争力、发展困境及其出路[J]. 俄罗斯中亚东欧研究，2007（04）：26.

③ 参见张聪明.俄罗斯的综合国力和国家竞争力[M]//邢广程主编. 俄罗斯东欧中亚国家发展报告（2008）.北京:社会科学文献出版社，2008.

二、研究意义

（一）理论意义

1.通过对俄罗斯教育发展对国家竞争力影响的分析，能够丰富有关教育与国家关系的理论研究。从文献综述中可以看出，以往对于教育与国家关系的研究很少从提升国家竞争力的角度进行深入的研究和专门的探讨，或者仅是从某一方面如促进经济增长的作用进行研究和探讨，直接关于教育对国家竞争力提升的影响的分析还不多见。因此，本书从教育提升国家竞争力的视角，在研究教育与国家的关系的基础上借助国家竞争力理论进行进一步的研究，探求其中的一些规律性的结论，以期能够对教育与国家发展之研究有所增益。

2.运用教育与国家形成理论、竞争力理论分析俄罗斯教育，为开展俄罗斯教育研究提供新视角。当前，国内对俄罗斯这个国家进行相关研究的人员不断增多，这既是中俄两国友好关系深入发展在文化上的直接反映，也是因为俄罗斯向来是国别研究中不可缺少一部分。我国教育界的学者、专家们一直都在关注着俄罗斯教育领域的每一举动，因为每个人的兴趣和身份角色的不同，使得对俄罗斯教育的研究也呈现出多样的特点。就笔者近几年来所阅读大量的相关研究资料来看，对俄罗斯教育的某一方面的研究比较多见，而对于俄罗斯教育与国家发展之间关系的研究还并不多见，吴式颖老师2006年所撰写的《俄国教育史——从教育现代化视角所作的考察》一书是当前俄罗斯教育与国家发展研究中少有的专著。本书力图为这一领域的研究提供一个新视角。

（二）实践意义

1.从教育的角度认识俄罗斯国家实力。当前，教育对国家发展的重要作用这一论断已被人们广为熟知且深信不疑。那么教育到底是如何成为国家发展的关键因素，成为国家竞争中的王牌的呢？针对这一问题，以舒尔茨为代表的经济学家们通过大量的、连续的实证分析论证了这一点，但是，这些理论也存在着分析不全面的弊病。国家竞争力理论的提出，为我们研究教育与国家发展之间的关系提供了一个新的方向。

与经济学不同，教育是一个较为庞杂、影响较为广泛的系统，可以对国家竞争力构成全方位的影响，而不仅仅是数字指标上的变化。因此，从竞争力的角度着手分析教育与国家发展、国家地位提升之间的关系，可以帮助我们从更现实的层面来认识教育对于国家竞争力提升之作用。

2.对我国教育发展的借鉴意义。本书虽然主要是研究俄罗斯这个国家教育的发展对其国家竞争力提升的作用，但是，从中仍然可以发现和得出对我国教育发展的重要启示。

首先从国家的层面来看，俄罗斯是一个与我国相毗邻的大国，其发展的每一个环节都值得我们关注和思考。虽然现在国际关系呈现出不同于战争时期的一派和平景象，但是竞争仍然是当今国际关系的实质特征，因此，了解别国发展的动态及其未来走向在任何时候都是非常必要的。其次，从教育的层面上来看，且不说俄罗斯的教育曾对我国有过深刻的影响，仅就其本国教育来说，它仍然存在一些我国所不具备的优势，即因其独特的发展历程以及由此所积淀下来的经验仍然在发挥着不可替代的作用。如何让传统的力量发挥出恒久的热量，一直是我国教育领域所思考的问题。因此，"古为今用，洋为中用"应该成为一种习惯的状态，这一点不论对个人还是对国家来说都具有重大意义。

第二节　文献综述

一、关于国家竞争力的相关研究

（一）关于国家竞争力的早期研究

如前所述，对国家竞争力的研究自20世纪80年代开始在世界各国兴起。也有学者从更广义的角度提出，国家竞争力问题自国家产生以来就存在了，将对国家竞争力的研究和评价追溯到2500年前的《孙子兵法》，[①]乃至更早时期人们对国情国力的分析活动。侯经川在其所著的《基于博弈论的国家竞争力评价体系研究》一书中对此进行了梳理。早期国家竞争力研究是基于战争的需要，从事这方面研究的人也主要是军事家、政治家或这方面的学者，因此，那时的研究更多的是从政治和军事的视角出发。

当今社会，竞争在生产力的发展和社会进步中的作用日益为人们所认识和认可，人们的竞争意识也在不断加强。但对竞争的理论研究却远远落

---

① 侯经川.基于博弈论的国家竞争力评价体系研究[M].北京:北京图书馆出版社，2005：1.

后于竞争实践。除了经济学领域对竞争理论的研究较多外，其他学科的研究都比较简单笼统。

国家竞争力的研究从政治学、军事学领域转向经济学领域与经济自由主义的兴起及古典自由主义经济学家们的努力密切相关。有关经济全球化的研究表明，历史上经济全球化最先是从国际贸易开始的，可以追溯到15世纪后期和16世纪，而贸易的自由化是经济全球化的主要表现之一。[①]古典经济自由主义就是在全球化推动下于17世纪在英国产生的，此后，经亚当·斯密（Adam Smith）和大卫·李嘉图（David Recardo）等自由主义经济学家的分析和研究逐渐形成一个完整的理论体系。古典自由主义经济学家们认为，自由贸易的发展将克服国家之间的战争，国家之间的贸易比战争更可取。

比较优势理论从国际贸易的观点指出，外贸竞争力——进而国际竞争力的强弱，取决于一国或地区的劳动力、资源禀赋、人力资本、研究和发展、信息、技术进步或规模经济等方面的发展水平，在这些方面具有优势的国家或地区要别的国家或地区具有更强的竞争力。[②]但是，比较优势理论存在一些明显的不足：首先是在研究内容上，它更强调自然资源等国家内生性要素在竞争中的作用，忽略了体制、政府等外生性因素对国家竞争力的影响；其次，在研究方法上，它强调一国处于相对优势的行业和产品参与国际竞争，而不是一国的所有行业和产品都参与国际竞争，形成整体竞争优势，仅把一国的外贸竞争力当作国家竞争力的观点显然是片面和偏颇的，国家竞争力还有更丰富和复杂的内涵；再次，在研究视角上多是静态地考察国家的比较优势，忽略了对国家竞争中国家优势的发展变化和提升等进行动态分析。[③]

（二）对国家竞争力的实践研究

真正使国家竞争力成为一个正式的经济学概念的是波特。他自1980年到1990年分别出版了《竞争战略》《竞争优势》和《国家竞争优势》三部

---

① 郭连成.经济全球化与不同类型国家的应对[M].北京:中国财政经济出版社，2001：32.

② 胡列曲，丁文丽.国家竞争力理论及评价体系综述[J].云南财贸学院学报，2001（03）：57.

③ 张守锋，韩君.从比较优势到竞争优势——国家竞争优势理论评述[J].社科纵横，2006（09）：60.

著作，把对竞争力的研究逐渐从微观的企业层面上升到宏观的国家层面。他认为一国能否在国际竞争中赢得优势，不仅需要一国所有的行业和产品都参与国际竞争，并且还要形成国家整体的竞争优势。而这种竞争优势的获得，取决于四个基本要素和两个辅助要素的整合作用，这就是他在《国家竞争优势》一书中提出的"钻石模型"理论。该理论为分析和评价国家竞争力提供了一个有效的可操作的工具，对企业和产业如何参与竞争并获取竞争优势均有重大的理论价值和实践指导意义。波特的国家竞争优势理论突破了以往的单因素分析方法，强调动态因素的重要作用，论证了各国比较优势的动态转化过程。其对影响国家竞争优势的决定性因素的分析，对于我们分析各国竞争优势的基础，预测竞争优势的发展方向以及长远发展潜力提供了一个非常有用的分析工具。但是，波特的理论只是为国家竞争优势确立了一个基础性分析框架，还要必须结合各国的实际情况才能加以应用，比较适合对国家竞争力进行定性分析，不便于定量分析。

新制度经济学的国家新古典理论基于外生因素寻找到了国家竞争研究的新视角，提出了制度竞争论，弥补了先前研究的不足，其代表人物诺斯认为，国家有三个基本特征：服务、收入最大化、面临其他国家或潜在统治者的竞争。柯武刚、史漫飞指出，全球化已经导致了"制度（或体制）竞争"。按照制度竞争论的观点，国家竞争的实质是国家制度竞争或国家制度的选择。①

而英国经济学家弗里曼所提出的国家创新系统概念主要是通过研究国家的创新问题，揭示国家竞争的可持续能力。国家创新系统理论之所以被列入国家竞争的相关理论，原因在于：根据熊彼特的创新理论学说，创新的直接目的就是为获得社会存在的某种潜在利益。由此理解，国家创新系统的目的就是使国内经济资源得到更有效利用，从而提高国家的竞争力。国家创新系统理论还揭示了国家竞争的一个重要特点，按熊彼特的创新动态学说，国家竞争是国家创新的动态发展，是动态竞争，国家可以通过创新机制，在动态竞争中实现自己的优势。新制度经济学及国家创新系统论虽然拓展了先前研究中未被重视的外生因素和动态研究，但是，仍然只是从某个单一的角度来探讨国家竞争问题。

---

① 杨永忠，蒋丽云.国家竞争理论的演变及对我国的启示[J].郑州航空工业管理学院学报，2007（03）：16.

（三）对国家竞争力的评价研究

竞争优势研究是通过竞争所表现出来的在某方面比竞争对手更具优势的状态，与比较优势相对；而竞争力所研究的主要是竞争主体在竞争中获胜的能力，能产生这种能力的不仅是竞争优势，还有比较优势。[①]竞争力理论将比较优势、竞争优势和政府体制融为一体，提出了国家竞争的全新分析框架。该理论最初是因研究国际竞争力才进入学术领域的，由WEF与IMD自1980年开始联合倡导并率先进行研究。

IMD认为四组力量塑造了一个国家的竞争环境：一是本地化与全球化，即国内、区域内布局生产，及在全球范围内布局生产活动；二是吸引力与渗透力，即能够创造就业的吸引外商直接投资的能力，能够创造收入的向国外市场扩张的能力；三是资源与工艺过程，即强调存量资产增值能力的工艺方法、组织流程、专用技术等；四是个人冒险精神与社会协调发展，即强调个人主义，放松管制，实行私有化，强调社会福利、追求平等和社会凝聚力。

由这四组力量分解为八个因素：国内经济、国际化程度、政府政策和运行、金融环境、基础设施、企业管理、科学技术和国民素质。八个要素又分成若干子要素，2000年共确定47个子要素，根据各自要素的内容设计了290个评价指标来定量评定。[②]而WEF（1996）是以经济开放程度、政府作用、金融市场的发展水平、基础设施、技术水平、企业管理水平、劳动力素质以及司法制度健全程度等8项指标来衡量国家的竞争力。

国家竞争力是本书的一个重要概念，因此有必要对相关的理论研究及对其评价的研究加以梳理，对国家竞争力问题的厘清是构建教育发展与国家竞争力之间关系的前提。国家竞争力理论的流派和观点众多，还有文化决定理论、制度创新和变迁理论、发展经济学观、增长经济学观、企业经济学观等。其中具有代表性的理论是波特提出的国家竞争优势理论，WEF和IMD对各国国家竞争力进行的评价也被公认为是当前比较权威的两大机构。

---

① 邓秋云.竞争优势相关概念辨析[J].财经科学，2002（04）：96.

② 商春荣，黄燕.国家竞争力评价理论与方法：演变过程及发展趋向[J].科技政策与管理，2005（06）：24.

二、关于教育在国家竞争力中作用的相关研究

将教育与国家经济增长、国力提升建立起直接的联系还要从人力资本理论说起。人力资本的思想萌芽于古典和新古典经济学理论体系，威廉·配第、亚当·斯密、约翰·穆勒、马歇尔四位经济学家的观点具有代表性，他们都强调了人的素质、工作效率、教育等在价值创造和经济发展中的作用。

亚当·斯密在《国富论》中指出，劳动力是经济进步的主要力量，全体国民后天取得的有用力量都应被视为资本的一部分。经由教育、自学或学徒方式取得的才能通常必须花费成本。对个人而言，这种投资后形成的才能可认为是固定资本。他将教育分为技术教育培训和文化教育，建议由国家推动、鼓励，甚至强制全体国民接受最佳教育。他把工人技能的增强视为经济进步和经济福利增长的基本来源。穆勒认为技能与知识都是对劳动生产率产生重要影响的因素，劳动力所取得的能力应当同工具、机器一样被视为国民财富。

20世纪50至60年代对人力资本的系统研究达到一个高峰。美国经济学家舒尔茨（T.W.Shultz）认为人力资本主要指凝聚在劳动者本身的知识、技能及其所表现出来的劳动能力，这是现代经济增长的主要因素。他认为人力是社会进步的决定性因素，人力的取得需要耗费稀缺资源。人力，包括知识和技能的形成是投资的结果。他在提出人力资本理论后，采用收益率法测算了人力资本中最重要的教育投资对美国1929—1957年间的经济增长的贡献，其比例高达33%。[①]受舒尔茨人力资本理论影响，世界各国纷纷根据自己的国情制定人力政策，加大对教育的投入，提高教育系统的效率，其最终目的就在于使教育适应动态的经济需求，增强国家竞争力。

20世纪八九十年代美国哈佛大学教授波特的国家竞争优势理论指出，国家竞争优势的取得取决于四个基本要素，即生产要素、需求要素、相关和辅助性行业以及企业的战略、结构和竞争对手。其中，生产要素包括基本要素和高级要素两大类。基本要素是先天拥有的如自然资源、气候、地理位置、人口等，高级要素是通过长期投资和培育创造出来的要素，如通信基础设施、复杂和熟练劳动力、科研设施以及专门技术知识。波特认为高级要素对竞争优势具有更重要的作用，因此，政府通过加大对基础教育

---

① 李志江.人才资源的经济学分析——中国欠发达地区人才资源开发与利用实证分析[M].北京：中国人民大学出版社，2007：11-12.

和高等教育的投资，提高人口的普通技能和知识水平，刺激和激励高等教育与科研机构的研究，将极大地提高国家高级要素的质量。

世界上较早对国际竞争力进行研究的机构之一——瑞士洛桑国际管理学院（IMD）在对国际竞争力发展的统计数据分析和发展理论研究的基础上，总结出提升国际竞争力的"十大金律"，其中之一就是：向教育投资，特别是在保持基本教育水平和劳动力的终身技能素质培训上的投资。

随着对国家竞争力研究的不断深入，出现了各种类型的竞争力研究，如区域竞争力、城市竞争力、产业竞争力、教育竞争力等。

教育竞争力，特别是高等教育竞争力，对国家竞争力或区域竞争力形成的重要性，在各国竞争力研究的理论阐释和指标设计中都得到了充分的体现；而且教育竞争力作为对国家竞争力研究的延伸，也逐渐从国家竞争力的研究中分化出来，成为独立的研究体系，形成了国际教育竞争力研究、高等教育竞争力研究、区域教育竞争力研究的新领域。这也说明人们越来越认识到教育竞争力对国家竞争力的长期影响和不可替代的作用。

项贤明的《教育发展与国家竞争力的理论探析》是国内少有的直接对教育发展与国家竞争力进行理论探讨的研究论文。他认为，教育通过开发人力和知识资源、改善社会基础结构、促进知识和技术创新、推动社会价值观以及整个社会文明进步等方式来促进国家竞争力的提升，社会文明越是发展到高级阶段，教育对国家竞争力的促进作用也越表现出全面性和综合性。赵宏斌撰写的《教育竞争力是国家竞争力的基石》一文指出，教育竞争力，特别是高等教育的竞争力是国家竞争力的有机组成部分，是国家竞争力赖以持久的基础和关键要素。西方发达国家之所以有较强的国家竞争力，很大程度上得益于充满活力的教育事业。提升教育的竞争力意味着从根本上增强国家的竞争力。胡瑞文、杜晓利所撰写的《人才是增强国家竞争力的根本》指出了在知识创新、科技创新、产业创新不断加速的时代条件下，人才资源是最重要的战略资源，综合国力的竞争归根结底是人才的竞争。人力资本是永不枯竭的可持续资源，是社会发展的永恒动力。方钢山所写的《论国家竞争优势与教育政策选择》一文指出了教育政策对保持一国国家竞争优势的重要性，认为政府并不能控制国家竞争优势，它所做的就是通过政策影响竞争优势；政府制定产业政策的主要目标是：发展提高生产力的人力资源和资本，并指出在德国、日本、韩国、新加坡等国家，教育、训练以及科学研究已被视为竞争的本钱，在这些国家，很多成功的产业都和人力资源的素质有关。还有一些学者如朱安尼塔·克雷波斯、江家立、徐宗俊等阐述了高等教育、职业教育、研究生教育对于提升一国国家竞争力的重要性。张琪、张岩在《高校创新教育与提升国家竞争力》中指出，21世纪的社会经济形态是知识经济，而知识经济的核心在于创新，这就要求人力要素要具有创造性。没有创新，知识经济主体便失去了竞争力和生命力。未来国力的竞争主要是具有创新能力的人力要素的竞争，而高等教育担负着培养高素质人力要素的重要职责，高校教育的质量和水平如何直接影响着一国的国家竞争力。

综合以上文献，笔者发现以往研究中并没有太多专门的关于教育对国家竞争力提升作用的研究，国内对俄罗斯及其教育领域的研究中也很少有从教育与国家竞争力的视角进行研究的。很多研究者认识到了教育与国家形成及发展之间的密切联系，但并没有上升到国家竞争力的层面；很多国家以及一些研究人员也认识到了国家间的竞争实质就是教育、科技的竞争，但却少有进一步探讨教育是怎样提升国家竞争力的；有关国家竞争力的理论和评价也间接地将教育这一因素置于其中，但仅从一些数据指标和排名上并不能看出教育在国家竞争力提升中所占的比重；也有很多人运用经济学理论计算或研究教育如何促进经济的增长，但是单纯某一方面的研究存在很多弊端，看不到教育所起到的潜在作用。

因此，本书希望从以往的研究中汲取有益的方面，补充以往研究中的不足，以俄罗斯作为对象国，探讨其教育发展对国家竞争力的影响，从而得出一些规律性的认识。

第三节　概念界定

一、俄罗斯

俄罗斯（Россия）的全称为俄罗斯联邦（Российская Федерации），本书所指称的俄罗斯涵盖十月革命前的俄国，十月革命后的苏联，以及苏联解体至今的俄罗斯联邦，并主要侧重20世纪90年代特别是21世纪以来俄罗斯国家、教育发展的状况，及其教育发展对国家竞争力的影响。

二、教育发展与教育竞争力

发展是人类社会永恒的主题。它源于生物学的概念，是指生物个体从小到大，从不成熟到成熟的过程，在这个过程中，生物体自身存续和适应环境的能力也不断增强。

马克思主义哲学认为，所谓发展是指新事物的产生和旧事物的灭亡，是事物在矛盾的推动下不断进行的质变量变和否定之否定的上升前进的运动，而新事物之所以成为新事物，是因为有新的结构和功能，适应已经变化的环境和历史条件。①法国学者佩鲁在《新的发展观》（1983）中所论述的综合发展观认为，真正的发展应该是整体的、综合的和内生的。②托达罗认为，发展是一个社会或社会体系向着更为美好和更为人道的生活持续前进。"应该把发展看作包括整个经济和社会制度的重组和重整在内的多维过程，除了收入和产量的提高外，发展还显然包括制度、社会和管理结构的基本变化，还有人的态度，在许多情况下甚至还有人们习惯和信仰的变化。"③由此可见，发展是一个事物整体的、综合的、内在的变化过程，它不但要不断产生新东西以维持自身的存续，还要有适应外部环境的能力，不但有量上的增长，更要有质的变化和飞跃。

教育发展是与教育增长相关的一个概念，而教育增长又是由经济学中的增长导引过来的。在发展经济学中，经济增长一般被认为是由于就业人数的增加、资本的积累和技术进步等原因，国民收入单纯在数量上的增长。同理，教育的增长则是由于教育投入（人力、物力、财力）的增加或教育手段的改善，所引起的教育规模在数量上的扩大，可以用在校学生数、毕业分数、学校数、教职工人数、教师数等指标来反映教育规模，用教育增长率来描述其增长状况。④但是，假如增长不能改变整体内部诸要素之间的关系和张力，则是"无发展的增长"。因此，单纯追求数量上的增长和规模上的扩张并不是真正意义上的教育发展，只有实现了教育与社会各个子系统的整体协调发展，即实现了教育系统内部各个部分的协调发展以及教育与社会之间的协调发展，才称得上是具有社会进步意义的教育发展。

教育发展与教育增长是互为基础、相互作用的。教育发展会随着教育的增长而发生教育经济及社会效益多方面的变化，它包括教育重心变化是否合理，教育结构是否完善，培养规格及教育质量是否符合需要，社会

① 陈先达.马克思主义哲学[M].北京：中国人民大学出版社，1999：95-96.

② 转引自徐莉亚，楼世洲.从教育发展战略演进看教育发展内涵的嬗变[J].当代教育论坛，2007（06）：40.

③ 李铁.教育增长与教育发展：历史、概念与政策[J].复旦教育论坛，2005（02）：34.

④ 张长元.教育发展辨析[J].教育与经济，1994（02）：16.

人才是否合理，人才结构是否优化，是否做到人才合理流动和人尽其才等等。教育发展概念能够真实地表现出教育的效益，它既是一个数量概念，又是一个质量概念。①

真正的教育发展应该包括三个方面：一是主体自身不断有新事物的产生，从而使得内在的物质基础、结构、功能更复杂、强大、高级；二是对环境的适应和满足能力增强，为环境（个人、社会乃至国家）提供其发展所需的条件；对于人的系统来说，还有第三个方面，即系统中的人自身得到发展和满足。②教育系统自身的发展是教育发展的前提，因为没有自身的健康强大，就谈不上对环境的适应和满足。这一方面主要体现在物质基础的厚实、结构的完善灵活、功能的强大上；教育对社会、国家以及个人的适应和满足是教育发展的主要方面，教育越是能适应和满足个人、社会和国家的需求，发展水平就越高；教育系统中的人财物和知识文化资源、各种机构和结构安排以及它们所负载的功能最终都指向一个目标——培养人，这是教育系统与其他社会系统的根本区别，因此，教育自身的发展也体现在培养人的能力上。

概而言之，教育发展就是指教育系统不断获得新的物质基础、结构及功能，具有较强的培养人的能力，更能满足个人、社会及国家对教育的需要，实现教育系统内部以及教育与社会、国家之间的整体发展。

教育竞争力这一概念本身就是在国家竞争力理论基础上，将竞争力的相关理论运用于教育领域的结果。当我们把教育放在国家竞争力的框架下去理解时，教育的发展离不开教育竞争力的提升，教育竞争力是国家竞争力提升的重要组成部分，一国教育的竞争力体现在教育制度、人才培养、社会服务等多个方面的优势和综合实力。教育竞争力是指参与竞争的主体在教育领域内部以及与外部环境互动过程中，高校运用各种技术，全面整合各种资源，不断学习和创新，从而创造优势并保持优势的力的总和。③2017年，世界经济论坛发布的《全球竞争力报告》中指出，教育、科技、文化、创新力仍是国家竞争力的核心要素和指标，而且随着全球新一

---

① 张琨，姜秀言."教育泡沫"现象浅析——兼论教育增长与教育发展[J].学术交流，1999（02）：212.

② 李铁.教育增长与教育发展：历史、概念与政策[J].复旦教育论坛，2005（02）：35.

③ 朱红，朱敬，刘立新.中国高等教育国际竞争力比较研究[M].天津：天津大学出版社，2010：6.

轮科技革命的不断发展，这些指标的影响力将会更加凸显。因此，在本书中，教育的整体发展对一国国家竞争力发挥着重要的支撑和推动作用，而教育竞争力的高低对一国国家竞争力的提升起着关键作用。

三、国家竞争力

竞争力是一个较为复杂且内涵丰富的概念，按照其应用范围可以分为经济竞争力、政治竞争力、组织竞争力、个人竞争力等不同领域；根据竞争主体的不同分为产品竞争力、企业竞争力、产业竞争力和国家竞争力；按照竞争场所的不同可以分为国际竞争力和区域竞争力等。基于"竞争力"问题的多重性本质，国内外学者对国家竞争力有着不同的定义，研究的角度也各不相同。

美国哈佛大学教授迈克尔·波特1990年在其所著的《国家竞争优势》一书中，依托其深厚的学术功力和前瞻性研究明确提出："在国家层面，竞争力的唯一意义就是国家生产力，而国家经济的升级需要生产力的持续成长。"[①]同时，他指出国家生产力升级的基石正是具有高竞争力的产业人才与技术发展。在解释经济生产率成长时，应该注意一个国家对人力质量的重视和对技术进步的需求。高科技与高水平的人力资源正是提供国家生产力持续成长和激发高生产力潜能的两大因素。[②]

潘瞾认为国家竞争力包含广泛的内容。国家竞争力不仅指一国创造财富的能力，也不限于过去所强调的经济利益。它包括多种因素，如经济的、非经济的；硬件的、软件的；静态的、动态的；国内的、国际的；有形的、无形的。除了实质性经济活动之外，一国也在社会形态及文化传统上展现其竞争力。由此，国家竞争力应该是在一定的体制下，一国经济、政治和文化等诸多因素在全球性国际竞争中相互结合而展现出来的一种综合性国家实力。它涵盖了一国政治、经济和文化生活的各个层面，且更意味着要营造一个政治民主、经济开放和文化创新的可持续发展大环境。

为了更好地对国家竞争力进行界定，还需将国家竞争力这一概念与另外几个相关概念加以区别：一是国际竞争力。该概念是20世纪70年代以来在世界经济日益全球化与一体化的背景下提出来并不断发展的，它至少

---

① [美]迈克尔·波特.国家竞争优势[M].李明轩，邱如美译.北京：华夏出版社，2006：23.

② [美]迈克尔·波特.国家竞争优势[M].李明轩，邱如美译.北京：华夏出版社，2006：23.

可以划分为以下三个主要层次——宏观层次的国家竞争力、中观层次的产业竞争力、微观层次的企业竞争力。[①] 人们首先是对国际竞争力问题进行研究,在此过程中也进行国家层面的竞争力的研究。二是综合国力。国家竞争力是一个国家在与国际社会其他国家的竞争中所具有的相对位势,理论上它反映综合国力发展的速度。而综合国力(Comprehensive National Power)是指一个主权国家赖以生存与发展的全部实力及国际影响力的综合。综合国力强调总量(总实力)和人均量(人均实力),而国家竞争力则强调总量和人均量的增长速度。综合国力是国家竞争力的发展基础,国家竞争力则是增强综合国力的重要手段,两者相辅相成。另外,综合国力侧重于衡量现在的状况,而国家竞争力则侧重于预测未来发展的趋势。[②] 三是国家竞争优势。竞争优势研究的是通过竞争所表现出来的在某方面比竞争对手更具优势的状态,与比较优势相对,它是一个国家在世界市场竞争中实际显示的优势,是其生产力发展水平的标志。它可以用一些指标定量表示优势的程度;也可以通过因素分析切实地找到提高竞争优势的途径和方法;[③] 而竞争力所研究的主要是竞争主体在竞争中获胜的能力,能产生这种能力的不仅是竞争优势,还有比较优势。[④] 波特认为,国家竞争优势是一个国家使其公司或产业在一定的领域创造和保持竞争优势的能力,实质上是企业和产业的国际竞争优势,它们是国家竞争力的体现和基础。[⑤]

因为本书的对象国为俄罗斯,所以,有必要了解俄罗斯学者对国家竞争力概念的界定。2000年,俄罗斯出版的《竞争力:经济、策略、管理》一书中,指出了将提升国家竞争力作为俄罗斯复兴的民族思想,以后又出版了很多相关书籍拓展和深化这一思想。2004年2月12日,俄罗斯总统普京在莫斯科大学会见企业界代表时倡导将竞争力作为民族复兴思想,将竞争力问题提升到国家层面,同年8月,在俄联邦政府领导下首次创建了企业与竞争力委员会。俄罗斯学者 Г.П.沃洛宁(Г.П.Воронин)认为,质量是竞争力的重要指标,在竞争的框架下,质量由一系列要素构成:法律活动的

① 朱春奎.国外竞争力理论研究综述[J].生产力研究,2004(01):187.

② 参见张聪明.俄罗斯的综合国力和国家竞争力[M]//邢广程主编.俄罗斯东欧中亚国家发展报告(2008).北京:社会科学文献出版社,2008.

③ 邵润堂,张华.比较优势、竞争优势及国际竞争力[J].经济问题,1999(04):10.

④ 邓秋云.竞争优势相关概念辨析[J].财经科学,2002(04):96.

⑤ 胡列曲.国家竞争力理论的评价与探讨[J].云南财贸学院学报(经济管理版),2002(01):9.

质量，基层组织、教育、健康、科学研究的质量，管理、信息、生产和管理过程的质量，管理方法和资源保证的质量，设计作品、技术工艺、工人的质量，产品和服务的质量等等。世界各国的实践表明，上述要素和过程的质量越高，越是有效地利用了资源；提高竞争力的个别标准以及国家竞争力的提升就是要整体提升居民的生活质量。[①]

综上所述，本书将国家竞争力定义为：一国充分发挥自己的潜力形成相对于他国所具有的优势并将这种优势保持下去的能力。它不仅指一国创造财富的能力，也不限于过去所强调的经济利益，而是包含多种因素，既有经济的也有非经济的，同时也受多种因素影响。国家竞争力是一个动态的发展过程，经常处于不断的发展变化状态，并由此反映一国未来发展的潜力和趋势。

第四节　研究思路和方法

一、研究思路

本书以俄罗斯为研究对象国，围绕教育发展对国家竞争力的影响这一问题，借助相关的国家竞争力理论以及俄罗斯本国对国家竞争力问题的研究，探讨全球化背景下俄罗斯在教育实践领域的一系列重大变革对其国家发展及国家竞争力的影响。全书共设六章，第一章是绪论。第二章至第六章简介如下。

第二章主要对教育发展与国家竞争力之间的关系进行理论上的梳理和探讨。在论述教育与国家竞争力之间关系之前，首先需要对不同时代教育与国家关系的不同特点有一个大概的了解。因此，第一节从教育与国家的关系入手，从早期教育作为国家的统治工具，到作为国家形成的重要组成部分，再到近现代成为国家经济腾飞的重要保障，教育与国家的关系随时代的发展而不断升级，进而成为国家竞争力研究中的一项重要内容。在第二节主要对国家竞争力理论及其评价体系进行了梳理和阐述，这里主要介绍了欧美国家，特别是波特及两个组织（WEF和IMD）以及俄罗斯学者对于国家竞争力问题的研究，并比较两者间的异同，从而为本书提供理论

---

① Р.А.Фатхутдинов. Конкурентоспособность：Россия и мир 1992–2015[M].
Москва：Москва-Экономика，2005：15，17–18.

铺垫。第三节主要对教育发展与国家竞争力之间的关系进行论述和分析，得出结论：教育发展主要通过对基础和高级层次人才培养积蓄优质人力资源，促进劳动或产业生产力的提高进而对国家竞争力产生影响。

第三章主要介绍本书的对象国——俄罗斯教育的发展对其国家竞争力产生影响的历史根基和现实环境。任何国家教育的发展都有其独特的历史根源，这是其以后教育发展的基础，并对以后的教育体系有深远影响，同时这也是世界各国教育发展之所以有不同特色的根本原因。俄罗斯的国家教育也是世界各国教育中比较有特色的，那么，在漫长的历史发展过程中俄罗斯的教育体系形成了怎样的特质？积累了怎样的优势？在其国家崛起中起到怎样的作用？这些都是研究当前俄罗斯教育发展对其国家竞争力影响的重要背景资料。当然，除了教育的深厚历史根源这一点，教育生存和发展的现实环境也不可忽视，这里所说的现实环境是从国家层面而言，包括国家的政治、经济、文化以及外交几个方面，教育作为一个微观领域，这些宏观的外部环境发展的状况都将会对其产生重要的影响，教育在这些外部环境的影响下所发挥出的力量的大小也决定了其对国家竞争力产生影响的程度高低。因此，有必要对俄罗斯当前教育发展的外部状况进行概括性的描述。

第四章主要对俄罗斯教育发展对其国家竞争力的影响进行质的分析或者说是一种可能性分析。因为教育体系相对于国家竞争力来说并不处于同一层面，要想直接证明两者之间的关系是有一定难度的，鉴于笔者能力有限，这里主要从俄罗斯教育领域的宏观教育政策、人才培养上的变革以及教育质量的提高等三个方面进行探讨。之所以从这三个方面展开，是因为宏观教育政策的制定和实施决定着一国教育发展的方向以及对教育发展的重视程度，如果一个国家的教育发展策略中体现了对国家竞争力的关注，就会重视教育发展与国家竞争力之间的关系；人才培养上的变革是教育领域中一个较为核心的方面，因为教育发展的终极目标就是培养人，而一个国家人才的储备状况对其整个国家的发展特别是国力的提升具有重要意义，这已经是世界各国公认的道理。不论是教育政策的引导还是人才培养的革新，评判其最终能否取得实效还在于教育质量的提高，教育质量问题也是整个教育体系发展的重要方面，它关系到整个教育体系的发展，同时也关系一个国家国民生活质量的状况。而从俄罗斯学者的观点看，国民生活质量的提高是衡量一国国家竞争力的一个重要指标。

在对教育发展与国家竞争力提升之间进行了可能性的探讨之后，第五章力图通过量上的描述和分析对教育发展与国家竞争力之间的关系加以进一步的研究：主要通过一些重要的教育发展指标来考查教育领域所取得的基本成果，并与国家竞争力指标体系或者国民经济发展中的一些重要方面建立联系，从而阐述俄罗斯教育发展中所取得的实践对其国家竞争力产生的影响。根据第二章教育发展与国家竞争力关系的分析，对教育发展的现实的描述也主要从基础教育和高等教育及科学研究这样两个维度入手，从教育发展规模、教育经费投入和教育结果这几个指标展开分析。

通过前面几个部分的阐述和探讨，第六章主要进行因素分析和总结，即主要分析俄罗斯教育发展对其国家竞争力产生影响的内外部因素。教育的发展能够对国家竞争力产生影响是多方面因素作用的结果，这包括教育体系长久以来积淀的优势、外部环境状况，然后是教育自身的不断变革和更新。在第三章已经对俄罗斯教育发展的历史、现实状况进行了事实性的描述，这里主要对其传统优势、外部环境及其自身的发展活力进行深入探讨。最后概括出教育发展对国家竞争力产生影响的三个基本特征：潜在性、周期性和持久性。

结语部分主要希望通过前面几章的阐述能够对俄罗斯国家发展的实力及潜力有一个清醒的认识，并进一步认识到教育发展对于一国国家竞争力提升的重要性，从而能为我国在这方面的发展起到借鉴和启示的作用。

二、研究方法

1.文献法

文献法是指对所掌握的文献进行分析、整理，从而找出事物本质属性的一种研究方法，主要通过对各种文献资料进行理论解释和比较分析，从而使研究者发现事物发展的内在联系。

本书通过查阅期刊、阅读书籍、网络搜索等途径获取大量与研究相关的文献资料，进而再对所收集到的各种资料进行归类、整理，去粗取精，并根据已经设计好的研究框架进行梳理和分析。

2.比较研究法

比较研究法是根据一定的标准，对某类教育现象在不同时期、不同地点、不同情况下的不同表现进行比较研究，以揭示教育的普遍规律及其特殊表现，从而得出符合客观实际的结论。

本书主要是在文献研究的基础上，对资料进行进一步的加工整理和分析比较。一方面是时间上的纵向比较，将俄罗斯20世纪90年代以前教育对国家发展、对国家竞争力的影响与90年代以后相比较，借助于其以前的成就论证教育与国家竞争力之间的紧密关系；另一方面是横向上将俄罗斯与其他国家进行比较，将俄罗斯在教育领域取得的成绩与其他发达国家及发展中国家进行比较分析，从更广的层面揭示俄罗斯教育发展对国家竞争力产生影响的程度。

Education Development on National Competitiveness in Russia

第二章

教育发展与国家竞争力之间关系的理论探讨

教育与国家竞争力之间的关系是随着时代的发展而逐渐凸显出来的，是人类社会进入以知识经济为特征的信息化社会以后教育与国家关系的进一步发展和升级。因此，在探讨教育与国家竞争力之间关系之前有必要对教育与国家的关系进行简单的梳理。

从历史发展的角度看，教育与国家的关系经历了作为国家统治的工具——对国家形成和建设的促进作用——成为国家经济腾飞的重要保障这样几个发展历程。20世纪80年代以后，随着经济全球化趋势加强，国家间的竞争日益激烈，越来越多的人深刻地意识到国家竞争力的提升对于一国国民财富的增长和经济持续繁荣的重要性，国家竞争力问题越来越为世界各国所关注，引发了各国学者、企业和政府机构对国家竞争力问题的研究热潮，并逐渐形成了各自的理论体系和评价体系。其中，以美国哈佛大学教授波特的国家竞争力理论最为盛行，而世界经济论坛（WEF）和瑞士洛桑国际管理学院（IMD）两个国际组织设计的评价指标体系则较为权威。随着对国家竞争力问题的深入研究，人们越来越意识到教育对于一国国家竞争力提升的重要作用，由此，教育发展与国家竞争力之间的关系日益紧密。其中，IMD对于国家竞争力影响因素的分析对于探讨教育与国家竞争力之间的关系有重要作用。本章从教育与国家的关系谈起，进而对国家竞争力的相关理论进行梳理和探究，在此基础上力图进一步明晰教育发展与国家竞争力之间的关系。

第一节　教育与国家的关系

教育与国家的关系包含两个方面：一是国家对教育发展的作用；二是教育在国家或国家形成与发展中的作用。一方面，国家通过中央权力对教育进行控制和规范，教育制度就是国家控制教育的基本形式和结果；另一方面，教育对国家的形成具有独特的政治、经济等价值，它主要通过思想、观念等形式发生作用，与国家形成过程中的意识形态以及国家建设中的经济发展有着极为密切的关系。

从唯物主义的角度来看，市民社会和生产关系铸就了国家的本质。国家的形成过程是国家逐步控制、规范、监督和严格管理市民社会的过程，其中就包括对教育的控制和规范。教育制度就是国家控制教育的基本形式和结果。马克思认为，国家主要通过一般的法律来规定国民教育的经费、教育人员的资格、教学大纲等方式干预国民教育事业，并通过国家视导员来监督这些法令的遵守情况。但是马克思主义关于国家的国民教育方面的作用问题的论述是限于一定条件下的，即在资本主义制度条件下，通过国家来实施平等的国民教育是不可能的事。①根据英国学者安迪·格林的观点，国家干预是民族性国家教育体系形成的首要因素，而不同国家的国家性质决定了其国家教育体系的特殊发展模式。

关于教育与国家之间关系的理论研究有很多，本书主要按历史的维度由教育与国家的关系延伸到教育发展与国家竞争力之间的关系并做纵向梳理，侧重介绍教育在国家形成、发展中的角色和位置。

一、教育——作为国家统治的工具

教育与国家的关系是一个由来已久的话题。早在古希腊时期，一些城邦国家（尤其是斯巴达）就盛行国家办学，把对年轻一代的教育作为国家的一项事业，教育被看作是立法者最重要的任务。古希腊哲学家和教育家柏拉图在其著作《理想国》中，将教育看作是实现其勾画的理想国家制度的主要手段。他认为教育是国家的事业，"教育和培养"是国家执政者应该关注的大事，教育对国家的作用主要表现在：（1）人们接受了良好的教育才能成为通情达理的人，整个社会人与人的关系融洽，从而达到稳定国家秩序的目的；（2）教育可以通过不断改善国家公民的素质，使国家"像轮子转动一般，以越来越快的速度前进"；（3）教育可以防止国家制度的变更；（4）教育可以使人们养成遵纪守法的习惯和良好的行为举止，保持社会秩序稳定。②

我国最早关于教育与国家关系的论述，可以追溯到春秋战国时期儒家思想的发起人孔子关于教育作用的论述。他给予了教育很高的地位，认为教育工作是政治工作的一种形式，将人口、财富、教育看作是立国的三大要素。③人口是最基本的，没有人就谈不上治国与立国；有人口就要有消费，就要进行生产，因此还需要发挥人的手的功能；人民生活富裕了，消费需要得到满足，有了一定的物质基础后才能发展教育，教育搞好了才

---

① 马克思恩格斯论教育[M].北京：人民教育出版社，1959：33.

② 张法琨.古希腊教育论著选[M].北京：人民教育出版社，2007：97.

③ 郭齐家.中国教育思想史[M].北京：教育科学出版社，1987：13.

算是把一个国家治理好了。孔子对于教育与国家关系的"先富后教"的认识，反映了他认识到了教育是受经济制约的，经济发展了教育才能有充分的物质基础，才能发展好。同时，他也将教育放在了治国治民的首要位置，看到了教育能起到政治和法律所不能起到的作用。当然，这之中也有夸大之嫌。

中世纪及其后的一段历史时期内，欧洲的教育主要服务于神职、技艺和法律训练等方面，致力于教会、城镇、行会和家庭的利益。18世纪以后，随着民族国家的形成和发展，国家逐步加强对教育的管理和控制，使得以往的教会、行会垄断教育格局逐渐瓦解、淡化乃至消失。[①]教育对国家的重要性日益提升，国家主义教育思想就是在此背景下由法国兴起进而影响到欧美。

国家主义教育思想的主要代表人物是法国的夏洛泰、孔多塞和德国的费希特。很多教育家都认识到，要有效地实行新的教育理想，就需要有国家的支持。教育被看作是改造社会和国家的一个重要手段。欧美等一些国家因此也越来越意识到教育对国家发展所起的重要作用，纷纷采取措施加强对教育的管理和组织，为近代欧美国家国民教育制度的确立提供了理论基础。而国家教育制度的形成也使得教育逐渐具有了普遍性的特征，它开始面向所有人，影响社会的各个阶级，教育超越了早期服务的狭隘性，而是服务于整个国家，或者说服务于社会的统治阶级设计的国家利益。[②]由此，教育逐渐成为全社会和国家关注的中心。

国家主义教育思想与古希腊关于国家办学的思想很相似，甚至较古希腊时期的思想更为重视教育对于巩固国家统治地位的重要性。因为国家主义教育思想在本质上是为统治者巩固其社会地位服务的，所以，这一思想得到了很多国家统治者的支持，如拿破仑就曾说过，只有建立起一个处于国家绝对控制下的教育制度，法国才能强大起来。[③]但是，过于信奉和推崇国家主义教育思想就很容易使国家走向另一个极端，20世纪30至40年代德国和意大利建立的法西斯国家主义教育制度就是一种极端的表现。

虽然这些思想在某种程度上都存在一定的缺陷，但有些却是较早论述教育与国家关系的学说，有些甚至是得到了大范围的推广，形成了对世界

---

① 许庆豫.西方国家教育制度的诞生与发展[J].苏州大学学报（哲学社会科学版），2000（03）：125，127.

② 朱旭东.格林的教育发展和国家形成理论[J].比较教育研究，2002（04）：7.

③ 转引自单中惠.西方教育思想史[M].太原：山西人民出版社，1996：296.

教育发展起到重要推动作用的思潮。这在一定程度上说明了教育与国家之间长久以来的密切联系和相互作用。不论从历史发展的实践还是理论层面上的分析，在工业社会以前，教育对于国家来说最重要的作用就是保持社会秩序稳定，巩固统治阶级的地位。

二、教育——对国家形成与建设的重要意义

教育在国家形成和建设中的历史作用已被学术界广泛接受。教育在国家形成过程中的作用主要表现在构建政治和文化的同一性。创建民族国家教育制度的重要推动力来自为国家提供训练有素的行政管理人员、工程师和军事人才，传播主流文化，灌输新兴民族国家政治和文化统一的意识形态。[①]

20世纪90年代，英国学者安迪·格林运用马克思主义国家理论、葛兰西的意识形态和霸权理论，提出了国家形成过程对于现代教育制度起源和发展具有重要意义，并将国民教育体系的形成作为国家形成或国家建设这一历史发展过程的一部分来进行解释和探讨，特别关注了国家在教育发展和变革中发挥的重要作用。格林通过对马克思主义关于国家形成分析，总结出了教育的国家意义，即教育介入国家形成过程并在其中发挥独特作用的前提就是建立教育制度；通过对葛兰西关于国家角色和教育发展关系的分析得出，国家的一个重要功能就是提高全体人民的道德和文化水平，而达到这一目的的最有效的手段之一就是设立学校。格林由此总结出：教育制度的形成是国家控制的基本形式和结果，同时教育也为国家服务。

18世纪中期，亚当·斯密运用商业社会理论分析了教育与国家的关系，他认为，在商业社会，贫民的教育恐怕比有身份有财产者的教育更需要国家的关注。因为有身份和财产者有充分时间获得一切知识，又因为他们职业多变，每种职业都需一定智力，他们也不断因职业需要补充知识。贫民几乎没有教育时间（为谋生而奔波），且他们的职业无需智力。他们未受到很好的教育，但教育中最重要的部分如诵读、书写及算数，在早年可习得。如果国家规定，在有资格从事某职业或加入某组织以前，一切人都得接受国家的考试或检定，那么，国家就几乎能强制全体人民必须获得这最基本的教育。因此，国家只要以极少的费用，就几乎能便利全体人民，强制全体人民获得这最基本的教育。[②]

[①] 朱旭东.格林的教育发展和国家形成理论[J].比较教育研究，2002（04）：8.

[②] [英]亚当·斯密.国民财富的性质和原因的研究[M].北京：商务印书馆，2004：340，342.

格林对于国家形成与教育发展的关系的论述是解释不同国家教育发展模式的一条重要线索。格林认为现代国家的形成过程，即现代国家建构的历史过程、政府控制所有公共领域的建构过程、国家意识形态的建构过程以及国家主权和民族观念的构建过程。由此可见，现代国家的形成过程实际上就是一个从无到有、从混乱到规范、从分散到统一的过程，这种现代国家的构建往往会因为其所处的内外部环境、执政者的眼界、国民的特性等因素而使新的国家形态表现出独有的特征，比如格林所说的与国家生存直接相关的危机、经济和技术的进步等。而现代国家和现代国家教育制度的形成是同步的，因此，国家形成过程的特性和时间序列也就决定了国家教育制度的特征和发展进程。

教育必须是国家的教育和国家机构来实现，而不可能是个人或利益集团的行为。格林认为，国家教育制度诞生和发展的基本标志是国家建立了相对统一的教育管理体制和学校系统，承担部分教育经费，颁布教育法令，对教师培训、课程内容和教育目标实施控制。[①]

关于民族国家的形成是俄罗斯国内政治学领域的一个重要问题。其他国家的公民可以自豪地说："我是美国人""我是法国人"，但俄罗斯的很多公民则首先认同他是"罗斯人""鞑靼人""雅库特人"或"车臣人"，然后才是"俄罗斯联邦公民"。由此可见，在由多民族构成的俄罗斯国家较其他国家更为复杂。那么，拥有着诸多民族和多样文化的俄罗斯是如何在不限制人民在独特的语言和文化方面自主发展的情况下实现其公民在政治和文化上的统一的？国家的教育体系又在促进不同民族语言和文化融合过程中发挥了怎样的作用呢？

俄罗斯科学院哲学院科学院教授Ю.格拉宁（Ю.Гранин）认为，国家的形成与公民社会的形成和发展、欧洲资本主义、所有生活领域快速现代化的动力都密切相关，其结果是科学技术的发展和欧洲理性主义的产生，在所有这些因素的综合作用下实现了国家的一体化。首先是统一的交流交往环境的形成，然后是印刷术的推广，这时人们对国家的认识只是一个想象团体。而教育体系的发展则导致了文化的标准化、规格化，成为国家一体化的进步方式，这一过程的不断发展就要求国家力量的介入和管理，起初国家只是扮演"教育者"的角色，直到19世纪，国家的作用日益凸显，规模化和世俗化的初等教育逐渐成为多数西欧国家的标准模式。[②] 类似的过

---

① 朱旭东.格林的教育发展和国家形成理论[J].比较教育研究，2002（04）：8.

② Ю.Гранин. Роль образования в формировании российской нации [J].Высшее образование в России，2006（10）：150.

程在德国、俄国之后的沙皇时期以及后来的苏联都发生过，但是不论是在十月革命前的俄国还是之后的苏联，民族教育的过程都没有完成。格拉宁还认为，当前俄罗斯教育在民族国家一体化方面具有重要作用，并提出有必要制定一个全俄的公民教育和培养大纲，并将其置于国家教育标准中。

总之，教育被视为实现国家目的的重要工具，是为国家生产、输送技术的重要部门，是按照统治阶级意图强化政治忠诚、建设富有凝聚力的文化的重要手段。

三、教育——国家经济腾飞的重要保障

关于教育与经济之间的关系，马克思主义根据现代生产的发展规律，早在一个世纪以前就发现了教育对社会生产的重要作用，并认识到教育可以通过对科学技术的直接生产和再生产促进经济和社会的发展。

马克思主义认为，劳动力或劳动能力，是在人的身体即活的人体中存在的，每当人生产某种使用价值时就运用体力和智力的综合。因此，"要改变一般人的本性，使它获得一定劳动部门的技能和技巧，成为发达的和专门的劳动力，就要有一定的教育和训练，而这就得花费或多或少的商品等价物。劳动力的教育花费随着劳动力性质的复杂程度而不同。"[①]这个观点告诉我们，教育具有生产性，这种生产性是生产劳动力或劳动力的生产性，而不是直接生产物质财富的生产劳动，即教育通过对人的培养这个中介环节去实现经济、社会方面的效益，从而推动经济和社会的发展。[②]

由于市场经济的高度发展，劳动力作为具有主动性、伸缩性的生产要素的特点突现出来，知识在发展经济中的主导性、战略性作用，促使人们把劳动力质量，如劳动力的受教育水平、劳动熟练程度、劳动态度等放在首位。于是，20世纪60年代以美国经济学家舒尔茨为代表提出了人力资本的概念，指出通过对人的投资，人们所获得的体力和脑力直接影响生产和经济的增长。[③]

舒尔茨在论证人力资本投资作用大于物质投资的基础上，将教育投资视为人力资本的核心，特别强调了教育投资的重要作用。他指出，教育不仅是经济发展的源泉，而且随着教育和科学技术的进步，其作用和所获得

① 马克思恩格斯全集（第16卷）[M].北京：人民出版社，1973：218.

② 李光.发达国家高等职业技术教育与经济竞争力研究[J].山西大学学报（哲学社会科学版），2004（04）：114.

③ 邵润堂，张华.比较优势、竞争优势及国际竞争力[J].经济问题，1999（04）：9.

的实际价值将远远超过物质资本投入所获取的利润。因此，对教育的投资即是对人力资源的投资，对其投入的大小和程度的高低将决定其产生的收入大小和程度的高低。

舒尔茨将人力资本投资分为五部分：影响人的预期寿命、体力和耐力、精力和活力的全部开支；在职培训，包括商社组织的旧式学徒制；正规的初等、中等和高等教育；非商社组织的成人教育计划，特别是农业方面的校外学习计划；个人和家庭进行迁移以适应不断变化的就业机会。[①]其中，第一和第五部分主要由教育水平来决定，因此，舒尔茨非常强调教育对人力资本形成的重大作用，将教育作为一种具有重大意义的人力资本投资。

人力资本理论的提出对各国的教育决策和教育实践都产生了重大的影响，据此，世界各国纷纷根据自己的国情制定人力政策，加大对教育的投入，提高教育系统的效率，以使教育适应经济和社会的需求。后来这些国家的经济发展历程也表明，一国经济实力的增强与其对教育的投入密切相关。最明显的例子就是，二战后的日本和德国在短时间内迅速成为世界经济强国，被誉为世界经济发展的奇迹，这在很大程度上正是因为其拥有充足的、高素质的人力资源，将人力资源的开发置于首位。由此可见，随着社会生产的发展和科技的进步，教育在经济的发展和腾飞中的作用也日益凸显，教育的竞争力水平与经济发展水平的关系也日益密切。

虽然提高教育竞争力水平有助于促进经济发展水平的提高，但是，从个别国家看，教育竞争力水平未必与其经济发展水平保持一致。[②]如中国教育竞争力综合得分低于印度，但人均国民收入高于印度，因此中国经济发展水平高于印度。造成此种现象原因在于：一是经济发展水平高的国家，尽管其教育投入绝对数大，但相对数不大；二是教育的发展与经济的发展之间不存在必然联系，教育要促进经济水平的发展必须借助一定的社会政治、经济和政策等条件，而这些条件将能使教育所培养出的人才与经济生产过程中的各要素紧密结合起来，只有这样教育才能真正有效地为经济发展服务。

由此可见，教育发展水平与国家经济的增长及国力的提升之间并不是简单的一一对应的关系，受多方面因素的影响，这就要求对教育与国家经

---

① [美]西奥多·W·舒尔茨.人力资本投资——教育和研究的作用[M].北京：商务印书馆，1990：23.

② 薛海平，胡咏梅.国际教育竞争力的比较研究[J].教育科学，2006（01）：80-81.

济发展的研究要从一个更为广泛和综合的视角去考虑。20世纪七八十年代兴起的对国际竞争力、国家竞争力问题的研究和评价就是一个对教育与国家政治、经济等问题进行全方位的系统分析的新体系。

第二节　国家竞争力理论及其评价体系

关于国家竞争力问题的理论研究最早始于古典经济学家们从国际贸易的角度提出的绝对优势、比较优势等国际竞争力理论，但他们所提出的理论存在诸多不足，如强调内生性要素、欠缺动态分析等。美国学者波特在古典经济学家们的理论基础上提出了竞争优势理论，进一步丰富了国家竞争力理论体系。两个研究国际竞争力较为权威的组织世界经济论坛（WEF）和瑞士洛桑国际管理学院（IMD）在这些理论的基础上构建了国家竞争力评价体系，并对世界各国的国家竞争力进行排名。除了欧美国家研究者，近几年来俄罗斯也特别关注国家竞争力这一问题，并且也有学者对此进行了专门的研究。

一、国家竞争力理论及国家竞争力评价体系

（一）国家竞争力理论的演进过程

古典经济学家们从国际贸易的角度提出了最早、最经典的国际竞争力理论。首先是亚当·斯密提出的国家绝对优势理论，该理论指出：每个国家都有生产某些特定产品的绝对优势，如果各国按照其绝对优势条件进行专业化生产并彼此交换产品，就能有效地利用各自的资源、劳动力和资本提高生产效率，增加各国物质财富和社会福利。这是一种低层次的、自然禀赋差异的竞争。此后，大卫·李嘉图所提出的比较优势论则认为，一国不一定生产各种商品，而应集中生产那些利益较大或不利较小的商品，然后通过国际贸易，出口在生产率方面具有比较优势的商品，进口在生产率方面具有比较劣势的商品，在资本和劳动力不变的情况下，增加生产总量提高社会福利水平。

古典经济学家所提出的国家竞争理论存在一些不足之处。他们强调自然资源等国家内生性要素在竞争中的作用，忽略了体制、政府等外生性因素对国家竞争力的影响；在研究视角上多是静态地考察国家的比较优势，忽略国家竞争中国家优势的发展变化和提升等动态分析。新制度经济学的

国家新古典理论基于外生性因素寻找到了国家竞争研究的新视角，提出了制度竞争论，弥补了先前研究的不足，其代表人物诺斯认为，国家有三个基本特征：服务、收入最大化、面临其他国家或潜在统治者的竞争。柯武刚、史漫飞指出：全球化已经导致了制度（或体制）竞争。按照制度竞争论的观点，国家竞争的实质是国家制度竞争或国家制度的选择。英国经济学家弗里曼提出的国家创新系统概念、熊彼特提出的创新理论学说，也从创新的视角，认为国家可以通过创新机制，在动态竞争中实现自己的优势，但这些理论仍然只是从某个单一的角度来探讨国家竞争问题。

竞争力理论将比较优势、竞争优势和政府体制融为一体，提出了国家竞争的全新分析框架。该理论最初是以国际竞争力的研究进入学术领域的，世界上较早对国际竞争力进行研究的两个机构是世界经济论坛（WEF）和瑞士洛桑国际管理学院（IMD），他们自1980年开始联合倡导并进行评价，主要对世界上主要国家的国际竞争力进行统计、分析和评价，并发布每年的主要国家国际竞争力报告。西方一些国家也都建有相关的研究机构，专门研究和评价国际竞争力的现状和发展，如美国的国际竞争力委员会，欧洲的国际竞争力咨询组织。

美国学者波特自1980年到1990年分别出版了《竞争战略》（1980）、《竞争优势》（1985）和《国家竞争优势》（1990）三部著作，把对竞争力的研究逐渐从微观的企业层面上升到宏观的国家层面，进而使国家竞争力成为一个正式的经济学概念。波特认为一国能否在国际竞争中赢得优势，不仅需要一国所有的行业和产品都参与国际竞争，并且要形成国家整体的竞争优势。而这种竞争优势的取得，取决于四个基本要素和两个辅助要素的整合作用。四个基本要素是：生产要素；需求要素；相关和辅助性行业；企业战略、结构与竞争，两个辅助要素是指政府和机遇。这就是他在《国家竞争优势》一书中提出的"钻石模型"理论，该理论为分析和评价国家竞争力提供了一个有效的可操作的工具，对企业和产业如何参与竞争并获取竞争优势具有重大的理论价值和实践指导意义。

波特的国家竞争优势理论突破了以往单因素分析的不足，强调动态因素的重要作用，论证了各国比较优势动态转化的过程，其对竞争战略和竞争力的研究在当今世界范围内占有重要地位，他所提出的国家竞争理论进一步丰富了国家竞争力的理论构成体系。

（二）国家竞争力评价体系

WEF及IMD自1980年起在大量的统计数据和调查数据基础上对国家竞

争力进行评价，形成了比较全面和完善的评价体系，是比较成熟的以综合要素评价国家竞争力的一种方法，也是目前世界最著名的国家竞争力评价方法之一。其进行竞争力评价的理论依据是新古典经济增长理论和技术内生化经济增长论，后来也融合了波特的竞争优势理论。WEF和IMD创制的评价体系主要是通过排名突出国家间竞争力差距，由此各国可清楚地知道本国在世界的位置，了解自己的优势与不足。IMD和WEF自1989年制定了八大类评比指标，据此对全球46个国家和地区每年进行竞争力评比，其后每年定期出版报告。1989年WEF与IMD合作，并以IMD名义编制世界竞争力报告。自1996年起，两者各自出版《全球竞争力报告》和《世界竞争力年鉴》。①

2000年，WEF将国家竞争力定义为获得中长期经济增长的能力，从四个方面对国家竞争力进行评价：一是经济增长的能力；二是当前经济发展的能力；三是经济创造力；四是环境管理制度竞争力。在此基础上提出了测定未来经济增长的增长竞争力指数和支持当前高生产率和经济业绩的当前竞争力指数，以取代微观竞争力指数，并且新增了经济创造力指数和环境管理体制指数。②WEF 所设计的评价国家竞争力的四个方面分解成八个要素，分别是：经济开放程度、政府作用、金融市场的发展水平、基础设施、技术水平、企业管理水平、劳动力素质以及司法制度健全程度。用于竞争力评价的数据包括两部分：一是定性数据，来自有关机构的数据统计；二是向参评国家发放问卷获得调查数据。

2004年起，WEF尝试构建统一的"全球竞争力指数"（由美国哥伦比亚大学萨拉·伊·马丁教授设计，通过一些统计数据和专家调查资料来评估国家潜在的经济增长能力，其核心理论是新经济增长理论，简称GCI），以反映国家竞争力的宏观与微观、动态与静态结果，全面反映一个经济体当前的竞争力水平和潜在的经济增长能力。设定了三大类12个支柱指标：第一类基本要素包括支柱1至5——制度、基础设施、宏观经济稳定性、安全、基本人力资本；第二类效率增强因素包括支柱6至10——高级人力资本、商品市场效率劳动力市场效率、金融市场效率、技术准备度、开放性与

① 商春荣，黄燕.国家竞争力评价理论与方法：演变过程及发展趋向[J].科技政策与管理，2005（06）：23-24.

② 商春荣.国家竞争力评价理论与方法述评[J].华南农业大学学报（社会科学版），2005（01）：44-45.

市场规模；第三类创新与成熟度因素支柱11至12——商业成熟度、创新。[1]

WEF评价国家竞争力的特点在于采用最新理论作为指导思想，在竞争力决定要素选择上的不断变化；侧重经济的动态增长，在可靠的调查数据基础上广泛覆盖了各个经济活动领域；不断完善方法，补充新指标，反映世界经济关系的全球化过程及其对国家竞争力的影响（全球竞争力指标）；运用反映国家宏观和微观环境的数量或质量指标，使用定性指标，评价结果多依赖民间调查。缺点是：存在大量根据调查结果得来的国家竞争力的主观性指标，缺乏有效、一致的理论指导和定义，评价指标不断变化导致每年评价结果差异较大；使用定性指标，使调查结果的准确性严重依赖回收调查问卷的准确性和代表性，影响评价结果的准确性；定期对综合指标进行重新修改，很难对国家竞争力进行动态客观的比较。

IMD认为四组力量塑造了一个国家的竞争环境：一是本地化与全球化，即国内、区域内布局生产，及在全球范围内布局生产活动；二是吸引力与渗透力，即能够创造就业的吸引外商直接投资的能力，能够创造收入的向国外市场扩张能力；三是资源与工艺过程，即强调存量资产增值能力的工艺方法、组织流程、专用技术等；四是个人冒险精神与社会协调发展，即强调个人主义，放松管制，实行私有化，强调社会福利、追求平等和社会凝聚力。由这四组力量分解为八个因素：国内经济、国际化程度、政府政策和运行、金融环境、基础设施、企业管理、科学技术和国民素质。八个要素又分成若干子要素，2000年共确定47个子要素，根据各自要素的内容设计了290个评价指标来定量评定；在290个指标中，有180个硬指标来自国际和地区组织的统计数据，110个软指标来自对经营者的问卷调查。[2]在影响国际竞争力的8大要素中，科技竞争力和国民素质竞争力是核心竞争力。国民素质竞争力的44项指标中有22项、科技竞争力的26项指标中有19项与教育相关，尤其是与高等教育相关。[3]

IMD对国家竞争力评价的优点在于：清楚地提出了国家竞争力的标准——事务部门的效率；在统计排名时广泛运用了一系列覆盖国家实践中所有经济领域的统计和调查数据（314个指标，WEF为249项指标）；近

① WEF新的全球竞争力指数GCI简介[J].经济丛刊，2006（02）：48.

② 商春荣，黄燕.国家竞争力评价理论与方法：演变过程及发展趋向[J].科技政策与管理，2005（06）:23-24.

③ 郭强.美国高等教育区域合作与交流模式及其启示——解读《美国西部州际高等教育委员会2009年度报告》[J].中国高教研究，2010（01）：36.

些年在方法上具有一定的稳定性，能够客观地比较不同时期的数据；分析国际竞争力的预测倾向（什么—如果—分析）；运用反映国家宏观和微观环境的数量或质量指标。不足在于：其对国家竞争力的定义只强调了国家竞争力来源的一个侧面（侧重经济因素），以此来进行的评价结果是偏颇的。例如，该组织多年评价结果都认为新加坡的国家竞争力第一，从竞争环境角度来看是有可能的，但从国际竞争实力来看是不恰当的，新加坡竞争实力显然不能超过美国、德国和日本。另外，在评价方法方面，IMD所设定的一些评价指标也不够合理，有的指标重复设置，如国内经济实力中关于GDP设置了7个不同指标，在汇率是否可自由兑换问题上也有3个指标重复；在指标处理方面不进行关键指标和相关指标的分析与筛选，致使指标多的评价要素在排名中所起的作用大于指标少的要素；个别有关国家竞争力的观点没有体现数量特征，对竞争力的评价很大程度上带有质的、描述性特征；对不同层次、重要性不同的统计数据指标用统一的权重来计算，影响结果的正确性。

WEF和IMD的评价方法各有优势和不足，两者的优缺点比较见表2-1。

表格2-1　WEF和IMD评价方法优缺点的比较

WEF	优点	在可靠的调查数据基础上广泛覆盖了各个经济活动领域
		不断完善方法，补充新指标，反映世界经济关系的全球化过程及其对国家竞争力的影响（全球竞争力指标）
		运用反映国家宏观和微观环境的数量或质量指标
	不足	存在大量根据调查结果得来的国家竞争力的主观性指标
		定期对综合指标进行重新修改，很难对国家竞争力进行动态客观的比较
IMD	优点	清楚地提出了国家竞争力的标准——事务部门的效率
		在统计排名时广泛运用了一系列覆盖国家实践中所有经济领域的统计和调查数据（314个指标，WEF为249项指标）
		近些年在方法上的稳定性，客观地比较不同时期的数据
		分析国际竞争力的预测倾向（什么—如果—分析）
		运用反映国家宏观和微观环境的数量或质量指标

	对决定国家竞争力的政治和经济因素的关注不足
不足	没有一系列反映经济主体在宏观上的功能：策略、生产者的竞争优势等
	运用调查资料计算结果的客观性和准确性低
	个别有关国家竞争力的观点没有体现数量特征，对竞争力的评价很大程度上带有质的、描述性特征

资料来源：Стратегические направления повышения конкурентоспособности России в условиях глобальной экономики[EB/OL].http://www.bestreferat.ru/ referat-94374. html.

总体来看，WEF和IMD改变了以往通过单一因素评测的做法，主要运用多因素综合分析法来评测各国国家竞争力，但是这种方法也有其不足：将各因素汇总合成得出国家竞争力水平高低。在确定各因素合成时，必然考虑各因素的权重，由于各因素对竞争力的影响程度难以直接观察清楚，因此，在确定各因素的权重时，可能会带有主观成分。当所选择的各个因素之间存在正相关或负相关的关系时，不同权重基础上的计算结果会放大或缩小实际情况，从而影响评价结果的准确性。

二、俄罗斯关于国家竞争力问题的探讨

2000年，在俄罗斯学者Р.А.法特胡特季诺夫（Р.А.Фатхутдинов）撰写的《竞争力：经济、策略、管理》一书中，指出了将提升国家竞争力作为俄罗斯复兴的民族思想。因为竞争力反映了一个国家的综合发展水平，是保证居民生活质量的重要因素，以后其又出版了很多相关书籍拓展和深化这一思想。2004年2月12日，俄罗斯总统普京在莫斯科大学会见企业界代表时倡议将竞争力作为民族复兴思想，2004年8月在俄联邦政府领导下首次创建了企业与竞争力委员会。同年，俄罗斯创新管理学院（АМИ）首次设立了以法特胡特季诺夫为领导的竞争力管理教研室。[①]俄罗斯学者Г.П.沃洛宁（Г.П.Воронин）认为，质量是竞争力的重要指标，在竞争的框架下，质量由以下一些要素构成：法律活动的质量，基层组织、教育、健康、科学研究的质量，管理、信息、生产和管理过程的质量，管理的方法和资源

---

① Р.А.Фатхутдинов.Конкурентоспособность：Россия и мир 1992-2015[M]. Москва：Москва-Экономика，2005：15-16.

保证的质量，设计作品、技术工艺、工人的质量，产品和服务的质量等。实践表明，上述要素和过程的质量越高，就越是有效地利用了资源，提高竞争力的个别指标以及国家竞争力的提升就是要整体上提升居民的生活质量。

2008年10月9—10日，俄罗斯外交部所属国立莫斯科国际关系学院召开了题为《全球化背景下提升俄罗斯经济竞争力之路》的国际科学实践会议。会议提出要出版一系列有关提高俄罗斯经济竞争力的科学文集，探讨了现阶段俄罗斯国家的竞争力水平，提升俄罗斯竞争力的重要条件和影响因素，以及在形成外部经济联系中起到重要作用的个别国民经济部门的发展前景等问题。①

（一）关于竞争力主体的层次及竞争策略

进入21世纪以来，国家竞争力问题也越来越为俄罗斯所重视。俄罗斯联邦总统普京在一次联邦会议上指出：今天的俄罗斯与世界经济一体化的趋势日渐加强，因此，应该在外部政策上学会保护国家整体的、俄罗斯企业和俄罗斯公民的经济利益。加快俄罗斯加入世界贸易组织在接收条件上的准备工作，总的来说就是要提升俄罗斯的国家竞争力。由此引发了俄罗斯一些学者进一步从理论层面进行探讨和研究，形成关于国家竞争力理论的基本概念，这对于培养专家进行专门研究是非常必要的，有助于保证在国际经济领域的策略上的成功。

俄罗斯科学院国家发展学院社会科学研究所经济科学博士M.格尔瓦诺夫斯基（М.Гельвановский）从不同竞争主体的竞争力应该如何构建的角度对国家竞争力问题进行了详细分析。他认为，构建竞争力概念时应首先找到确定标准的工具。确定竞争主体的标准是竞争力的所有特征中最为重要的方面。要确定标准分类的层次，即回答谁或什么是竞争力的载体或竞争优势的拥有者的问题。由此格尔瓦诺夫斯基划分了竞争力的不同主体：个别的商品和商品的集合、生产商品的企业和公司、在世界商品、财政、货币和其他市场间产生竞争的国民经济。显然，不同水平竞争力概念的内涵有很大的区别，不可能单一地分析商品和国家竞争力或国家和企业的竞争力，这些形成竞争优势的不同水平是紧密联系的，这一点是很多分析家没

---

① Международная конференция. Пути повышения конкурентоспособности экономики России в условиях глобализации [EB/OL].http://www.mgimo.ru/news/announce/document14548. phtml.

有考虑到的。

针对很多研究者将竞争力分为微观和宏观两个层面（微观层面即企业，宏观层面为国家的国民经济）的观点，格尔瓦诺夫斯基认为这种划分忽略了商品层次上的竞争。实际上，每个购买者在决定购买产品或服务时，不仅证明了该商品的竞争力，也证明了该商品生产者的竞争力。因此需要构建一个包括商品、企业、国家的多层次的竞争力体系（见图2-1），即微观层面是商品的竞争力；中观层面是企业和公司的竞争力；宏观层面是民族经济和国家的竞争力。

图2-1　竞争力概念的垂直结构图

资料来源：М.Гельвановский.Конкурентоспособность: микро-,мезо-и макроуровни. вопросы методологии[J]. Высшее образование в россии, 2006（10）；33.

格尔瓦诺夫斯基称竞争力概念的这种划分为垂直型结构，因为它显示了形成竞争优势的等级特点。每个竞争水平都要解决特定的任务，其主要目的是追求竞争主体的竞争优势，企业和国家的竞争目的是不同的，所以在竞争力内容上是有差别的。这些由于竞争优势水平不同而产生的目的通常因范围和时间的界限而有所差别。

格尔瓦诺夫斯基认为，还可以在以上三种水平上加上由几个国家协商制定统一经济政策的联合水平，即在宏观层面上形成综合的竞争优势，将其称为"超宏观水平"（见图2-2）。如欧盟及其他地区经济联合体，这一层面的竞争力在本质上是与国家的竞争地位相联系的，其目的在于提高参与国的竞争优势。超宏观水平的竞争力首先是为宏观经济和社会文化竞争优势创建基础，包括：在语言、教育和培养领域（作为调节系统形成统一的文化空间）形成一般标准；培养和再培训干部、技术人员、工艺人才；在法律领域，由国家联盟构建普通的科学学校（按照所有的科学课程体系）。这种合作为邻国间的相互作用、不同民族和文化交往、互利合作创造了条件，降低内部系统的竞争程度，不断变换合作和互利的范围。为快速发展中观层面的共同方案创造有利条件，拓宽市场范围和机会，构成降低费用和价格的基础，提高商品在内外部市场上的竞争力。

那么，什么样的环境能够达到竞争主体所设定的目的？不论在自身发展还是与对手的关系中如何取得更高的成就？格尔瓦诺夫斯基提出了保证在竞争中获得成功的三个重要因素：资源、保证有效利用这些资源、竞争主体在时间和空间上的发展策略，相应地划分出三类竞争优势：资源优势——拥有特殊质量的资源；运营优势——利用已有资源的水平或效率；大纲-策略——竞争主体的发展策略及这些策略的质量。"策略优势在今天显得特别重要，它本质上代表了先进的生产力，如果说前两个优势是传统的，那么最后一个是现代的。"①

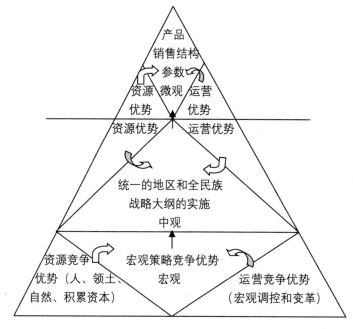

图2-2　在形成竞争力的各层次上产生的各类型竞争优势的相互作用图

资料来源：М.Гельвановский，"Конкурентоспособность: микро-,мезо- и макроуровни.вопросы методологии"，Высшее образование в россии，2006（10）：37.

图2-2表明，所有竞争的本质就是构建清晰的资源、运营、宏观层面上的策略要素相互作用的体系。拥有充足的资源并有效地运用这些资源，同时还要与国家发展策略有效地结合，这种竞争优势才能获得成功。有效的

---

① М.Гельвановский.Конкурентоспособность：микро-,мезо- и макроуровни: вопросы методологии[J].Высшее образование в россии，2006（10）：35—36.

经济发展策略和实施这些策略的制度是获取竞争优势最主要的条件。格尔瓦诺夫斯基认为，从某种意义上说，全球化就是一个创造和运用竞争优势的过程，如果想在全球经济中保持真正的竞争主体地位，就需要制定自己特殊的竞争策略。

（二）关于国家经济竞争力和国家竞争力的研究

现代条件下，国家竞争力已成为国家经济体系发展状况与前景的指示器，决定着其参与国际劳动分工的特点，也是经济安全的重要保障，总体上看，国家竞争力是一个国家在自由竞争条件下生产商品和服务，满足世界市场需求，以及实现国民福利增长的能力。通过较高的技术发展水平、较强的财政制度、发达的基础设施和信息网络，加深财政—经济联系、民族经济的开放性，使它们相互补充，成为俄罗斯发展的策略性方向，助其进入世界经济体系，而不是作为其附属物。这都是与解决国家竞争力提升相关的话题。此外，俄罗斯作为有竞争能力的经济实体，在世界经济一体化的推动下，将促进其保证国家经济长期稳定增长的大纲的形成。

现在，国际评价组织对俄罗斯竞争力的评价都处在非常低的水平。根据世界经济论坛统计的竞争力排名，2005年，俄罗斯在117个国家中排名第75位。以出口原材料为主要发展模式必然会减慢国家经济增长的速度，使国家竞争力持续下降，并且在科学技术进步和生产效率方面不断地落后于其他国家，使国家的经济体系逐渐丧失独立发展的能力，不能形成稳定的竞争优势，以及在此基础上获得创新发展和所需的人力资本，实际上就是不能提升国家的竞争力，保证较高的经济增长速度。

面对如此严峻的现实状况，俄罗斯提出了完全、有效地进入世界经济，提升国家整体以及各经济主体竞争力水平的目标，并对这一问题进行了新的研究，在新经济形成的背景下体现出竞争的特性，并深入分析形成俄罗斯竞争优势的前提和局限性。

国家竞争力的提升和经济增长的过程是互为条件的。由此，俄罗斯学者对国家经济体系的竞争力问题给予了充分的重视，Б.奥林、М.波尔特、Р.库珀尔等人就对此问题进行过具体的阐述，也有学者对国家经济竞争力问题进行了后续的研究。这些研究为国家竞争力的提升特别是国家经济的增长提供了一个很好的理论参照。虽然有了大量关于国家经济竞争力体系方面的研究，但是还没有形成完整的提升竞争力的宏观策略，以使国家在世界市场中形成竞争优势，增强经济增长速度，加快俄罗斯经济体系的现代化。多数学者没有从对社会经济发展和稳定经济增长的目的、任务产生影响的角度来看待竞争力政策问题。

国家竞争力是以公司和企业生产产品的竞争力达到一定水平为前提条件的，而国家的经济竞争力，一方面是形成有利经济制度的条件的能力；另一方面是运用这些条件创造和发展稳定的竞争优势的形式或领域的能力。国家经济竞争力首先是作为独立的自主系统，由一系列相互联系的子系统构成，其次是作为世界经济主体的一部分，同其他经济体一起进入国际竞争关系领域。

在全球化和后工业社会的影响下，不论是国家的国际竞争力的特点还是竞争优势的本质都发生了变化。最为明显的竞争发展趋势是在20世纪末到21世纪初：国际竞争从价值向非价值因素转变；在消费和投资需求结构中，从大规模的集约性生产向工业化需求转变；市场的明显分割趋向；面向创新发展。因此，在现代经济条件下，影响国际竞争力的主要因素是：知识、人力资本、信息技术、灵活的生产、新的管理形式。[①]

关于国家竞争力的特征存在不同的观点：提高社会福利水平的手段；运用经济资源的效率和企业生产满足国家和世界市场需求的产品和服务的能力；测出使经济达到比较发达水平的相对结果；保证经济发展速度稳定增长和国家发展的科学技术潜力。影响国家竞争力的关键因素包括：全球创新发展过程中的参与程度；对外部环境条件的适应性；开放性；宏观经济环境的稳定性；个别部门在掌握新技术中的积极性；国家、科学和商业间相互作用的有效体系；发展国家竞争力的人力资本；投资的吸引力。

通过对国家竞争力本质和特点以及相关影响因素的分析，可以归纳出经济竞争力的一些特征：提高生活水平的有效手段；发展科学技术的潜力；企业在自由竞争条件下生产满足世界市场需要的产品和服务的能力；运用资源的生产效率；高水平的社会发展和长期稳定的经济增长速度；通过相对比较的结果取得的国家经济相对的发展水平；反映经济发展体系连续性和动态的客观的过程。从这些特征中得出：形成稳定的竞争优势是国家经济竞争力的本质特征。

后工业社会和经济全球化也改变了影响国家竞争力的因素及其相互关系（见图2-3），从而也要求经济体系内部结构更加灵活，并且适应外部环境。这对于经济主体形成潜在的竞争优势，确定新技术的结构、新的市场、人力资本的发展等方面都是很有意义的。可见，经济结构内部的适应

---

① Стратегические направления повышения конкурентоспособности России в условиях глобальной экономики[EB/OL].http://www.bestreferat.ru/referat-94374.html.

性变化不仅要靠粗放型的增长方式，还需要质的变化和创新发展。

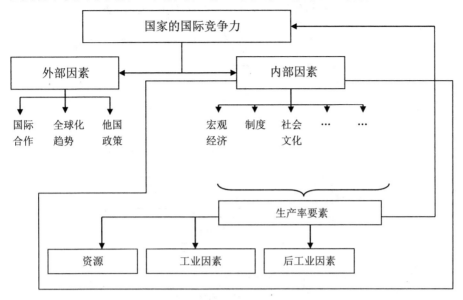

图2-3　影响国家竞争力的因素

资料来源：Стратегические направления повышения конкурентоспособности России в условиях глобальной экономики[EB/OL]. http://www.bestreferat.ru/ referat-94374. html.

　　影响国家竞争力的外部因素（国际合作、全球化趋势、他国政策）取决于对国家竞争状态主动协调和不断地施加影响；内部因素取决于宏观经济、制度、微观经济、社会文化的功能倾向等。在生产增长的条件下，生产率要素对于保证国家竞争力提升具有重要意义。生产率要素的具体含义是：基础资源（自然）的生产率、工业要素的生产率（劳动、资本）、后工业要素的生产率（信息、创新、知识）。俄罗斯一些学者认为，国家的经济竞争优势在实践中的形成应表现在制定和实施竞争力战略上，通过竞争力战略形成国家竞争力的保证体系（见图2-4）。对国家竞争力的影响因素的分析有助于综合、系统地制定国家调整竞争力过程的方向和方法，形成策略性的方向。

　　俄罗斯竞争力策略的形成主要借助于其优越的人力资源以及相应的物质资本的再生产水平，国家经济解结构化问题的解决所带来的生产商品和服务的竞争力的提高，以及社会功能的增强，等等。

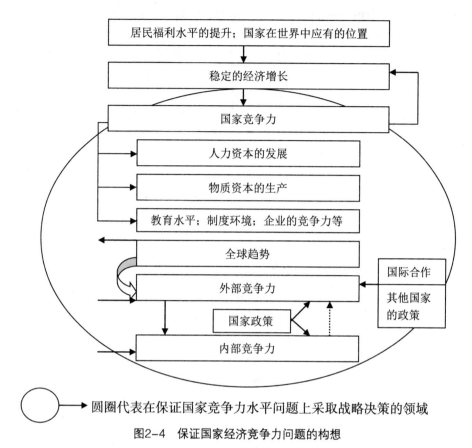

图2-4　保证国家经济竞争力问题的构想

资料来源：Стратегические направления повышения конкурентоспособности России в условиях глобальной экономики[EB/OL].http://www.bestreferat.ru/ referat-94374. html.

对国家外部竞争力（从国家在世界经济中的基本经济位置和收支差额、输入和输出结构的角度看）的分析表明，国家的外部竞争力主要由商品原料来支撑的，同时更先进的国家是竞争高技术产品市场，创新是其国家外部竞争力提升的主要因素。内部竞争力由以下一些方面构成：物质资本的再生产；人力资本的优质性；宏观经济和制度条件；国家的创新潜力。对这些方面的评价表明（见表2-2），在制度、创新环境、优质人力和物力资本等一些指标上，俄罗斯本质上是落后于发达国家的。由于拨款和国家需求等方面的原因，知识密集型的生产和高科技企业得不到应有的重视和地位。

外部竞争力	地理经济状况	+与他国相比具有一定的竞争优势
		-主要指标和国际制度评价方面的竞争力水平较低
	出口潜力	+多种形式自然资源的大量储备，在世界市场拓展已有的农业、林业资源的可能
		-基础设施方面（运输管道的通行方式）的有限性，过分地发展国家开采，生成原料价格竞争力的存储量低、在世界产品生产中的比重较低
内部竞争力	人力资本	+高技能
		-未来劳动者数量缩减，劳动纪律处于平均水平，流动性低
	物质资本	+经济的技术设备现代化更新，投入资金规模大，投资潜力大——国际总存款占国内生产总值的30%以上
		-基础基金的大量耗损，生产率不足，大范围的对外输出等
	创新领域	+在生产设备和其他领域具有较高的技术水平，具有广泛的进行基础和应用研究的组织网
		-高新技术在世界市场的比重较低，投资不足，科学与商业之间联系较弱等，国家在某些知识密集型产业的专业化只有在增加科研拨款、国家鼓励企业积极创新、制定创新发展战略的情况下才是可能的
	制度环境	+形成基本的市场制度
问题领域	-国家竞争力水平较低；	
	-以往的技术和创新落后于竞争对手；	
	-社会责任的增长和经济增长速度减慢之间的割裂；	
	-经济中的石油部分的增长受到阻碍；	
	-通货膨胀和卢布汇率巩固速度具有较高水平；	
	-在世界市场上国家生产的竞争力较低。	

资料来源：Стратегические направления повышения конкурентоспособнос-ти России в условиях глобальной экономики[EB/OL].http://www. bestreferat.ru/ referat–94374. html.

　　对内外部竞争力进行研究的结果与俄罗斯资源发展潜力的评价是相互联系的，由此，俄罗斯学者得出了这样的结论：在解决国家出口专业化、形成有效的制度、鼓励投资和依靠人力资本的投资、宏观经济进程的稳定性等问题的基础上，必须改变俄罗斯现有的国际竞争力水平。

　　当前，俄罗斯仍保持着低层次的竞争策略，选择这一策略不是因为国家没有高水平的（人力资本、创新潜力）竞争优势，而是没有思考在这方面构建相应的国家战略。而竞争力较强国家的竞争力形成和实现的经验表明：经济体系的竞争力是建立在国家与商业有效作用、运用先进技术提高生产效率的基础上的。人力资源和积极的创新活动是先进国家形成其竞争优势的关键。因此，为了实现外部和内部竞争力共同发展，俄罗斯不仅需要积极的投资活动、人力资本的发展、优化制度环境、构建合理的经济结构、有效地适应外部条件，还需要制定更高层次的竞争力发展战略（见图2-5）：如建立包括信息保证、人力资本和投入、制度环境、保证创新发展、区域经济结构等内容在内的竞争力保证体系；对国家竞争力状况进行评价；确定和监察竞争力、国家竞争优势的因素；制定经济政策；制定实施竞争力策略的活动方向；分析和管理所获得的评价结果。

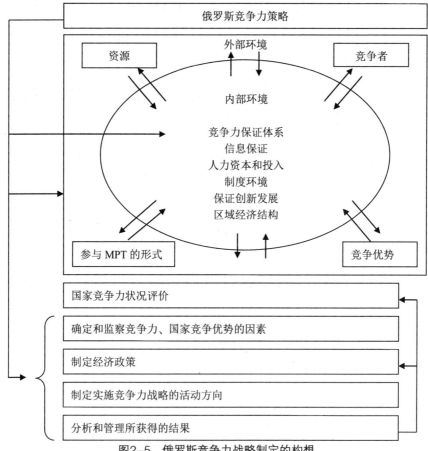

图2-5 俄罗斯竞争力战略制定的构想

资料来源：Стратегические направления повышения конкурентоспособности России в условиях глобальной экономики[EB/OL].http://www.bestreferat.ru/ referat-94374. html.

综上所述，对于国家竞争力这一问题，欧美国家的学者和相关组织机构与俄罗斯学者的观点既有相同之处，也存在一定的差别。其共同的方面是：首先，他们都将国家竞争力划分为宏观国家、中观企业或产业、微观产品这样三个层面，在此基础上构建不同的竞争策略，以提升国家竞争力为最终目的；其次，他们对国家竞争力的影响因素的分析都较为全面、系统，综合分析了与国家竞争力相关的各方面要素；最后，他们在论述影响国家竞争力的诸多因素时，都特别强调了人力资本、创新、科学技术的重要性。其不同之处在于：俄罗斯学者在划分国家竞争力的不同层次时，考虑到本国的国情又划了一个针对独联体国家的"超宏观水平"的国家竞争力；此外，俄罗斯学者将提升居民的生活质量作为国家竞争力的重要指标，特别强调质量对于国家竞争力提升的重要意义。

国家的经济竞争力是国家竞争力强弱的一个重要体现，影响国家经济竞争力的因素既有外部的也有内部的，而内部因素中的人力资本质量以及国家创新潜力是形成一国国家竞争优势的关键，而人力资本的形成、创新人才的培养最终要由教育体系来完成。俄罗斯在分析和制定国家竞争力及国家竞争策略时，始终都将人力资本作为一项重要影响因素，也说明了保证人力资本形成的教育体系的发展对于一国国家竞争力的重要性。

第三节　教育发展与国家竞争力关系解读

早期的国家竞争力评价体系忽视了教育的基础性作用。无论是古典学派的优势理论还是新古典学派的资源禀赋理论，以及后来的国际贸易指数理论，都强调对低成本资源的利用，更多关注对原始自然资源的利用，没有把人力资源的开发置于突出位置。这主要是因为当时社会、经济、科技、文化发展水平不高，对人力资源的需求层次也比较低，对较高层次人才的培养和劳动力素质的提升没有迫切需求，国家或区域间的竞争还停留在对自然资源的粗放使用方式上，与之相对应的人力资源和科学技术的竞争还没有完全展开，因此教育的价值也没有充分地显现出来。

随着世界格局的总体变化和对国家竞争力评价研究的深入，人们逐渐意识到教育、科技和创新能力等对提升国家竞争力的根本性作用，教育和人才是保证一国具有长期持久竞争力的重要因素，拥有丰富的高素质人力资源和具备创新能力的国家，才能在激烈的国际竞争中立于不败之地。这样就在教育与国家竞争力之间建立了联系，在相关的国家竞争力研究中总少不了要提及教育这个因素，而国家竞争力也成为教育发展的重要目标之一。从笔者目前所搜集到的中文及俄文文献来看，已有研究中很少有关于教育与国家竞争力的专门研究，因此，本书关于教育发展与国家竞争力之间关系的探讨主要在所掌握的现有文献基础上展开。

一、教育通过人才培养为国家竞争力提升积蓄优质人力资源

（一）教育通过对基础和高层次人才的培养为国家积蓄人才资源

在知识经济时代，国家财富的多寡主要取决于国民受教育状况和知识创新能力。如果说前知识经济时代决定国家竞争力的核心要素是自然资源、劳动力以及资本投入，那么，知识经济时代决定国家竞争力的是各国的科技和教育竞争力。科学技术的进步、高素质人力资源的积累和整体国民素质的提高，都需要充分发挥教育在国家或区域竞争中的基石作用。

西方发达国家的经验告诉我们，他们之所以有较强的国家竞争力，很大程度上得益于充满活力的教育事业。北欧五国（芬兰、瑞典、丹麦、挪威和冰岛）一直是世界各国提升国家竞争力的榜样，在历次竞争力排名中名列前茅，虽然是多种因素作用的结果，但全民素质教育和研发创新是最为重要的因素。

在知识创新、科技创新、产业创新不断加速的背景下，人才资源是最重要的战略资源。发达国家的资本75%以上不是实物资本，而是人力资本。人力资本是永不枯竭的可持续资源，是社会发展的永恒动力。2005年诺贝尔奖得主美国经济学家贝克尔在北大的演讲中指出："在21世纪，人力资本将对一个国家和民族的进步起决定性作用，对知识的投资也将获得最大的回报。"[①]在WEF的12个支柱指标中，人力资本被定义为：与人的身体紧密相关的产出要素，包括两方面，一是基本的人力资本，指人体正常发挥功能和进行生产性活动的一些基本要求，首要的是健康，其次是基础教育；二是更高质量的学校教育或企业在职培训中获得的更多知识和技能，因此教育体系的质量对改善高级人力资本状况至关重要，从而对一国财富创造过程具有重要意义。[②]

---

① 胡瑞文，杜晓利.人才是增强国家竞争力的根本[J].前线，2005（12）：28.

② 陈伟.新指数、新思维、新趋势——世界经济论坛新的全球竞争力指数简介[J].经济研究参考，2005（82）：16.

2006年1月，美国总统布什在《国情咨文》中提出了"美国竞争力计划"，2月2日美国国内政策委员会科学和技术政策办公室公布了该计划。该计划指出：美国的经济力量及其在全球范围的领导地位，很大程度上取决于我国生产并利用最新科技开发成果的能力。计划将这种能力归因于三类力量：科学研究，强大的教育体系和一个鼓励企业家成长、鼓励冒风险与创新的社会环境。美国对竞争力的这一诠释完全不同于WEF和IMD的视角，它将国家竞争力建立在两块基石上：其一是科学技术；其二是整体国民素质。[①]WEF和IMD更注重"国家竞争力"的标的（目的），而"美国竞争力计划"则站在美国的立场探寻决定"国家竞争力"更深层和长期的根源。可见，美国将其提升国家竞争力的着眼点更多地放在了教育发展上。

2007年，WEF对国家竞争力的评价指标体系作了很大调整和修正，其指标体系包括基本条件（制度、基础设施、宏观经济、健康与初等教育），效率提升（高等教育和培训、商品市场效率、劳动市场效率、金融市场成熟性、技术环境、市场规模），创新因素（商业成熟性、创新）三大类12个支柱指标。[②]其中，初等教育和高等教育分别作为主要的支柱指标出现，每个支柱指标又包含若干个分解指标。与1996年的指标体系相比，在指标体系设计上对教育的重视程度有了极大的提高。发展科技教育和壮大人才队伍，是提升国家竞争力的决定性因素。而IMD分四大类20个指标来评价一国的国家竞争力，每个指标占5%的权重，其中教育、科学研究和技术建设分别作为独立的指标。[③]

根据美国哈佛大学教授波特的国家竞争优势理论，国家竞争优势的获得取决于四个基本要素，即生产要素、需求要素、相关和辅助性行业以及企业的战略、结果和竞争。其中，生产要素包括基本要素和高级要素两大类。基本要素是先天拥有的如自然资源、气候、地理位置、人口等，高级要素是通过长期投资和培育创造出来的要素，如通信基础设施、复杂和熟练劳动力、科研设施以及专门技术知识。波特认为高级要素对竞争优势具有更重要的作用，因此，政府通过加大对基础教育和高等教育的投资，提高人口的普通技能和知识水平，刺激和激励高等教育与科研机构的研究，将极大地提高国家高级要素的质量。

---

① 王中宇."国家竞争力"的背后[J].领导文萃，2007（02）：61.

② 国家发展和改革委员会体管所国际竞争力比较课题组.全球竞争力报告.2006—2007述评——解读我国的竞争力评比结果[J].中国经贸导刊，2007（23）：19.

③ 赵宏斌.教育竞争力是国家竞争力的基石[J].中国国情国力，2008（07）：8.

随着经济发展对人才和技术需求的不断增加，高等教育通过人才培养和科学研究对区域社会经济发展的作用不断加强，人们对高等教育与区域经济、社会发展的关系的认识日益加深。一些大学开始注重科学研究与国家或区域经济发展需求相结合。特别是二战后出现的以新科技革命为导向的国家间竞争，把人力资本、研究与发展（R&D）和信息等要素作为国家或区域竞争的优势资源。那些具有高等教育优势的国家，其人力资本、科研与技术等与高等教育相关的要素要比别的国家具有更强的竞争能力，使人们深刻地认识到高等教育在国家竞争中的地位。国家竞争力理论中提到的高级要素的形成就需要高等教育在其中发挥生力军的作用。当今激烈的国际竞争越来越集中地体现在高新技术和创新性人才的数量和质量竞争上，高等教育是创新人才诞生的摇篮。未来国力竞争力主要是创新能力的竞争。高校创新教育决定创新人才的培养，进而影响一国的国家竞争力。

由上可见，教育主要通过人才培养为国家竞争力的提升积蓄人力资源，而人才培养中两个最为重要的方面就是基础教育和高等教育层次人才的培养，前者的主要作用在于提升国民基本素质，后者主要任务在于培养能够进入生产领域的高技能人才。

（二）教育通过保障人才培养的质量为国家积蓄优质人力资源

教育是一项社会福利事业，在现代条件下它是指物质和精神的再生产，社会的人的整体质量就是它的产品，即个体所表现出来的所有的财富，包括职业技能。教育质量与生活质量两者有着紧密的关系，而生活质量的提高是衡量国家竞争力提升的一个重要指标。

按照俄罗斯学者的观点，质量是国家竞争力的一项重要指标，提升国家的竞争力就是要整体上提升居民的生活质量。生活质量是一个复杂和矛盾的范畴（见图2-6），它不仅包括物质生活水平，还包括精神-道德、发掘个体的精神-道德潜力的社会生活质量、实现个性的创造、保证充分开发人的创造能力，能够意识到完成精神-道德、服务于职业的义务、实现延续生命的责任，人的健康、居住环境、文化生活质量等广泛的内容。生活质量与人的质量的范畴是相符的，与人的质量的内容密不可分，而人的质量及其生活质量与教育的发展及教育的质量密切相关，它们在很大程度上是建立在教育质量的基础上。联合国教科文组织的文件《高等教育的改革与发展》（1995）指出，教育质量已经被确定为联合国在教育领域活动的重要目标。在"博洛尼亚进程"中，按照创建全欧洲一体化的高等教育体系的原则，高等教育质量、质量标准、认证过程等问题占有重要位置，并且还新创建了质量管理的欧洲组织网（简称ENQA）。

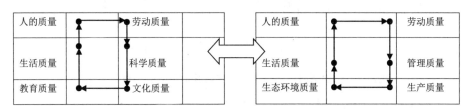

生活质量		人的质量		劳动质量
生态环境（生态系统）的质量				生产质量
社会智力的质量				教育质量
管理质量		文化的质量		科学的质量

图2-6　质量的范畴及生活质量—人的质量—教育质量与其他质量间的关系

资料来源：Субетто А.И. Государственная политика качества высшего образования: концепция, механизмы, перспективы, Часть1[R]. Академия Тринитаризма, М.,Эл №77-6567, публ.11620, 02.11.2004.

教育是提高人口素质和质量的关键，教育质量是教育发展的关键指标，高质量的教育才能培养出高质量的人才，而高质量的人才是社会进步和国家发展的重要力量。在第六届俄罗斯校长联盟委员会议（2000年）的文件中提出了21世纪头十年的4项主要任务：（1）发展人的潜力，形成适应知识经济的社会职业技能结构；（2）在主要生产领域实现科学技术现代化，使经济部门在知识创新的基础上克服经济危机的后果；（3）提升居民的生活质量水平，克服人口危机、提高出生率和居民寿命；（4）巩固俄罗斯的民族性、加强社会团结，包括从根本上改善教育机构中青年们的公民教育。2006年6月，在莫斯科大学召开的俄罗斯校长联盟大会的主题就是"高质量、开放式的教育——社会统一和国家稳步发展的基础"，特别指出了提高教育质量问题的重要性。

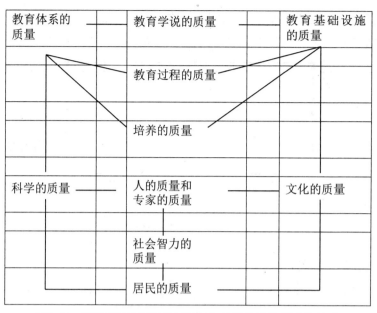

图2-7　俄罗斯教育质量体系及其与其他范畴的质量的关系

资料来源：Субетто А.И. Государственная политика качества высшего образования: концепция, механизмы, перспективы,Часть1[R].Академия Тринитаризма, М., Эл №77-6567, публ.11620, 02.11.2004.

通过对俄罗斯教育质量体系及其与其他范畴的质量间的关系可以发现（见图2-7），质量是21世纪俄罗斯国家教育政策的中心内容，教育质量政策的作用在俄罗斯国家内部政策体系中的地位得到了很好的发挥。高等教育质量在很大程度上决定着俄罗斯连续的教育体系内部的人才再生产机制，俄罗斯智力资源再生产的质量及其社会智力、科学、文化的质量，保证了俄罗斯经济技术的再生产以及在此基础上的经济竞争力。

二、国家竞争力的提升主要依靠优质人力资源推动生产力的发展而实现

在很长一段时期内，经济学一直被看作是研究财富的科学，它首先是以探讨财富的形成、发展的形式登上历史舞台的。经济活动主要包括两个方面：生产力和生产关系，鉴于本书的主题为国家竞争力，这里主要探讨国家竞争力的根本体现——生产力问题。

最先提出生产力这一概念的是魁奈，并且他认为人在增加财富和发展生产中具有重要作用。他在《人口论》中指出，构成国家强大的因素是

人。①亚当·斯密也认为劳动生产力是创造国民财富的源泉，他认为一国要增加财富，首先依靠的是劳动生产力，其次是从事生产劳动和非生产劳动人数的比例。但斯密没有对生产力的内涵做进一步的说明，他主要着眼于社会分工，认为社会分工是增进劳动生产力的原因，而实际上分工只是生产力发展的一个产物。这与斯密当时所处的时代——工厂手工业时期有关，因为在那个时期，"在手工生产的基础上，除了分工的形式外，不可能有其他的技术进步。"②后来，李斯特也对生产力问题进行了理论上的阐述，他探讨经济问题的出发点和归结点是国家，而国家经济的核心问题又是发展生产力，因此，他所说的生产力是国家生产力。他指出："财富的生产力比之财富本身，不晓得要重要多少倍；它不但可以使已有的和已经增加的财富获得保障，而且可以使已经消失的财富获得补偿。"③他认为生产力包括人的因素和物的因素，因此，将生产力分为物质力量和精神力量两方面。李斯特反对只把体力劳动称之为生产力的传统观念，他不否认养猪的和制药的是生产者，但认为教师、作曲家、音乐家、医生和行政官员也是生产者，而且后者的生产性远比前者要高得多。在李斯特那个时代，科学、文化、教育在整个社会生产中所占比重并不大，因此，他能将这些内容看成是重要的生产力是非常难得的。④从古典经济学家们的论述中不难发现，他们都将生产力看作是生产和创造财富的一种能力。

关于生产力的论述也是马克思主义理论宝库中的重要部分。在马克思看来，生产力已经不仅只是包括劳动者、劳动对象和劳动手段三个因素，而且还包括交通、能源、信息、科学技术等多种因素，将生产力的概念扩展为一个庞大的集合体。在此基础上，马克思和恩格斯提出了科学技术是生产力的观点。他们认为：科学这种既是观念的财富又是实际的财富的发展，只不过是人的生产力的发展即财富的发展所表现的一个方面。列宁也将科学技术、普及文化知识看作是提高劳动生产率的一个条件，特别注重教育在发展生产中的作用。他认为，提高劳动生产率不仅需要强大的技术装备这样的"物化的智力"，而且需要用智力或知识掌握人们，使劳动者适应技术进步的过程，而要达到这一目标，最有效的手段就是教育。从这

① 魁奈.魁奈经济著作选集——人口论[M].北京：商务印书馆，1981：103.

② 列宁全集（第三卷）[M].北京：人民出版社，1984：386.

③ [德]李斯特.政治经济学的国民体系[M].北京：商务印书馆，1961：118.

④ 王慎之.生产力理论史[M].长春：吉林人民出版社，1988：88.

个意义上说，教育也会成为生产力。①

在现代，波特从国家层面上指出"竞争力"的唯一意义就是国家生产力。在其所著《国家竞争优势》一书中，波特重点阐述了高生产力是如何产生的。他认为，每个国家的人力与资源都是有限的，理想的状况是将这些资源应用在最有生产力的领域。在国际竞争环境中，每个产业唯一的生产率指标就是要胜过外国对手，如果生产率较高的产业失去国际竞争力，那么这个国家维持生产率成长的机能就会受到威胁。因此，当产业的生产率提升导致国家生产率提升时，该国的出口增长就等于国民生活水平的提升。②波特避开了其他研究中对国家竞争力本身含义的争辩，不是从整体的经济表现，而是从细处着手，通过对个别产业与产业环节的表现来了解竞争力。

在解释经济生产率的提高时，波特特别指出了要注重一个国家对人力质量的重视和对技术进步的需求。他认为，具有高度专业能力的人力资源是产业在现代化国际竞争中最重要的因素，这些人才的养成不仅仅靠一般的教育体系，更与产业竞争的过程密切关联。由此，波特提出，国家生产力的基石正是高竞争力的产业人才与技术发展。高科技以及高水平的人力正是提供国家生产力持续增长和激发高生产力潜能的两大因素。有关教育与劳动生产率关系的研究多集中于低收入国家的农业生产上，而工业劳动生产率的提高往往要通过科技的创造更新来实现的。③

从经济学的观点来看，劳动力的生产产出与其所受教育的年限有密切关系。假定生产过程中受过教育的工人和未受过教育的工人是完全可以替代的生产要素。假设一个受过初等教育的工人和一个受过中等教育的工人是完全同质的，换言之，劳动是同质的，可以用"效率"单位来测量。在保持劳动力数量不变的情况下，提高劳动力的教育水平等同于用效率测量下的劳动力数量的增加。这种效率的提高反映在单位劳动力上，把劳动力作为生产要素投入到生产中，则产量增加，即劳动力的生产产出与其所受教育的年限呈正相关关系。

另外，假定未受过教育的工人和受过教育的工人是不完全替代的生产

①　王慎之.生产力理论史[M].长春：吉林人民出版社，1988：88.

②　[美]迈克尔·波特.国家竞争优势[M].李明轩、邱如美译.北京：华夏出版社，2006：6，8.

③　顾明远，薛理银.比较教育导论——教育与国家发展[M].北京：人民教育出版社，2001：178.

要素。如建造一座高架桥，3个（或30个）受过初等教育的工人不能替代一个工程师。按照劳动力的密集程度划分，劳动密集型高的行业将更多地使用未受过教育的劳动力；相反，非劳动密集型的行业将较多地使用受过教育的劳动力。飞机制造业和服装行业在以相同的成本选择雇用受过教育和未受过教育的劳动力时，飞机制造业雇用受过教育的劳动力的比率要高于服装行业，相反，服装行业雇用未受过教育的劳动力的比率要高于飞机制造业。戴尔道夫（Deardorff）指出，受过教育的劳动力的数量的增加有助于一个国家的生产力水平进入一个新的阶段，即生产技术将会更为尖端，生产工艺更为复杂。[①]

一种产业的生产过程需要技术密集型的工人，是因为需要工人的熟练操作和质量监控，或者说是因为技术在迅速更新，而受过良好教育的工人需要不断地学习新技术。由后者可以得出一个一般结论，受过教育的工人在任何生产过程中的作用都可以被看作是一个技术学习和创作的过程，而这一过程本身就会产生更大的生产力。假设其他投入要素保持不变，即使不是科技本身的投入，也会产生更大的生产力。

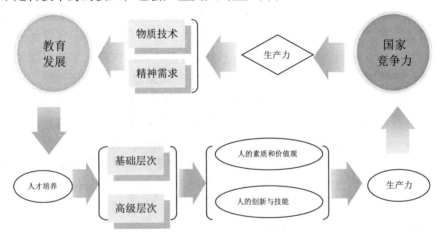

图2-8　教育发展与国家竞争力关系简图

总的来说，教育发展与国家竞争力之间的关系是相互的（见图2-8）。教育主要通过人才培养，主要是基础层次和高级层次人才的培养，为国家竞争力的提升积蓄人力资源，主要是人的素质和价值观的塑造以及人的创新与技能的培养，但是，这种人力资源还只是一种量上的积累，还需要对

① [美]杰拉尔德·M.梅尔，詹姆斯·E.劳赫. 经济发展的前沿问题[M].黄仁伟，吴雪明等译.上海：上海人民出版社，2004：237-238.

培养出来的人有质的要求和保障，这样，由教育所培养出来的优质人力资源才可能在产业或企业的生产力中发挥作用，进而促进国家竞争力的提高。或者反过来说，首先，劳动生产率或产业生产率的提高受劳动力教育水平和技能及其所带来的技术进步的影响，波特将国家竞争力理解为国家的生产力，提升国家竞争力或生产力的关键在于产业的生产力和竞争力，而产业竞争力的提高在很大程度上是依赖于教育的发展。其次，不论是欧美古典和现代的经济学家探究经济增长的原理时，还是俄罗斯学者们提出的国家竞争战略中，都将人力资源视为国家经济发展和增长的重要动力，连接教育发展与国家竞争力之间的纽带就是人才培养、人力资源的积累。最后，人才培养或人力资源的积累固然重要，但是如果没有高质量的人才培养保障，那么教育发展与国家竞争力之间的关系也就失去了探讨的价值，正是高质量的教育、优质和高素质的基础和高级层次人才的培养，才使得教育发展与国家竞争力之间的关系显得如此重要和密切。

教育发展与国家竞争力之间的关系是相互促进，互为补充的。国家竞争力的提升表明生产力的提高，这对于教育领域物质基础和技术设施的改善具有重要意义，生产力的提高还会带来人民生活质量的改善，进而提高人民的精神需求层次，从而促进教育的发展；而教育在拥有了良好的外部环境和内部发展动力的情况下，通过培养高素质和高技能人才满足国家的政治、经济需求，进而推动生产力的发展，对国家竞争力产生影响。

由前文可以看出，教育发展得怎么样对国家竞争力的提升具有重要意义，教育发展与国家竞争力之间存在着紧密的联系，那么，教育到底是怎样对一国的国家竞争力产生影响的呢？以下就通过俄罗斯在教育上的发展探讨其对国家竞争力是怎样产生影响的，主要从俄罗斯教育发展的外部环境、内部改革和实际成效三个层面展开论述。众所周知，任何事物的发展和成长都是一个从小到大、从不成熟到成熟、由弱到强的过程，同时也必然要受到其周边环境因素的影响，那么，在探讨今日俄罗斯教育的发展对其国家竞争力的影响，不能忽略其在历史发展过程中所积累和传承下来的传统，同时也不能不考虑当前俄罗斯的政治、经济、文化等外部环境状况。而俄罗斯教育体系内部的变革是从质的层面探讨教育发展对国家竞争力产生影响的重要内容。教育发展所取得的实际成效是教育变革的结果，它是从量的层面分析教育发展对国家竞争力产生影响的必要内容。

Education Development on National Competitiveness in Russia

---・ 第三章 ・---

俄罗斯教育发展对其国家竞争力产生影响的历史根基和现实环境

任何国家的教育体系都有其独特之处，而这种独特之处很大程度是与国家本身形成和发展的过程密不可分，国家形成和发展的特性也基本上奠定了国民教育体系的特性。就俄罗斯而言，彼得一世执政以前的俄国是一个闭关锁国、不受关注的小国，彼得一世执政以后通过其专制统治和不断改革，使得俄国避免沦为西欧资本主义国家的殖民地，并跨入欧洲强国行列。十月革命后，苏联被排斥于欧洲和世界之外，为使俄国再次成为强国，斯大林运用指令性计划手段全力发展重工业、军工业，通过集权的方式使苏联在短时间内成为与美国相匹敌的世界强国。俄罗斯国家发展和崛起的历程也赋予了其教育以一定的特性，成为后来教育发展的基石。进入21世纪，经历了国家转型的俄罗斯走的是一条不同于以往的发展道路，在新的时代背景下其在政治、经济、文化、外交上都发生了很大的变化，这必然也会对其教育发展的理念及发展方向等产生一系列的影响。

第一节　俄罗斯国家形成、发展中教育特质和优势的形成

俄罗斯的教育在其上百年的发展历程中，始终与其国家的发展紧密相连，它始终都将教育的改革置于国家内部需求和国际大背景之中。无论在彼得一世时期，还是在苏联社会主义建设时期，高等教育对当时国家的进步和国家建设作用巨大；苏联解体后，俄罗斯通过人才培养的变革、高等教育创新和质量观念转变等方式促进高等教育更好地服务国家和社会发展，俄罗斯教育的特质和优势正是在其国家形成和发展中沉淀下来的。

一、俄罗斯教育发展对其国家形成和建设的贡献

15世纪80年代以前，俄国基本上还是一个被侵略和被征服的国家和民族，这个时期国家、民族的主要任务和历史使命就是反抗外来侵略，维护民族独立和争取民族统一，自觉地建立民族国家的趋向成为俄国在中世纪进步的最重要杠杆之一。另一方面，战争也唤起了俄罗斯人的民族觉悟，激起了俄罗斯人的爱国热情，这成为俄国形成大俄罗斯民族和统一国家的

重要精神要素。

从16世纪起，俄国开始大规模地殖民扩张和拓展疆土，到16世纪中期，俄国的领土面积已扩大到280万平方公里。以至于当时的欧洲看到这样一个庞大的帝国突然出现在它的东部边境而目瞪口呆。彼得一世成为沙皇对俄罗斯帝国的发展壮大具有划时代的意义。在他的领导下，俄国通过北方战争打败了瑞典，夺取了波罗的海出海口，使俄国开始跻身于欧洲列强之列。

直到19世纪末，多民族、统一的俄罗斯帝国的版图才最终形成。经由350年的兼并和扩张，俄罗斯逐渐由一个弹丸之国（莫斯科公国）扩展为地域面积为2280万平方公里、横跨欧亚的大帝国，成为欧洲地缘政治版图上一个庞大的国家。[①]俄罗斯国家的各种成就和辉煌都是在帝国模式下取得的，帝国意识是俄罗斯民族最根深蒂固的政治文化心理。[②]

俄国是一个有着三百多年专制制度统治历史的国家，决定了其对内表现为政治上的独裁统治和中央集权制。农奴制是专制制度最稳固的经济基础，专制制度则是农奴制存在和发展的政治保障，它于17世纪中叶最终确立，为俄国向绝对专制君主制过渡奠定了经济前提，到彼得一世统治时期这一过渡最终完成，使农奴制获得了前所未有的发展。一种封建制度的建立还要有封建意识形态的认同。19世纪30年代的贵族思想家、教育大臣乌瓦罗夫炮制了一个正统的官方国民性理论，称东正教、专制制度和民族性是俄罗斯的国民性原则，为农奴制的发展提供了理论支持。[③]19世纪60年代，农奴制才被废除，但其残余仍然影响着俄国现代化进程。

彼得一世（1682—1725年在位）时期专制制度发展到了一个新的阶段，教会被彻底地置于世俗政权控制下。19世纪中期以后，虽然受欧洲民主运动的强大冲击，但沙皇政府一直拒绝对专制制度进行改造。20世纪初，在内外交困的情况下，俄国曾朝君主立宪的方向迈出了一步，但因国家杜马权力有限，并没有从根本上动摇君主专制制度。

彼得一世是俄罗斯西化改革的先驱者，他发动的改革也是俄国历史上

① 张建华.俄罗斯国家的形成与民族主义[J].北京师范大学学报（人文社会科学版），2001（02）：91.

② 李述森.荣耀与包袱——论帝国模式对俄罗斯国家发展道路的影响[J].俄罗斯中亚东欧研究，2005（02）：9.

③ 张建华.俄罗斯经济文化传统的形成及其对现代化的影响[J].求是学刊，1991（06）：84.

唯一一次相对主动的改革，其改革的一个明确的目标就是增强国力。在由彼得一世领导的欧化的过程中，俄国的学校教育基本上都侧重世俗知识的传授，主要为了让青年学生掌握欧洲先进国家的技术和知识，以实现其强国的目的。这首先要求掌握其他国家的语言，因此，开设了许多希腊语、拉丁语学校。一旦掌握了语言这门工具，青年人的精神需求也随之提高，国外的许多理论和思想陆续传入俄国，成为俄国新一代贵族青年和部分平民知识分子学习的内容。俄国就是这样重新掌握了古希腊罗马的文化成就，掌握了欧洲各国人民自文艺复兴以来所积累和创造出来的丰富知识和精神财富，并且在吸取西方科技知识和精神给养的基础上创造出自己的文明。

彼得一世时期俄国的教育基本上是参照欧洲先进国家的模式构建起来的，但是受制于沙皇专制主义和农奴制的控制，使得当时的教育发展非常缓慢，更无民主性。到19世纪中期前后，俄国共有6所大学，各类文科中学74所，初级学校8227所，小学生人数只占全体人口的0.7%，小学生与成年居民的比例为1：924，远远落后于欧洲其他国家。[①] 尽管如此，这一时期的教育仍然是俄国推行欧化政策的重要措施，它虽然只为少数贵族提供了学习知识的机会，但却对整个国家的发展起到了推进作用，从这个意义上说，其成就又是极其辉煌的。

十月革命以后，俄罗斯帝国被苏联取代，尽管发生了革命性的变化，但苏联本质上仍然是一个帝国。它拥有与沙俄大致相同的领土和民族构成，与沙俄时期相比，其国际权势还有进一步的扩展，将东欧各国都纳入了自己的势力范围。俄罗斯当代政治家科申指出，苏联实际上建立了三层帝国：第一层是苏联加盟共和国，第二层是东欧卫星国，第三层是苏联在第三世界的势力范围。正是依靠这样一个帝国体系，苏联才能与以美国为首的西方阵营进行长期的对抗。[②]

帝国的维持和扩张不仅需要政治权力的高度集中，还需要对社会全部的人力、物力资源进行国家控制，这也决定了苏联必然要走一条国家主义的、非市场化的发展道路。斯大林使苏联的工业化进程实现了巨大的飞跃，把苏联改造成了一个强大的帝国。俄罗斯科学院通史研究所教授亚历

---

① 吴式颖.俄国教育史——从教育现代化视角所作的考察[M].北京：人民教育出版社，2006：190.

② 李述森.荣耀与包袱——论帝国模式对俄罗斯国家发展道路的影响[J].俄罗斯中亚东欧研究，2005（02）：10.

山大·舒宾就指出，在生产方面，俄罗斯当前的任何一项经济指标都比苏联时期差，只是依赖高昂的石油价格在增加外汇储备。他认为未来的某一天俄罗斯的经济可能会超过苏联，但是如果苏联时期保留下来的话，成就会更大。[①] 20世纪70年代，苏联的国民生产总值仅次于美国位居世界第二位，不仅在军事上成为可以与美国相抗衡的超级大国，而且在科学技术领域取得了多项领先世界的发明创造。而这些成就的取得与其教育的发展密不可分。

俄国时期，9至49岁居民中，文盲占72%，学龄儿童入学率只有20%，具有中等和高等教育程度的专业人才更是稀少。而苏联七十多年的发展历程中，其教育发展水平得到了极大的提高。至苏联解体前夕，它的普通教育学校达13.5万所，职业技术学校7959所，中等专业学校4517所，高等学校发展到898所，大学生数近500万人。[②]

早在20世纪30年代末，苏联就已通过实施普及初等义务教育巩固了扫盲成果，70年代又普及了十年制中等义务教育。1983年末，苏联共有15530万人达到高等和中等教育水平，占全国人口的87%。[③]初等义务教育的普及和中等教育的发展，为彻底消除文盲和发展职业教育与高等教育奠定了坚实的基础。对于苏联普通教育的发展，1981年美国《华盛顿邮报》载文指出，苏联学生能够读到中学毕业的占98%，而过去十年美国的高中毕业生也只是占75%。对学生的要求也极其严格，到中学毕业时，苏联学生已学过五年的代数、地理、生物、物理，十年的几何、两年微积分和四年化学。而美国高中毕业生只有9%学过一年物理，16%的学生学过一年化学，45%的学生学过一年生物。苏联每年约有500万学过两年微积分的中学毕业生，而美国每年只有10.5万学过一年微积分的高中毕业生。[④]澳大利亚学者康内尔（W.F.Connell）在其所著的《二十世纪世界教育史》一书中反复指出："国民经济计划和教育发展稳步地齐头并进，这在教育史上是第一次。"[⑤]

---

① 康宴如，段启增.俄罗斯学者对列宁、斯大林及苏联历史的新见解[J].国外社会科学，2007（06）：91.

② 顾明远主编.教育大辞典（增订合编本，下）[M].上海：上海教育出版社，1998：1489.

③ 苏联大百科全书·1984年年鉴[M].苏联百科全书出版社，1984：93.

④ 顾明远.战后苏联教育研究[M].南昌：江西教育出版社，1991：123.

⑤ [澳]W.F.康内尔.二十世纪世界教育史[M].北京：人民教育出版社，1990：460，480.

二、教育发展对俄罗斯国家崛起的重要意义

从历史上看，俄罗斯首次成为欧洲大陆强国是在17世纪末到18世纪初彼得一世执政时期。1712年，彼得一世宣布俄国为帝国，自称皇帝。俄国成为一个绝对君主制国家。17世纪末，俄国经济、政治、文化发展水平远远落后于欧洲其他国家。彼得一世执政后在短时间内建立起工业生产、教育以及强大陆海军舰队，开创了俄国历史的新纪元。

事实证明，一个国家经济发达与否，与其在国际上的地位关系甚大。国富民强才能立于不败之地，才能得到国际上的认可。彼得一世深知国际地位的重要意义，他刚登上沙皇宝座，脚跟尚未站稳就率使团出国访问，表明他是如何重视外交。彼得一世时期也是俄国外交史上的一个转折点。在其执政期间取得了过去200年来从未取得的巨大成就。开辟并巩固了俄国"通往欧洲的窗户"。也是从这时起，俄国才有了同欧洲大陆先进国家进行经济和文化交流的渠道。彼得一世将首都迁至圣彼得堡也正是为了方便同欧洲的贸易往来。到彼得一世执政后期，俄国终于跻身欧洲列强的行列。①俄国一直在追求一种对外部世界的无限权力，这种追求首先表现在其持续不断的领土扩张上。可以说，一部俄罗斯史就是一部不断对外殖民、进行领土扩张的历史。

彼得一世主要致力于国家建设和军事实力的增强，为此非常注重教育事业的发展，将教育视为富国强兵的重要手段，在高等教育方面尤其注重发展实科高等教育和工科高等教育。当时高校的活动主要限制在满足国家官僚机构和军事需要的范围内，所兴办的各类学校主要为强大海军、夺取出海口等国家战略服务，以培养工业技术人员、军事工程技术人员、军事指挥员等专门人才为目标。这一时期的高等教育主要呈现出两个特点：一是通过开办专门学校培养专家式人才；一是在科学院下设附属大学和中学，促进科学的发展，加强教育与科研之间的紧密联系。俄国的科学院为俄国培养了大批科学家和学者，为世界科学的发展作出了重要贡献，同时，也满足了国家建设之需，使俄国摆脱了经济、军事落后的状态，避免了其沦为西欧资本主义国家殖民地的危险，并跨入欧洲强国行列。

从彼得一世去世到叶卡捷琳娜二世登台，俄罗斯经历了近40年的动荡，国力日益衰退，经过叶卡捷琳娜二世三十多年的治理，在18世纪后期，通过对内的专制统治和对外扩张使俄罗斯再次成为欧洲大陆列强。直

---

① 孙祥秀.彼得一世改革[M].北京：求实出版社，1987：110.

到19世纪中后期，沙皇俄国在克里木战争中失败，使其丧失了在欧洲保持了数十年的强国地位。

俄罗斯的第三次复兴是在十月革命和苏联成立之后。[①]十月革命后，苏联被排斥于欧洲和世界之外，斯大林努力把苏联建成强国。为再次成为强国，俄共积极推进世界革命，但没有成功。由此提出"一国建设社会主义"的理论，运用指令性计划手段全力发展重工业、军工业，为苏联的强国地位奠定物质基础。到20世纪50至60年代，苏联达到鼎盛时期，成为世界上名副其实的两个超级大国之一。在苏联崛起的过程中，教育所发挥的作用是不可忽视的。苏联时期的教育经费占到了国民生产总值的7.5%（按国民收入计算占8.4%），[②]尽管在教育投资上略有波动，但整体上是呈上升趋势的。充足的教育经费保证了教育健康、稳定的发展，也保证了国民经济所需人才的正常供给。在专业设置上，苏联高校主要根据科技进步和国民经济发展的需要调整专业设置，以便更好地促进科学技术和国民经济发展。从1952年到1956年，苏联进行了两次专业调整，取消了重复专业，避免了专业过多、过窄的弊端，同时也增加了一些国民经济领域所急需的新专业。1957年，苏联成功发射第一颗人造地球卫星引起了世界各国的高度关注，苏联高等教育的成就由此得到了国际认可。美国政府及学者们认识到美国在某些方面已落后于苏联，为此，美国政府制定了教育改革、以教兴科、以科强国的"零点方案"[③]。这从一个侧面说明，苏联高等教育对当时的社会经济、科技发展起到了一定的促进作用。

三、俄罗斯教育在其国家发展中所形成的特质和优势

在苏联70年的发展历程中，经过三年的国内战争与外国武装干涉、四年的卫国战争，真正用于国家建设的时间只有六十余年。但是在此期间，苏联教育达到了比较高的现代化水平，对其国家的经济和文化科学事业的发展起到了极大的促进作用，其所取得的教育成就得到了国际的公认。

西方国家教育现代化的历史表明，英、法、德等国家是中世纪在罗马

---

① 钮菊生.俄罗斯复兴：大国梦与现实——俄罗斯兴衰规律研究[D].上海：复旦大学，2003：16-17.

② 参见卢永库，李家宝，葛鸿翰.苏联高等教育与社会政治、科技进步和国民经济发展相结合的特点[J].黑龙江高教研究，1989（04）：125-129.

③ 参见谢雪峰.对苏联高等教育模式评价中若干问题的思考——兼以纪念刘一凡教授[J].武汉体育学院学报，2005（03）：97-99.

教廷的监护下成长起来的国家，这些国家围绕宗教信仰自由和国家办学权利等问题都曾进行了长达数百年、十分复杂甚至激烈的斗争。俄国自古信仰东正教，东正教在与世俗政权的关系上不同于以罗马教廷为首的天主教会，自拜占庭帝国时期它始终从属于世俗政权的地位，形成了教权管理灵魂、沙皇政权管理尘世事务的格局。在专制制度下，俄国的教育管理体制也具有明显的专制特点，国家教育的发展与成效在很大程度上由沙皇的个人素质、能力及其本人所受的教育决定。[①]彼得一世是一位很有作为的君主，因此，在其统治时期，俄国教育不仅取得了较大的发展，而且具有较强的世俗性。

美国学者、曾任俄罗斯联邦政府经济顾问的理查德·莱亚德和驻俄记者约翰·帕克在《俄罗斯重振雄风——新俄罗斯经济政治指南》一书中指出，斯大林的工业化运动把俄罗斯从一个大体上以农业经济为主的农业大国变成了一个工业国家，其人口统计结果和西方发达国家是一样的：99%的国民都具备读写能力（高于英国），96%的人都能上中学。"除日本外，俄罗斯是世界上报纸读者最多的国家。""（苏联）共产党统治的后期，俄罗斯的生活水平在希腊和墨西哥之间。但是，不平等现象不是那么严重，所以差不多每个人都能吃饱穿暖。"同时，"他们的受教育程度却异乎寻常地高。那里基本上扫除了文盲。"书中还指出，"俄罗斯一直有深厚的文化传统，拥有一个素养很高的知识阶层。（苏联）共产党统治下的平均主义政策使人们普遍具有分析思维的能力。冷战使科学教育和研究得到广泛的发展。"[②] 由此可见，虽然苏联乃至俄国时期高度集权的专制制度是落后的并带有很多弊病，在国家发展中又经历了一系列的战争和波折，然而。在强国思想的引导下，这并没有给教育造成太大的损失，反而在短时间内实现了高速发展。

自彼得一世首倡实科教育起，俄罗斯就形成了重视实科教育特别是高等工科教育的传统。在苏联的专业文凭和大学学位中，工程、技术学科所占的比重要比其他学科高，数学和物理是最强的两科，虽然没有商业专科教育，但是，良好的基础教育已经证实了它在商业中的价值。

二战后，为同美国抗争，苏联将发展尖端科学技术、培养高素质科技

---

① 参见吴式颖.俄国教育史——从教育现代化视角所作的考察[M].北京：人民教育出版社，2006：162-165.

② 吴式颖.俄国教育史——从教育现代化视角所作的考察[M].北京：人民教育出版社，2006：425.

人才列为高等教育的国家使命。这一时期的高等教育仍以工科专业为主，侧重军事力量的发展，重点加强教育与生产、科学的一体化，培养高质量的专门专家。高等教育的工作重心主要落在了专家培养质量上，这对二战后苏联高等教育的发展起到了至关重要的作用，也进一步巩固了专家式的培养模式。

总结起来，俄罗斯在其国家形成和发展过程中所形成的优势主要有这样几个方面：一是在中央集权的制度下形成国家对教育的高度领导体制，在此基础上引导教育按照强国的路线前进；二是短时间内实现初等教育的普及，扫除文盲，为国民素质的提升及高等教育的发展奠定了扎实的基础；三是高等教育的专家式培养模式为社会主义国家建设提供了大量高技能人才，特别是工程教育的大规模的发展对于苏联实现工业化起到了不可替代的作用。

苏联在教育方面所取得的成绩与西方国家相当，甚至在某些方面高于西方国家的教育水平，这些既是苏联留给俄罗斯的重要遗产，也是教育在俄罗斯重新崛起中发挥作用的必要条件。俄罗斯现代以及未来的教育发展都脱离不了其历史的根基，其所保持下来的一些好的教育传统不论在当时还是现代都具有重要意义。

自苏联解体后，俄罗斯在向市场经济转轨的过程中遇到了政治的、经济的、社会的各方面困难。经济全面滑坡，连续几年工农业生产递减，人民生活水平下降。但这并不能说明俄罗斯已不再是一个经济大国，也不能因此否认其巨大的经济发展潜力。俄罗斯当前仍是一个大国，一个地位不如从前的大国。恢复到与世界上最强大国家同等的地位是俄罗斯历代统治者的大国之梦。

第二节　21世纪以来俄罗斯教育发展的现实环境

当前俄罗斯国家治理模式的基本特点是：政治上，不断完善和强化国家权力，重建中央垂直权力体系，确立"主权民主"的主流价值观；经济上，以发展能源原材料部门为现实依托，以建立创新经济为长远规划，从自由的市场经济向加强国家对经济的控制过渡；外交上，突出务实外交、经济外交和能源外交，加速强军过程和恢复其作为全球性大国的影响。

一、普京执政时期经济的复苏及对教育的推动作用

俄罗斯是一个崇尚英雄、需要英雄，同时也是英雄辈出的民族。在历史上，政治家的个性气质曾决定性地影响了整个国家的命运。彼得大帝的改革，拉近了俄国和当时欧洲强国的距离；叶卡捷琳娜二世的改革，造就了一大批独立思考的俄罗斯知识分子；而列宁对革命的执着，则使这片土地勇敢地承担起为人类开拓新航道的历史重任。

俄罗斯国家重新崛起的一个重要因素就是其当前执政者弗拉基米尔·普京的魄力。执政伊始，普京就提出了"重振俄罗斯昔日雄风"的口号，以自己的新思想、新作风、新政策将俄罗斯带入了一个全新的时期。在其第一任期内，使社会从无序、混乱的状态走向了有序和相对稳定，使经济从严重的危机状态摆脱出来，走向复苏和增长。普京在《2000年国情咨文》中指出："如果俄罗斯仍是一个弱国，那么我们的确不得不进行这样的选择，这是弱国的选择，也是一个弱者的选择。俄罗斯唯一现实的选择就是选择做强国，做强大而自信的国家……"①俄罗斯发展的目标就是普京强国战略的目标，这一强国战略目标可以用"重新崛起"来概括。②

普京以其独特的个人风格征服了俄罗斯人民，他的一个重要政治魅力就是他坚定不移地号召人们跟随他去重新实现俄罗斯的世界强国之梦。普京在治理国家上的战略思维和战略设计有一个非常突出的特点就是，力图以俄罗斯精神和俄罗斯民族振兴的口号感召社会、凝聚人心，希望能够由此激发起一种巨大的精神推动力量。2018年3月，普京第四次当选俄罗斯总统，并签署了"关于俄罗斯到2024年前国家战略发展任务和目标"的总统令，在其执政期间，俄罗斯的国际地位得到了快速提升。

在普京总统的指示和直接领导下，俄罗斯制定并相继出台了未来5至10年有关联邦、地区、部门、行业等多个层次的发展战略和构想，这些战略和构想对俄罗斯国家及相关经济部门在世界经济中的地位、与发达国家的差距、存在的问题做了客观的评估和定位，提出了国家发展的总目标和阶段性目标，确立了实现发展目标的国家宏观政策导向和具体手段。这些战略和构想集中体现了普京千方百计加快经济发展、赶超中等发达国家、实现经济的现代化、在尽可能短的时间内恢复俄罗斯的强国地位、最终使俄罗斯成为发达繁荣和伟大国家的理念，突出了战略性、宏观性和政策性。

---

① 普京文集[M].北京：中国社会科学出版社，2002：78.

② 邢广程.2005年：应对挑战[M].北京：社会科学文献出版社，2006：71.

在普京的理念中科技兴国占有十分重要的位置。最大限度地发挥俄罗斯的科技潜力，依靠高新技术推动国民经济的持续快速发展，走创新经济发展道路，被认为是俄罗斯能够迅速重新崛起的最有力也是最可靠的保证。虽然经历了社会制度变迁和经济衰退，俄罗斯至今仍保持了强大的科技研发实力。政府积极制定相近的战略发展目标，明确了科技领域优先发展方面，并积极组织实施"电子俄罗斯计划"。采取了大量的保护科学技术和科技人才的政策措施。①

普京认为自己已经为俄罗斯找到了一条可以在15年之内只需"手动挡"就可以走上实现俄罗斯重新崛起的发展道路，这一发展道路也得到了民众的广泛认可。俄罗斯唯一的现实选择就是做强国，而实现强国战略的关键就在于提高国家竞争力，而国家竞争力中一项重要的内容——人力资本竞争力就包括：在全球市场上形成有竞争力的教育体系、保证经济发展对各方面高级专门人才的需求、促进国家科技潜力的发挥、提高全民族的平均教育水平等等。②普京在2000年7月的国情咨文中指出，国家在经济中的作用具体表现在以下几方面：保护产权、保障平等的竞争条件、国家彻底放弃对经济的过多干预、减低税负拉平税率、改革金融体系、实行现实的社会政策，优先发展卫生、教育和文化。③

二、俄罗斯国家发展思想对教育发展的保障作用

（一）政治上的新思想对教育的引导作用

普京执政以来所采取的一系列政治举措基本上都是在叶利钦时代形成的俄罗斯宪政制度基础上进行的，所不同的是在宪政制度框架下国家的治理模式发生了变化。也就是说，叶利钦时期完成了从议行合一的苏维埃制度到三权分立的宪政制度的转变，而普京则是在新权威主义原则的指导下对宪政制度加以完善和巩固，在国家治理模式上发生了重大变化。这种治理模式的重大变化使得宪政制度框架下的发展道路越来越俄罗斯化，使俄罗斯重新走上了它熟悉的发展道路。而与之相伴的还有东正教带给执政

① 中华人民共和国商务部欧洲司，中国社会科学院俄罗斯东欧中亚研究所联合课题组.俄罗斯经济发展规划文件汇编[M].北京：世界知识出版社，2005：16.

② 庞大鹏.普京八年：俄罗斯复兴之路（2000—2008）（政治卷）[M].北京：经济管理出版社，2008：86.

③ 普京文集[M].北京：中国社会科学出版社，2002：63.

者的使命感、专制文化传统带来的强人政治心理以及人民性带来的政权效应。

普京执政以来，其所奉行的政治发展道路就是建立和完善新权威主义下的宪政民主政体，实现了宪政制度与俄罗斯特色的完美结合。这条道路符合俄罗斯的历史传统和现实需要，在基本制度没有发生变化的情况下，使国家的发展战略和具体的运行机制发生了根本性的变化。正是这种变化给广大民众带来了实际利益，带来了国富民强。

普京治国理念的形成与发展可以分为两个阶段：1999—2005年，"俄罗斯新思想"成为普京八年执政的思想基础，并且由此提出强国战略，也逐渐形成了具有普京特色的国家发展模式；2005—2008年，"主权民主"思想概括了普京执政八年来的政治模式及发展道路，在此基础上构建了将对后普京时代产生重要影响的"普京计划"。①

"俄罗斯新思想"包括两方面的含义：一方面它体现市场经济和民主原则的超国家的全人类的价值观；另一方面它体现社会团结的思想基础——俄罗斯传统的价值观。概括起来，"俄罗斯新思想"包括以下几方面内容：爱国主义、强国意识、国家权威和社会互助精神。它的"新"主要体现在：它把全人类的普遍价值观与俄罗斯传统价值观有机地结合起来了。梅德韦杰夫上任后继承了普京的思想，同样希望凭借资源和高科技两大优势，使俄罗斯在社会稳定的基础上继续"强国富民"的发展战略，再度实现俄罗斯经济的跨越式发展。

在"俄罗斯新思想"的指导下，俄罗斯的教育也被赋予了全新的使命。2001年8月，普京在俄联邦国务委员会会议上指出："教育要超前发展，它负有把俄罗斯从危机中拯救出来，保障全民族有美好的未来，保障每个家庭和每个俄罗斯公民过上应有的生活的使命。"②在2006年的国情咨文中，普京对俄罗斯教育发展的目标和改革措施作了相应部署：组建创新高校，并为其购置国内外最新设备，以创建富有竞争力的教育体制；政府与企业界及社会共同调整职业教育计划内容，建立独立而客观的监督机制，以保证教育质量的提高；通过企业的专项发展基金向大型高校提供资金，在有法律保障和国家支持的情况下建立教育信贷机制。梅德韦杰夫上任几年来，对教育领域政策的制定和规划一直是普京路线的延续与深化，

---

① 庞大鹏.普京八年：俄罗斯复兴之路（2000—2008）（政治卷）[M].北京：经济管理出版社，2008：81.

② 张丹华.普京教育治国思想解读[J].外国教育研究，2005（01）：18-19.

不同的一点就是将"发展创新型教育"作为其教育治国战略。

（二）经济上的复苏及第三条道路对教育的市场化影响

在社会经济体制上普京推行了"第三条道路"战略，既不能回到过去的计划经济体制，也不能照搬西方市场经济体制模式，而应走自己的改革道路，寻找自己的体制模式。这种模式将是人类社会经济发展的共同方向与本国具体国情相结合的模式，通过"渐进的、逐步的和审慎的"改革方法，走一条"把市场经济和民主的普遍原则与俄罗斯的现实有机地结合起来"的改革道路。这条道路将把市场经济、民主、尊重人权和自由等这些"全人类的共同价值"同俄罗斯的文化传统和民族特点有机地结合起来，用公式表示就是：市场经济+民主+俄罗斯国情。[①]

普京执政以来，一直将发展经济、保持经济的高速增长作为富国强民的主旋律。2000年批准了《俄联邦2010年前经济发展规划》，规定未来十年俄罗斯经济发展的目标是：年均增长5%，以2000年GDP总值为基数，到2010年翻一番。

自1999年起俄罗斯经济就出现了转机，GDP增长达到3.2%，外贸顺差提高一倍。2000年俄罗斯经济又取得喜人成就，GDP增长7.7%，国民经济各部门基本恢复并超过了1998年金融危机以前1997年的水平。当然，这两年经济恢复有两个外在条件：一是国际石油价格不断攀升；二是1998年金融危机。[②]2009年，俄罗斯经济遭受国际金融危机重创，出现GDP为−7.9%的明显下滑，而2010年，俄罗斯经济开始呈现恢复性增长和波动复苏。2010年1—9月，俄罗斯的GDP同比增长3.4%，1—10月同比增长3.7%。[③]

在金融危机背景下，梅德韦杰夫提出了俄罗斯全面实现现代化的主张，并开出了以振兴五大高科技领域为核心的经济现代化方案。这五大战略领域分别是：（1）要成为在能源利用效率方面领先的国家，同时加强新能源研发；（2）保持并提高核技术水平；（3）发展超级计算机技术，提高信息技术水平；（4）发展空间和通信技术，为信息交流、旅游、科学研究、农业和工业生产提供便利；（5）加强医疗领域高新技术研发。该方案是"普京计划"和俄罗斯长期发展战略的组成部分，是经济多样化思想的

---

① 韩康.21世纪：全球经济战略的较量[M].北京：经济科学出版社，2003：335.

② 胡家勇.转型经济学[M].合肥：安徽人民出版社，2003：399.

③ 张晶.2010年俄罗斯经济的波动复苏及前景[J].俄罗斯中亚东欧市场，2011（04）：1.

延续，是发展创新型经济的替代语。①

自苏联解体以来，俄罗斯向市场经济转轨已有二十余年时间，从最初新自由主义理论支配下的激进式改革到1998年金融危机后的渐进式调整，再到市场与政府相结合的经济政策，使得俄罗斯的市场经济改革逐渐从无序走向稳定，从危机中脱身，经济水平总体上得到恢复和提高。这对于俄罗斯教育的发展也产生了重要的影响。一方面，经济状况的好转为教育的发展提供了强大的物质支持；另一方面，在市场经济背景下，教育无时无刻不受市场思维的影响，因此，在教育的改革与发展中还要考虑适应新的市场经济环境，更好地服务于个人、社会和国家。如伴随高等教育大众化时代的到来，俄罗斯一贯的免费教育中也出现了自费生。

任何关于高等教育与发展经济关系的讨论都要从全国范围的、由工业社会向信息社会的转变入手，教育需要对变化中的经济做出反应。今天市场的全球本质，国际化的经济使得我们不得不承认国内政策会在世界范围内产生影响。联邦政府级别的计划应该被关注，基础教育和技术教育的需要是普遍公认的。美国前劳工部长雷·马歇尔指出，现在到了国际化的信息社会的前夕，主要需要增强学习技巧和各个层次的教育，特别是工程设计以下的技术水平教育，人际交流技能将几乎是同等重要的。②

（三）文化上的普世主义与人道主义对教育内涵提升的作用

一个国家，它在世界历史中的地位是由它的文化发展程度决定的。21世纪，一国发展的关键在于国家是否具有自己的特征，是否具有吸引人才、技术、资本的独特性，也就是是否具有自己的先进文化。戴维·兰德斯教授认为，如果说经济发展给了我们什么启示，那就是文化乃举足轻重的因素。文化是能够充斥于国家经济方方面面的血液和神经。文化已成为影响国家经济发展的一个不可缺少的重要因素，是综合国力的重要体现。在国家经济与社会的全面发展中，文化变成一种强大的内在驱动力。把文化作为一种国际竞争力已成为许多国家放眼21世纪全球竞争而作出的一个战略判断。③

---

① 李中海.梅德韦杰夫经济现代化方案评析[J].俄罗斯中亚东欧研究，2011（02）：44.

② [美]朱安尼塔·克雷波斯.高等教育与国家竞争力[J].张彦，任存珠译.陕西经贸学院学报，1994（02）：64.

③ 程汉忠.国富密码[M].北京：中国水利水电出版社，2008：180，183.

俄罗斯著名诗人丘特切夫曾说过："用理性不能了解俄罗斯，用一般的标准无法衡量它，在它那里存在的是特殊的东西。"①这种所谓的特殊的东西可以理解为其独特的文化。

俄罗斯文化是世界诸多文明中起步较晚的，标志其文化发展起步的一个重要事件就是10世纪的"罗斯受洗"，从而使它开始成为西方基督教世界中的一员。②在关于俄罗斯文化发展的研究中经常会提到"普世主义""强国意识""大俄罗斯主义""弥赛亚意识"等专有词汇，这些词汇基本上反映了俄罗斯文化发展中较为核心的思想。从诸多关于俄罗斯文化的书籍中，很容易就能找到这些思想的渊源及其相互间的联系。俄罗斯文化中的普世主义是一种宣扬人类利益至上、俄罗斯是神赋的、具有世界性任务的、超民族主义的思想，这种思想以"关怀天下、拯救人类为己任"，是一种超欧化和传统斯拉夫主义的世界主义倾向，有学者也将其称为"弥赛亚意识"。这种救世主义情怀成为俄罗斯人灵魂深处"大俄罗斯主义"思想的理论基础，曾为俄罗斯帝国的扩张提供了依据。这一思想不论在过去还是现在仍然是俄罗斯的大国意识的思想基础。③这种大国意识下的文化特性也必然会在一定程度上影射到广大民众的头脑中以及学校教育中。

一些学者指出："俄罗斯文化是欧洲特征与东方特征的混合物。"④作为一个横跨欧亚大陆的国家，特殊的地理位置造就了俄罗斯独特的文化，即在东西方文化影响下的双重文化。俄罗斯文化既不是纯粹的西方文化，也不是纯粹的东方文化，而是处于两者之间、兼有两者文化特征的一种独立的文化体系。这一方面除了受其所处地理位置影响，还因为在其历史发展过程中不断受到东西方影响的结果。俄罗斯这种文化上的特性也使得其在教育发展上表现出兼容并蓄、广泛借鉴的特点。近些年来，在俄罗斯的教育改革过程中会明显地看出其对东方国家（主要是中国）教育改革经验的借鉴和向欧美等西方发达国家看齐的特点。

---

① [俄]尼·别尔嘉耶夫.俄罗斯思想[M].雷永生，邱守娟译.北京：三联书店，1995：1.

② [俄]尼·别尔嘉耶夫.俄罗斯的命运[M].汪剑钊译.昆明：云南人民出版社，1999：6.

③ 祝伟.试析俄罗斯传统文化中的大国意识[J].俄罗斯研究，1996（04）：22，31.

④ [美]爱·麦·伯恩斯等.世界文明史（第二卷）[M].北京：商务印书馆，1995：279.

别尔嘉耶夫指出："俄罗斯没有体验过西欧意义上的人道主义，我们这里没有出现文艺复兴。"但是人性问题是人道主义所必然涉及的内容，因此，俄罗斯对于人道主义有区别于西欧的独特理解。西欧文艺复兴时期出现的人道主义斗争的矛头指向宗教和神学，它用理性反对信仰，颂扬人的能力与价值，要求以人作为世界的中心，因此，这一时期西方的人道主义是无神论的人道主义。俄罗斯的人道主义则是从反抗残酷的农奴制度中产生的。它反对世俗政权，不愿接受帝国，希望充满人性的上帝来实现他们的愿望。因此，俄罗斯的许多人道主义者并没有把宗教与人道主义对立起来。①

人道主义思想对当今俄罗斯教育领域的改革与发展起到了重要的指导作用。1988年末，全苏国民教育工作者代表大会召开，对师范教育的目的、结构、内容和方法等进行了根本性变革。此时首任、也是唯一一任苏联总统的戈尔巴乔夫大力宣扬并推行"新思维"思想，教育界所提倡的教育改革新思维亦在政府主管部门的筹划下出台。1990年前后提出的教育民主化、个性化、人道化、多元化、非政治化等口号是俄罗斯国家教育政策重点转变的开始，1992年颁布的《俄联邦教育法》对改革的这些主导思想加以肯定并通过法律形式确定下来。

"人道主义的""人文的"这些术语在日常使用意义上是很相近的，但是在探讨教育的人文化时往往开始出现差别，它们都具有自己合理的内涵。人道主义（或人文主义运动）的含义是"观念体系的历史变化：承认人作为个体的价值，有自由、幸福的权力，发展和表现自己的能力，人的幸福程度被认为是评价社会制度好坏的标准，而平等、公正、人道的原则是期望的人与人之间的规范准则；狭义的理解是指文艺复兴时代的文化运动。"②

这样，"人道主义（或人文主义运动）"本身已经有两层意思：广义的和狭义的。广义上是指唤醒人们建立在各种规划或人的幸福行为基础上的个性的价值体系，它是真正的生活所必不可少和自然的权利；狭义的理解是指欧洲（特别是意大利和德国）文艺复兴时代（15至16世纪）的文化运动，只有在这一运动的框架下才出现"人道主义（或人文主义运动）"

---

① 雷永生.别尔嘉耶夫关于俄罗斯人道主义的思想[J].中州学刊，1991（02）：39-40.

② А.С.Кравец.Гуманизация и гуманитаризация высшего образования [EB/OL].http:// www.rciabc.vsu.ru/ irex/pubs/kravets2.htm.

这一术语，最初将其理解为文学结构等智力知识的固有形式的代表，如修辞学、语法学、诗歌、伦理学、哲学。我们知道，"哲学"这一术语最初是从希腊语"爱智慧"转译过来的，文艺复兴时代的人文主义者将关注的中心放在"智慧"（言语）上，明智的话语首先是在古希腊罗马的文本中找到的，通过认识古希腊罗马的智慧提高人的个性是他们研究的目的。

在许多欧洲语言中，文化和教育这两个词汇密切相关。俄罗斯今天的教育危机因为国内的经济危机和精神危机而变得加剧了。而教育危机的实质是教育与文化的分离。俄罗斯著名文化学者梅如耶夫指出："今天我们是用功利主义的眼光看教育的，教育对我们来说就是获得一定的专业，教育甚至不是民族生活的条件，而是职业生活的一种条件。当今社会中教育和文化远远地分开了。"①教育和文化的分离导致教育的专门化，使得教育成为科学与技术发展的基地，教育的主要目标就是培养专业技术人才，致使受教育者成了有知识技能而没有文化的人，教育的文化功能丧失，整个社会的文化水平也降低了。在此情况下，教育改革的重要任务就是加强教育与文化的关系，而方法就是实现教育的人道化和人文化。将人道主义作为教育的指导方针，加强教育中的文化韵味，使教育过程在一定的文化背景之上进行，成为民族文化的一部分。

（四）外交上的大国外交战略对教育国际化趋势的影响

普京执政以来在外交上奉行的是全方位大国外交战略，其主要目的还是为了重振俄罗斯雄风，恢复与俄罗斯国家利益相符合的大国地位，成为多极世界中有影响力的一极。其在具体策略上将"确保国家安全""为经济发展创造良好的环境"作为重要任务。在国际关系上，非常重视与独联体各国的合作，调整与美国、欧洲的关系，以减轻其在国家安全和经济发展方面的外部压力，以中国为战略支点，重视加强与亚洲国家的外交，以扩大对亚太地区的影响。

普京执政伊始就不断强调："俄罗斯正处于数百年来最困难的历史时期。大概这是俄罗斯近二三百年来首次真正面临沦为世界二流国家，甚至三流国家的风险。""先进国家与俄罗斯之间的差距越来越大，正在将我们推入第三世界的行列。"②据此，在普京发表的一系列讲话中多次强调实现与世界经济的一体化、融入欧洲、建立广泛的伙伴关系及加强经济外交

---

① 张百春.文化学研究在俄罗斯[J].国外社会科学，1998（06）:16.

② 普京文集[M].北京：中国社会科学出版社，2002：16，79.

等思想。

叶利钦在外交思想上更多地强调建立多极化的世界，普京执政时逐渐淡化了这一思想，在其执政前所发表的《千年之交的俄罗斯》中指出，应该实现俄罗斯经济与世界经济的一体化，不这样做就很难达到先进国家经济和社会进步所达到的那种高度。俄罗斯与世界经济的一体化首先是指其与欧洲的一体化，这是俄罗斯经济发展的外部先决条件和最大的外部动力。

普京执政期间，除了调整与世界各国的关系，如俄美关系由反恐伙伴到战略竞争者、与中国不断深化战略协作关系、拓展与东亚各国的经济合作等，还特别注重与联合国、八国集团（The Group of Eight Leading Industrialised Nations，or G8）等国际组织的关系。苏联是联合国的创始会员国，俄罗斯独立后，在独联体11个会员国的支持下承续了苏联在联合国各机构的成员资格。普京在对外政策和国情咨文中，均将联合国的活动置于俄罗斯多边外交的首位，因为这是提升俄罗斯国际威望的一个有效渠道。八国集团（G8）是20世纪70年代全球石油危机和经济危机的产物。最初是由法国、德国、意大利、日本、英国和美国等世界六大工业国组成，各国政府首脑就世界经济问题进行磋商。1976年，加拿大也加入该集团成为第七个会员国。这七个世界主要工业国家的政府首脑每年举行的会议被称为"西方七国首脑会议"或"七国峰会"。俄罗斯自戈尔巴乔夫时期就开始参与"七国集团"，1997年正式成为八国集团的一员。普京执政后进一步将参与八国集团作为俄罗斯整体对外战略的重要组成部分，在多边外交范畴中，俄罗斯对八国集团的重视程度仅次于联合国。

俄罗斯虽然地跨欧亚两个大陆板块，但一直认为自己是属于欧洲的。普京在一次演讲中指出："我们有权认为自己是欧洲的一员，俄罗斯文化及其传统是在欧洲文化基础上形成的，因此，我们的政策首先应该指向与欧洲国家的合作，形成统一的欧洲空间。""在国家的人才培养方面，我们所培养的合乎世界标准的人才还远远不够。"[①]为此，俄罗斯与欧洲先后签订了与高等教育一体化相关的《里斯本协议》和《博洛尼亚宣言》，首先通过与欧洲国家的合作促进高等教育国际化进程。这两个协议都涉及了关于毕业证书和学位在国际劳动力市场上互认这一在高等教育国际化过程中较为悠久而复杂的问题。因此，当前加速高等教育国际化进程已成为俄

---

① 郑羽，柳丰华.普京八年：俄罗斯复兴之路（2000—2008）（外交卷）[M].北京：经济管理出版社，2008：345.

罗斯高等教育改革的一项紧迫任务，而参与"博洛尼亚进程"是俄罗斯实现高等教育国际化的一项重要举措，它直接导致了俄罗斯高等教育在层次结构上的变革。从《博洛尼亚宣言》的目的来看，俄罗斯参加"博洛尼亚进程"不仅是教育问题，还涉及参与欧洲劳动力市场竞争这一问题。

由此可见，当今俄罗斯在政治、经济、文化和外交领域的主要指向和基本思想为其教育的发展营造了一个良好的氛围，并且在很大程度上引导着和影响着教育发展的方向。俄罗斯国家良好的外部环境为其教育的发展和改革提供了更为广阔的空间。

除了国家为教育的发展营造了良好的环境和方向的引导外，国家也需要依靠或者说借助于教育系统实现其政治、经济等领域的蓝图。国家在政治、经济、文化、外交领域的方针政策和规划设计会不同程度地影射在教育领域。如俄联邦政府在2008通过的《2020年前俄罗斯联邦社会经济长期发展构想》提出了俄罗斯社会中长期发展的目标和实施阶段，为资源经济向创新经济转型创造条件，发展创新经济；相应地，在教育领域也提交了一份题为《教育与创新经济的发展：2009—2012年推行现代教育模式》的国家纲要，提出了俄罗斯教育领域的中长期规划，将教育发展的目标定位于服务创新经济发展的需要。因此说，国家也需要教育系统与国家的大政方针政策保持一致，为顺利实施国家的宏观规划服务，这从另一方面也说明了教育对于国家发展的重要性，以及教育发展与国家发展之间关系的密切。

Education Development on National Competitiveness in Russia

第四章

俄罗斯教育发展对其国家竞争力产生影响的可能性分析

社会转型以来，特别是进入21世纪以后，在良好的政治引导、经济支持、文化影响和外交环境的基础上，俄罗斯的教育领域进行了一系列富有成效的变革。首先是在教育政策上指向现代化、注重国家在教育领域的作用、关心下一代的成长；其次，在人才培养上，不论在普通教育还是高等教育领域都实施了许多新的改革措施；最后，针对市场经济给教育领域带来的一些负面效应，近些年来，俄罗斯越来越重视教育质量的提高。本章主要从这三个方面分析俄罗斯教育发展对其国家竞争力可能产生的影响。

第一节　宏观教育政策的实施——教育发展对国家竞争力产生影响的方向引导

进入21世纪以来，俄罗斯在普京总统的领导下，不论在政治制度改革方面，还是在经济模式转轨方面都取得了长足发展。同样在教育领域也出台了一系列极具战略意义的方针政策，体现出国家领导层对教育的高度关注。俄罗斯时期的教育政策更为注重宏观层面，多颁布一些具有综合性、纲领性、战略性特征的方针政策，与国家的发展和国家竞争力的提升密切相关，是国家政策的缩影。这一时期的教育政策与苏联时期教育政策的最大区别就在于，它虽然也是国家为了整体的发展而制定，但是，更注重确保教育优先发展，将教育政策看作是一个独立的领域，国家的各项大政方针都要为教育的发展提供条件和保障。

一、教育现代化构想

（一）实施教育现代化构想的必要性

20世纪80年代末90年代初，俄罗斯国家政治和社会经济改革给其教育带来重大变化。高等学校获得了更多的学术自由，政府鼓励教育机构的多样化和教育大纲的多形式化，多民族学校和非国立教育迅速发展。并且这些变化都被纳入了俄联邦《教育法》及《高等和大学后职业教育法》之中。但20世纪90年代社会的不稳定和经济危机也给教育的发展带来了很多消极影响。国家在很大程度上放弃了对教育的支持和管理，迫使教育自谋生路，使教育体系处于内部封闭和自给自足状态。

学校教育中陈旧过时、负担过重的教育内容，已经不能保证普通教育学校毕业生掌握基础知识及现代社会所需要的新知识，如数学和信息学（包括搜索和挑选信息的技能）、俄语和外语、基本的社会–人文科目（经济学、历史、法学）等知识。同时，职业教育也不能解决由于不能满足社会对工作人员技能水平的新要求所造成的"人才饥荒"问题，很多毕业生无法找到工作。在社会阶层因经济原因而加剧分化的条件下，教育系统的所有这些缺点而日益加深，由于家庭收入降低而缺乏平等机会去接受高质量教育。

在社会转型时期，俄罗斯应着重解决好迫在眉睫的社会和经济问题，以保证建立起教育系统稳定发展的机制：不应靠缩减普通学校和职业学校的教育投入解决教育经费问题，应当鼓励学校的超前发展、保证教育支出的超前增长和教育工作者工资的实质性提高，并激励教育工作者取得成绩和提高质量，以此作为国家对未来的投资。而国家、社会、企业、组织和公民个人等所有关心教育的组织和个体都应积极地参与这项投资。为此，应该提高教育的投资吸引力，使现行的教育经济–组织机制现代化，增加教育领域的预算外资金，并在学校中有效地运用这些资金。

普京执政以来的教育立法和实施的教育政策，改变了叶利钦时期对教育领域放任自流的状态，恢复了国家在教育领域的责任和作用，把教育作为国家发展的优先领域。特别是《俄罗斯教育现代化构想》的实施为俄罗斯教育的发展、普及和质量的提高，建立有效的教育体系奠定了基础，也反映了俄罗斯21世纪教育改革与发展的基本方向和趋势。

教育的现代化已成为俄罗斯未来教育发展的关键词，而教育现代化的内容涉及了教育领域的方方面面，经过前期的一系列酝酿与准备，2002年2月11日俄罗斯联邦政府通过了《2010年前俄罗斯实现教育现代化构想》（以下简称《构想》），集中展现了俄罗斯教育现代化的全景，对俄罗斯制定现在和未来的国家教育政策具有十分重要的意义。《构想》明确指出，教育是国民经济优先发展的领域，是确保俄罗斯经济增长、提高国民经济效率和竞争力的最强推动力。

《构想》包括以下五方面的内容：普及基础教育、保证公民接受教育的权利、全面提高各级各类学校的教育质量、提高国家教育管理的效益以及增加教育财政预算并完善发展教育的经济组织。"普及性""质量""效益"是《构想》的三个关键词，也是所要达到的目标。教育的现代化是在俄罗斯社会生活各个方面普遍进行现代化改革的背景下、在与其他各项改革的相互作用中发生和发展的，同时成为为各项改革提供必需的干部资源保证的源泉。[1]

（二）教育现代化构想的主要内容

《构想》分为三大部分：教育在俄罗斯社会发展中的作用；教育政策的优先方面；教育政策实施的基本方向、阶段和措施。

1.教育在俄罗斯社会发展中的作用。当前，教育作为形成新的经济和社会的重要因素，其作用随着人力资本影响的增长而增长。人力资本的作用在当今世界有了很大提高，在各发达国家70%~80%的国民财富是来自于人力资本，这意味着加强青年及成年居民的教育超前发展是非常必要的。教育的发展是保持俄罗斯在世界先进国家行列中的地位、保持它作为拥有高水平文化、科学、教育的国家的威信的重要因素，俄罗斯的教育系统有能力与各先进国家的教育系统开展竞争。同时，也必须有社会各界对所推行的教育政策的广泛支持，必须恢复国家对该领域的责任心和积极作用，必须实现教育领域深刻而全面的现代化，并为此划拨所必需的资源和建立有效利用资源的机制。

教育是确保俄罗斯经济增长、提高国民经济效率和竞争力的最强的推动力，是民族安全、国家富强、公民幸福的重要因素之一，所以要充分发挥教育的潜力，维护社会团结和国家统一的社会文化空间，不分家庭收入、居住地、民族和健康状况保证公民平等接受高质量的教育，利用一切可能性为家庭困难的儿童和青少年提供社会保护。在国家的支持下，教育系统应保证高效地利用自己已有的人力、信息、物质和财政等资源。

2.教育政策的优先发展。为实现教育的现代化，国家在保证教育的基础性及满足国家、社会和个人的当前和长远需要的基础上，优先发展以下几方面：普及高质量的教育；保障教育经费和师资的充足；促进教育系统管理模式的现代化。

首先，将高质量教育的普及落实到具体的学校教育上，就是普通教育和职业教育在人才培养目标上要满足现代化的要求，培养出有个性、适应社会的人。在普通教育方面，其现代化不仅是要学生掌握一定量的知识，而且要发展学生的个性、认识能力和创造能力。普通教育学校应该是培养

---

[1]　В.Садовничий.Высшее образование России：доступность, качество, конкурентоспособность[J].Высшее образование в России，2006（07）：30.

学生知识、能力、技能的完整体系，使他们形成独立活动和独立承担责任的能力，这也是现代教育的主要任务。而教育中最具优先地位的德育应该是教育活动不可分割的组成部分，并与普通教学和发展过程融为一体。德育最重要的任务是培养学生的公民责任感和法律自觉意识、信仰和文化、首创精神、独立性、宽容精神、适应社会的能力和劳动力市场要求的能力。在职业教育方面，为了适应各工业领域、服务领域、文化、军事等部门的要求，职业教育的结构和内容必须进行现代化的革新。职业教育的基本目标是培养具备一定水平的专业技能、在劳动力市场上具有竞争力，有专业知识，有责任心，精通自己的职业并能触类旁通，按照国际标准高效地进行专业工作，能促进职业的持续发展，具备专业和职业的应变能力的工作者。

其次，教育作为国民经济发展的优先领域，在其现代化的过程中，国家将根据需求持续增加对教育的财政投入。为适应教育发展和现代化的需要，必须建立有效的经济保障机制。为此《构想》在教育经费筹措方面规定：为保证国家教育标准的实施和满足教育过程的必要条件，普通中等教育和初等职业教育实行标准的财政预算；为高等教育机构制定有差别的财政预算标准，以体现教育机构实行性质不同的教学大纲的区别；建立国家教育贷款、资助体系以保证贫困家庭和偏远地区的公民能够接受职业教育；从各级水平的预算中划分出资金用于发展教育，包括将资金用于增添教育机构的教学-实验设备和信息计算技术、用于发展图书馆和信息资源、也用来提高教师的教学技能；根据教育现代化的要求，发展俄罗斯联邦主体和市一级教育财政支持机制；促进合作办学和职业教育机构的多渠道财政来源；在合同的基础上对职业教育机构进行财政投资；为教育机构的经济独立提供法律保障；保证教育机构财政活动的透明性，提高它们的财政-经济责任感；创造条件为教育机构吸收补充资金；对教育机构的优惠（包括税收优惠）体系化；扩大以教育机构为基础的有偿补充教育服务，包括为居民提供这种服务；支持在教育机构基础上进行的侧重专业式教学。

最后，建设一支实力雄厚、水平过硬的教师队伍是保证高质量教育的重要因素。提高教育工作者的职业水平、形成高素质的教育梯队是俄罗斯教育现代化的必要条件，国家的首要任务之一是改善教育工作者的物质生活状况和提高教师的社会地位，加强国家对教育工作者和教育管理人员工作的支持和鼓励，提高教育干部的职业技能。

3.教育政策实施的基本方向、阶段和措施。教育现代化是在俄罗斯社会各方面的积极推动下而实施的，它的实施将使俄罗斯教育的质量提高到一个新的水平，要达到此目标需要教育体系要符合国家当前和长远的需求。由此，在《构想》中也在教育政策上设计了长远的规划。主要分为三个阶段：2001—2003年，完全恢复国家在教育领域中的责任；2004—2005年，充分落实第一阶段的措施，大规模推广教育内容、组织和财政方面的新模式，扩大教育的资金来源，重视社会在教育发展中的重要作用，使教育更加适应劳动力市场和社会经济发展的要求；2006—2010年，达到和取得教育现代化的预期成绩。

实施《构想》的过程，很大程度上促进了普通中等教育革新任务的解决。《构想》朝这一方向努力的原因是，普通教育是整个教育体系的支柱，是教育系统中最为庞大的部分，同时也是功效较低的领域，其内容与国家的现代需求有所脱离，负担也越来越重，这将导致普通教育学校毕业生的水平降低，儿童的健康状况也急剧下降，也就是说普通教育发展不好的话将会危及整个民族基础人力资源的储备。

综上，《构想》在思想上主要指向国家和教育的长远发展，力图通过教育的超前发展实现国家政治、经济的振兴；在内容上《构想》囊括了教育领域各个层面的发展，从教育全局的发展来规划其具体的改革措施。由此也可以看出，俄罗斯从国家层面对其教育的发展倾注了更多的精力，将教育的发展置于优先发展的地位。后面章节中俄罗斯教育体系所取得的一系列显著的成效与《构想》的实施有着密切的联系，即俄罗斯教育领域所取得的诸多进步和成绩很大程度上是教育现代化思想指导的结果。

二、青年教育政策

俄罗斯联邦政府于2000年1月4日颁发了第1-p号指令《"俄罗斯青年"联邦专项纲要（2001—2005）》，其目的是：在法律、经济、组织等方面创造条件以培养俄罗斯青年在民主社会、市场经济、法制国家环境中的公民意识，培养青年人为积极参与现代俄罗斯社会改造而具备个性自我实现的能力。其具体的措施包括：培养公民素质和爱国主义；为青年服兵役作准备；训练青年参加国家的社会政治生活及国家管理；为青年人和未成年人提供临时工作岗位，来保证青年的就业率、降低其失业率；创设条件发掘青年人的科技、创造潜力；鼓励青年人的创新活动；发展群众性的少儿和青年运动会、旅游活动、国际交流活动；支持少儿和青年社会团体的活动；发展补充教育体系，支持各种形式的少儿与青年的伦理道德教育及促进智力、创造性、体格发展的活动等。

《"俄罗斯青年"联邦专项纲要（2001—2005）》是落实此前颁布的

国家青年政策的诸纲要措施的继续，此前颁布的有"俄罗斯青年"联邦专项纲要和"俄罗斯青年"总统纲要（1998—2000），联邦执政机关同联邦各主体青年事务执政机关依靠联邦各主体资金和地方预算资金，构成了国家青年政策的组织基础，并制定了该政策的实施机制。

在民族教育方案框架下，俄罗斯确立了鼓励具有创新精神和天才青年的任务。为实现这一任务，俄罗斯总统法令中提出创建国家支持有能力的天才青年基金，并将其纳入俄联邦政府有关的奖励法令中。与此相应，总统法和俄联邦政府法令提出每年设立2500个奖项，为每个年龄在14至25岁的有能力和天才青年提供额度为60000卢布的奖励。2006年有515名奥林匹克竞赛获胜者成为获取该奖金的候选人。①

智力及技术领域的突破性成就的取得和教育体系的发展都不能缺少对青年和高技能人才的培养。2005年9月5日，俄联邦总统普京在会见政府官员、联邦会议领导及国家委员会主席团成员时，提出了鼓励具有创新精神、有能力的天才青年的任务。②

2006年2月8日，俄联邦教育与科学部部长安德烈·富尔先科在俄联邦会议联邦委员会上发言认为，当前俄罗斯青年的状况呈现出矛盾的趋势。

第一，在智力、物质和社会需求水平不断提高的情况下，青年人却非常明显地表现出低水平的社会责任感。学校中几乎所有的毕业生都希望获得高等教育，却很少有人考虑自己在劳动力市场上的需求状况。多数青年人将教育理解为有益知识和技能的总和，而不是决定其个性和职业成就的基础。从教育水平上来看，俄罗斯青年在某些领域（信息、其他精细科学）并不逊色于世界先进国家，但是，当生产领域需要技能和专门的工人的时候，那些受过教育的青年人却不能符合劳动力市场的需求。第二，青年是劳动力市场上流动性最大的群体，近些年就业者的从业年龄越来越低，据官方数据显示，政府每年要安置大约50万18岁以下青年公民就业。调查数据显示，多数高校毕业生期待分配工作，而不是自己去找或独立开创自己的事业。第三，据2005年的研究数据，年轻一代总体上是具有爱国主义情感的，这之中大部分俄罗斯青年的爱国主义不是保护俄罗斯在经济领域的现实民族利益、民族安全，而是以侵略性、极端的行为对待外国公

---

① Андрей Фурсенко.О поощрении талантливой молодёжи[J].Народное образование，2006（05）：17.

② Сергей Апатенко.Государственная поддержка способной и талантливой молодёжи[J].Народное образование，2006（04）：47.

民。据调查，有35%的青年人试图恐吓异族人民。第四，现代世界，信息是青年人的主导需求，一方面面向青少年的大众传媒的数量在不断增长，与此同时，也造成了青少年消极和暴力行为的增加。据统计，25%的俄罗斯网民年龄不足18岁，这些人也是色情网站内容的主要浏览者和网络游戏的使用者。①

当代俄罗斯青年是苏联解体后成长起来的第一代人，他们成长于打破陈规的复杂环境中和社会经济急剧转变的时期，这使得他们没有足够长远的抱负和全球目标，在他们的意识和行为中表现出个人成功与国家发展毫不相干的倾向。

最近15年来，俄罗斯实际上并没有实施连续的、联邦水平的青年政策。"俄罗斯青年"总统大纲（自2000年起称为联邦专项大纲）是联邦层面关于青年政策的主要措施。最近五年从联邦预算中划拨了至少4亿卢布用于实施"俄罗斯青年"总统大纲。

俄罗斯各地区组织青年政策的工作有很大差异，一些地区在"青年政策"方面划拨了大量资金，采取了广泛的措施；还有一些地区不但没有必要的资金，也没有组织青年政策的技术和专家。2005年，俄联邦政府给教育与科学部下达了筹备国家青年政策策略和制定新的实施机制的任务。教育与科学部工作小组制定了策略方案，并吸收了对青年政策问题感兴趣的联邦执行权力机构，联邦74个主体的法律执行机构及社会团体，以及五十多个国际的、全俄的和地区间的青年社会团体参与讨论。新的青年政策方案的目的是着眼于俄罗斯国家利益来发展青年的潜力。

俄联邦教育与科学部所制定的青年政策策略方案的主要内容包括以下几个方面。

保护和发展青年政策的地区框架。300个地区的国立机构和4500多个与青年政策相关的市政机构从事着与青年相关的工作，有10万名专家参与其中。还开设了"青年工作的组织"专业，有六十多所高校开设了此专业。

为地方的青年政策工作创建特定的法律基础。2005年12月31日采纳了由教育与科学部参与制定的联邦第199号法令。该法令加强了地区和市政教育权力机构在青年政策领域的工作，在法律层面上巩固了青年事务机构的地位。

---

① Андрей Фурсенко.Об основных направлениях молодёжной политики в российской федерации и государственных мерах по её реализации[J].Народное образование，2006（04）：9-10.

保证地区青年政策工作财政投入的增长。2005年，地区和市政机构青年政策大纲的总预算超过了30亿卢布。此外还针对青年和青年家庭实施了关于大型住房的地区大纲。为解决青年家庭、年轻学者和农村专家的住房问题，制定了新版《2002—2010年住房》联邦专项大纲。

恢复大学生团队体系，更新其活动的法律基础。最近两年成功地组织了六次全俄专业的大学生团队，联合了二十多万青年人。2005年还开展了全俄大学生团队行动。

近些年，年轻一代对科学和艺术创作的兴趣提高了。在每年举行的"250全俄青年创作竞赛、会演和奥林匹克竞赛"中，参加者超过50万人。这一活动的另一目的是在国家支持有能力的天才青年政策框架下实现民族教育优先方案。另外，儿童和青年的社会运动也得到了发展。最近五年从事不同方面儿童和青年工作的社会团体增加了10%，而以教育机构为活动基础的社会团体的数量增加了近5%。

根据俄罗斯国家所面临的任务和资源的客观局限性，有效的青年政策应该作为优先政策。俄联邦教育与科学部制定的青年政策方案确定的优先措施如下。

吸引青年人参与社会实践及收集其在俄罗斯发展的潜能的信息。主要通过以下方式实现：《俄罗斯青年信息网（新视野）》——报道国家青年居民的社会生活状况，塑造俄罗斯成功人士的形象；《俄罗斯志愿者》——吸引俄罗斯青年参与社会实践和公民社会制度方面的活动；《前程》杂志——使青年人掌握职业设计的技能，促进其在劳动力市场上的晋升。

发展青年的创造积极性。实现方式：《团队》杂志——为青年人提供在社会生活中表现自己积极性的机会，掌握自我组织的技能；《成功在握》——展示和推动天才青年及其在创作领域的成果。

实现俄联邦教育与科学部制定的青年政策方案的效率指标包括：降低青年中的失业人数，增加大学生团队数量；增加感觉自己是俄罗斯公民的青年人比例；降低加入社会危险组织的年轻人的数量；增加各级权力机构中青年人的比重；增加社会团体的成员中青年公民数量。

青少年是国家的未来，俄罗斯将青年一代的发展看作为国家的大事，为此而特别制定和实施了专门的大纲，从国家的层面上给予青年人以有力的支持和援助，这不仅对青年一代自身健康发展具有重要的促进作用，而且也是为其国家发展储备更多的人力资源。

三、民族教育方案（Национальный проект《Образование》）

民族教育方案——改善教育质量的大纲，由俄罗斯联邦总统普京于
2005年在实施四个民族优先方案框架下提出的。民族优先方案即国家发展
的优先方向，它的四个方面是：健康、教育、居住和工农业综合体的发
展。之所以将这四个领域作为优先发展的方向，是因为这些领域的发展决
定了人们生活的质量和社会健康状况，另外，这些问题的解决直接影响
到国家的人口状况，对于发展人力资本创造必要的初始条件也是非常重
要的。[①]

俄罗斯前总统德米特里·梅德韦杰夫指出：民族方案并不是一次性
的措施，它是俄罗斯长期的政策。投资于人的发展，投资于人的教育、健
康，投资于生活质量已经成为俄罗斯国家发展的重要理念。"现在我们正
趋向于在民族方案的基础上形成新的社会政策——发展人力资本的政策，
这样就需要为我们的公民的自我实现创造更广的空间和更平等的机会。"[②]

实施民族教育方案的目的在于：推动国家教育政策的指向；促进公民
社会制度的形成；形成现代教育管理体系；支持具有创新精神和有能力的
天才青年。民族教育优先方案的首要任务是促进教育体系不断向前发展，
完成这一任务首先需要推出创新大纲，奖励青年学者和教师及其他类似措
施；其次要贯彻新的管理机制：在中小学校创建监护和管理委员会，吸收
社会组织（职业联盟、校长委员会等）参与教育管理。而最需要变化的是
对教育机构的拨款机制（有针对性的拨款），虽然此前就曾对国立高校划
拨了100亿卢布用于实施不同的科学大纲，但仍需在拨款机制上进一步完
善；2008年计划使国家的多半中小学校接通互联网。由此，俄罗斯的民族
教育方案的主要方向表现为以下几个方面。

——促进教育领域的创新；

——使学校接通网络；

——支援天才青年；

——组织民族大学和商业学校网；

——针对班主任的补充工资；

---

① Национальный проект в России[EB/OL].http://blog.artnn.ru/2006/08/23/
natsionalnyiy–proekt–v–rossii.

② О проекте 《Образование》 [EB/OL].http://national.invur.ru/index.php?id=104,
2009–04–02.

——鼓励优秀教师（每年每万名优秀教师获得10万卢布）；

——为农村地区设置校车；

——为偏远地区学校安置教学设备。

在教育实践层面，民族教育方案规定了以下几项行动措施：（1）形成民族大学网。任务是在俄罗斯创建世界水平的大学中心；借助资源的集中来提升教育质量；培养新一代管理人才。具体做法是：创建两所新的大学（南联邦区域和西伯利亚联邦区域大学），开设两所商业学校，以便为莫斯科和圣彼得堡地区培养管理人才，每所大学至少有学生2.5万至3.0万人，商业学校规模为1000人。（2）投资于俄罗斯教育的质量。任务是创建高质量教育的范本；支援班主任和起始班教师；激发青年的创造积极性；支持优秀教育实践。具体做法是：推出创新大纲；鼓励优秀教师；组织竞赛，支持青年方案，为12至22岁的天才青年提供保障。（3）教育的信息化。任务是推广优秀教学班，实施创新大纲的技术保障。具体做法是：组织远程学习大纲网络；对积极运用信息技术的支持。

民族教育方案已经成为连接指向于社会制度现代化的国家社会政策之间的重要纽带，促进居民福利增长的重要方式，同时民族教育方案也激发培养年轻一代的普通教育和职业教育体系的创新进程。2006年，在该方案框架内，国家支援了3000所中小学校、17所高等教育机构以及10000名优秀教师。[①]2007年，国家对高校的支援数量达40所，同时还有31所初等职业教育机构和45所中等职业教育机构。[②]这一方案得到了广泛的社会共鸣，也说明了其重要的社会意义和实施范围之广。

民族教育方案构想预先规定了以下一些条件：国家对普通和高等职业教育机构以及普通教育学校优秀教师的预算支持，不应该仅由竞赛获胜者参与学校的激励创新工作，这项工作应该成为俄联邦没有取胜或者没有参与全俄竞赛的其他多数教育机构主动进行更大范围创新的基础，见图4-1、图4-2。

---

① Эффективность реализации Национального проекта《Образование》: оценки, мнения, суждения[M].Москва: ЦСП, 2007: 11.

② М.К.Горшков, Ф.Э.Шереги.Национальный проект《Образование》: оценки экспертов и позиция населения [M]. Москва: ЦСП , 2008: 11-12.

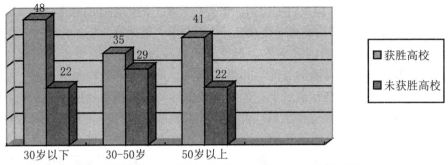

图4-1　竞赛中获胜和未获胜高校各年龄段教师积极参与创新教育大纲的状况

资料来源：Эффективность реализации национального проекта《Образование》：оценки，мнения，суждения[M].Москва：ЦСП，2007：43.

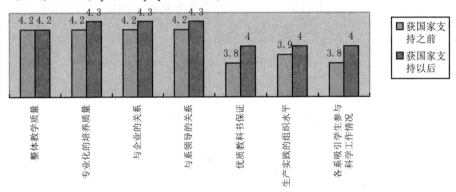

图4-2　获得国家预算支持前后大学生对学习条件的评价

（按1-5从低到高的等级）

资料来源：Эффективность реализации национального проекта《Образование》：оценки，мнения，суждения[M].Москва：ЦСП，2007：62.

　　图4-1反映的是在民族教育方案框架下组织的竞赛中，获胜高校与未获胜高校教师参与创新教育大纲的大体比例，这一方面体现了在学校之间组织竞赛的重要意义，另一方面也可以促进各个高校特别是未获胜高校提升本校工作效率。图4-2反映的是，在民族教育方案框架下，得到国家预算支持的高校在专业化培养质量及其他方面的改善，因此获得学生的评价普遍高于未获国家预算支持的高校，这说明国家对高校的支持和投入起到了应有的作用。

　　民族教育方案的实施是俄罗斯教育领域规模较大的举措，存在许多不足和错误是在所难免的，为了预防这些错误的发生，方案的相关负责人指出，有必要实施集中管理，特别是在资金花费、开放性和透明性上。因此，为了实施重要的国家首创措施，需要抛弃部门的因循守旧和形式主义，相应地要保证所获得的结果的客观性并广泛公开，遵循社会公正的原则。

　　教育政策是影响国家竞争力形成和可持续发展的环境要素，宏观上它影响着教育事业发展的方向、速度和规模，关系到人力资源的规模、水平和综合国力的提高；微观上它影响着教育活动的质量和效果，关系到社会和个人受教育的机会和质量。俄罗斯教育领域的这几项政策不仅对教育体系本身的发展具有重要影响，而且对其国家未来发展也具有长远意义。教育现代化本质上表现的是长期发展历史演进的结果，是国家和社会发展到一定阶段的需要，教育现代化中最基础、最本质、最难实现也是最后实现的关键要素是人的现代化，教育现代化是人类的进步，为了实现这种进步要把社会的发展作为目标，把人的发展作为基础，把民族的发展作为动力。[①]在新的时代背景下，俄罗斯政府深刻意识到教育对于国力提升和社会发展的重要作用，其所提出的教育现代化构想即是从国家层面上对教育未来发展方向的总体规划。国家未来的发展将主要依靠青年一代，重视青年一代的培养、关心青年人的成长是国家的重要责任。俄罗斯政府出台的青年教育政策充分显示了国家对年轻一代的关注和重视。在构成国家竞争力的诸多要素中，人力资本是其中一项重要因素，而对青年一代的培养是人力资本提供基础层次人才，进而为高层次人才的培养奠定坚实的基础。民族教育方案是俄罗斯国家四个优先发展方案中的一个重要组成部分，它不仅是保证教育优先发展的重要体现，方案中的一系列措施最终都是为了让受教育者接受更优质的教育，进而实现人民整体素质和生活质量的提高，这也是其国家竞争力提升的重要指标之一。因此，俄罗斯所实施的几项重大教育政策都不同程度地指向了国家竞争力提升这一目标，这也将是其未来教育改革和发展的主旋律，而在具体的教育改革和实践中自然也会紧紧围绕着这一主题展开。

第二节　人才培养上的变革——教育发展对国家竞争力产生影响的潜在力量

　　在长期的历史发展过程中，俄罗斯在人才培养方面积累了丰富的经验并取得了一定的成绩，形成了独具特色的人才培养模式。苏联解体后，

---

① 冯增俊.论教育现代化的基本概念[J].教育研究，1999（03）：15.

随着国家政治经济体制的转轨，俄罗斯由此进入了一个崭新的时代。在市场经济的背景下，俄罗斯教育领域发生了一系列的顺应市场发展需要的变革，其在人才培养方面也进行了一系列的变革。其中较为明显的变革是：教育的人性化、人文化改革和教育创新活动。

一、俄罗斯教育领域的人性化、人文化改革

（一）中学高年级侧重式教学（Профильное обучение）改革

2002年7月，俄罗斯教育部经过讨论和修改公布了由学者、教育部工作人员、中小学校长组成的侧重专业式教学小组制定的《关于确定在普通教育高级阶段实行侧重专业式教学的构想》，规定从2004年开始实行侧重专业式教学的预备教学，2005年开始在有条件的学校实施这一改革。

侧重式教学是在完全中等教育的高年级阶段实行侧重专业式教学，这是俄罗斯实施教育现代化过程中对完全中等教育所提出的新要求。侧重性教学思想是俄罗斯教育现代化大纲中遭受批评较少的，因为其所宣扬的主要目的和任务是减轻中等学校中高年级学生的负担和实现个性化教学。

所谓侧重专业式教学是一种区别化、个性化的教学手段，注重学生兴趣的满足和潜力的发挥。这种个性化教育路线的试验早在20世纪80年代末就已经开始了。20世纪90年代初，中学高年级的学生非常不喜欢在班级学习，他们更喜欢参加各种培训班，因为这些培训班有助于他们考入理想的高校，或者单从兴趣的角度来看也要比学校的课程教学好得多。于是学校开始寻找使学生回归班级的途径：一是创建权威型的学校，精心筛选学生（通常是那些希望孩子百分之百考上大学的家长们选择这类学校）；二是创建普通型学校，接受所有类型的学生，运用新的教育手段，将学校培养方向定位于注重学生的学习兴趣。为此，这两种类型的学校被迫采用分化的基础知识，转而进行侧重式教学。

侧重式教学在课程设置方面，一般设有1至2门科目按加深难度大纲学习，其课程类型包括三种：普通教育基础科目、侧重专业面的科目和选修课，各自所占的比例分别是50∶30∶20。①

在俄罗斯本国教育学的历史上，政府一直力图使侧重性（职业）教育变成有效的良方，它也是中等教育在这一方向上的改革中比较有名的规

---

① Константин Сумнительный.профиль спасения[J].Народное образование，2006
（01）：133.

划，但是，其所取得的成效一直都不尽如人意，大都停留于纸上。第一份关于侧重式教学的方案是1864年进行的中等教育的分化改革，这一方案成功地发挥了其效用，于是当时出现了古典文科中学和实科中学两种类型的学校，前者主要以培养学生进入大学为目的，后者指向于实践活动，培养学生进入专门教育机构。20世纪50年代末，教育科学院重新着手于教育分化改革的试验，其结果是在中学出现加深研究课程系和班，这样就产生了所谓的特科学校，主要招收经全苏专门筛选的有天赋的孩子和精英。

今天，俄罗斯的侧重式教学所宣传的任务及其解决的方法完全是另外一种样子，它的引入与俄罗斯现在的《教育法》所倡导的教育重建思想相接近，当前俄罗斯各部门和组织所宣传的教育大纲方案是侧重式教学改革的前奏。

明确地指出到底什么样的教学才算侧重式教学，通常并不是三言两语就能说清的，俄罗斯学者奥若戈夫把侧重式教学理解为"教学倾向性"，这一定义还可以继续扩展，其中一种理解就是将其看作是带着花瓣的花，"花心"是国家规定的基础知识，"花瓣"是孩子们比较感兴趣的知识领域。这种比喻在中学中得到了很好的运用。但是，对于高年级的学生来说，他们需要在真正的兴趣、进入大学的必考科目和将来要从事某种职业必须掌握的重要科目之间进行选择，这些不同的侧重往往由于学生倾向于侧重式教学或者倾向于应付考试而发生变化，由此有必要把知识划分为三个类别：生活中必要的知识；考取高校所必需的知识；甚至学校都不需要的知识（学生感兴趣的知识）。显然，前两种类型的知识并不总是重合的。侧重性职业教育构想的策划者之一阿纳托利·比因斯基指出，这种情况下就有必要为每个学生制定个别教学计划，为此他提出了侧重性教学构想的大体轮廓。他认为，在侧重性教学的基础上可以分支出几百个方向，但学生在学习和选择时应该是有侧重的。

侧重性教学构想的制定者们提出了一些模式（包括不在他们设计之列的模式，因为有些学校内部的侧重式教学模式在构想创建之前和试验开始之前就已经产生了）。这些模式主要多出现在比较大的城市和资金基础比较好的学校。其中有一部分学校是建立在严格筛选的基础上，学生可以名正言顺地进入高校学习；还有很少的一部分是不经筛选就可进入的学校，这些学校本质上实现了侧重式教学的思想和目的，但也只是局部范围的。如果第一类可以被称作精英式的学校，是侧重某一方面或者说是力图走专业化道路，那么，第二类学校通常是多方面的，在这一类中作为过渡性的方案还增加了专攻个别科目的班级。这两类学校都直接指向考取大学。还有一些学校是赶潮流，力图让学生掌握一些一般的专长，比如，通晓外语、能够驾驶、熟练使用计算机。

第二种模式是创建不同教育机构之间的相互协作网，这种相互协作的尝试很久以前就采用过，并且是与师资贫乏、考虑儿童的实际兴趣、可以深入扩展的课程相联系的。在一些地区已经有一些建构得很好的相互协作网的范例。在侧重职业化的网络模式中存在两个基本的方案：一个是与实力比较强、拥有足够的物质和人才潜力的学校联合，由这类学校扮演"资源中心"的角色，与"资源中心"相联系的周边学校最大限度地保证基础普通教育课程和在自己能力范围内实施的侧重式教学（侧重性和选择性）的部分课程，"资源中心"承担其余的侧重性培训。另一个方案是建立在高等、中等和初等职业教育资源与其他教育机构补充、合作的基础上，学生可以在私立学校或者在以各种方式（远程课程班、函授学校、高校附属的小型学校）合作的学校获得职业教育的权利。此外，还有第三个过渡性的方案——为了促进不同学校学生更多的流动，教育机构创建了特殊的虚拟大学，由城市里最好的老师讲授其所擅长学科的深入性的课程知识。

在这种多样性的侧重式教学组织形式下，还要涉及教育内容的问题。显然，对于高水平的侧重式学校来说，基础教学计划已经预先规定不同的教学课程方案。现在侧重式教学基本上实施基础普通教育、有侧重的普通教育、选择性课程三种教学课程，还可以再加上试验和实践活动，它们也在基础教学计划范围内，可以称之为科学实践共同体，这些共同体的水平及其所开展的工作有很大的区别，但是，它们之中做得比较好的共同体可以促使高年级的学生拥有初步的科学研究经验。

基础普通教育包括的一系列课程分别是：数学、俄语和文学、外语、历史、体育，以及侧重自然科学和技术的社会知识，侧重于人文、语言、社会经济的自然知识等综合课程。这些课程最终要在国家教育标准中加以确定，当然，上述的课程目录也不一定要整齐划一，只是相对的。

有侧重的普通教育课程实际上是基础普通教育课程的加深。比如，自然科学的加深和侧重课程是物理、化学、生物，语文的加深和侧重课程是文学、俄语和外语等，这种结构暂时还只是反映在侧重式教育方法的理论层面上，要想真正实现还需要协调好高年级学生的需求与高校的要求之间的矛盾。也许这种方式可以很好地减轻高年级学生的负担，使他们不必深入学习那些不需要深入研究的科目。但是，有侧重的普通教育课程的目标定位是使学生考入大学，获得高等教育，清楚地确定自己将来要选择的专业领域。

而选择性课程可以消除这一缺欠。根据侧重职业化构想的制定者的想法，这是进入侧重式教学的高年级学生的必选课，它主要实现三种功能：（1）其中有一部分是侧重式课程中比较高层次的，很大程度上它是加深性的课程。这种情况下，设置了选择性课程的学校就变成了传统的带有专攻个别教学科目的专门学校，但是，这会产生一个问题：如果这些学校和班级只是进行一些比较平常的教学工作，似乎没有必要非要使学校戴上侧重式教学的帽子。（2）另一种选择性课程的类型是在高年级学生重新确定方向的情况下的特殊延伸，它发展了基础课程中的一部分内容，是在学校或班级最基本的普通教育水平基础上实施的。其主要意义在于为通过国家统一考试中的某一科作准备。但是，将这种以满足学生个人知识需求为使命的选择性课程引导到为通过考试而进行的准备性训练是否正确就另当别论了。（3）只有第三种类型的目的是满足个别学生对其所选择的侧重式教学之外领域的知识的兴趣，实际上这是体现个性化教学思想的特殊的选择性课程类型。但是，也存在着"危险"的一面，学生们将不是选择课程，而是选择老师，即选择有兴趣在教学活动领域同他们进行交流的人。

侧重式教学改革在俄罗斯教育界引起了长时间的争论。很多生理学家和部分心理学家一致认为侧重式教学加重了学生学习的负担。同意这一观点的教育实践家们也指出，一些学生不仅急于在学校取得好成绩，还想尽办法学习额外的知识。但也有些人认为，侧重式教学并没有对学生的身心造成危害，反而增强了他们的竞争意识和学习动力。

总的来说，俄罗斯在中等教育领域实施的侧重式教学改革是其在原有的发展模式基础上针对基础性人才培养的一次新的变革，实施侧重式教学在整个俄罗斯学校体系中仍占有一定的比重。俄罗斯各界对这一问题的不断讨论和研究也说明其对中等教育人才培养的重视和关注。侧重式教学改革一方面体现了俄罗斯对其中等教育人才培养方式的变革，同时，从其改革的目的来看，是为了满足学生的多样化需求，在教育组织上更加灵活、更加人性化，为高校输送更多更好的毕业生，保证高等教育的生源质量。

（二）高等教育的人文化改革

1992年，俄罗斯联邦《教育法》中提出要实行"人道主义""多元化"和"民主化"的教育，指出在教育内容上要以保证个人的自我选择并为其实现创造条件，以发展公民社会、巩固和完善法制国家为最终目的，要使受教育者形成符合世界标准的教育程度和知识水平，养成符合世界标准的社会总的文化修养和职业修养水平，达到个性在世界文化和民族文化体系中的一体化，培养出与现代社会相适应并以完善这个社会为己任的具有个性的公民，复兴和发展社会的人才。俄罗斯总统普京非常重视优先发展人文教育，他认为这是时代的要求，并且当前俄罗斯对人文教育的需求不亚于技术教育。因此，俄罗斯社会和人文学科应当受到优先考虑，要发展其实践基础，形成道德标准和塑造美好灵魂的动机。俄罗斯教育的人文化改革在普通教育和职业教育中均有明显体现，其在高等教育领域里强调得更多些，因此，这里主要介绍高等教育领域人文化改革的状况。

现代俄罗斯社会在经济、政治、文化领域，在社会与个人、社会与国家关系方面都发生了重大转变。在这种转变的影响下，高等教育作为其社会体系的组成部分在结构、内容和发展方向上都作了重新调整，其中一个重要的变化就是更加注重学生的个性、创造性和自我创造的发展，以及对其文化和职业潜力的关注。在此基础上，人道化这一概念也渗透到了俄罗斯的高等教育领域，它要求在当代的文化空间中为大学生的自我实现、自我定位创造条件，在学校中创建人文化的环境，这样，以人文教育为核心的通识教育得到了加强，其重点是拓宽基础、文理通融。从高校在这方面所发挥的作用来看，高等教育的人文化对于高校克服其在专家培养方面的片面性和不连续性，拓展学生的文化视野，形成和发展高校毕业生的公民立场和职业创造活动等方面都具有特别重要的意义。

以往，高校所有的学习和教育活动都是出于培养专家、在更大程度上适应生产的要求而展开的，这也是高等教育最为主要的目的，而对专家的教育是列在第二位的。但是，在俄罗斯社会开始走向人道化的背景下，对专家的教育问题显得越来越重要，因为高校所培养出来的专家自身也会提出更多的针对于生产的要求，包括劳动技能、智力和创造方面才能的提高等。国家教育的目的和指向在于培养有文化的人，这也决定了另一种专家培养方式的必要性，即不仅是在"知识"和"能力"这两个概念中拓展人文化的培养方式，还要在文化概念中加强如道德文化、信息文化、人文科学文化、技术文化、职业文化等方面的知识修养。

人们通常将教育的人文科学化理解为在数学、物理、化学、生物等学科之外增加人文类学科。毋庸置疑，上述四门学科，特别是数学在学校中占有很大比重。原因在于：第一，苏联时期的学校是传统的、优先倾向于中等专业学校和高等技术学校人才的培养的，这些学科（数学、物理、化学、生物等）自然要列为主要学科；第二，很多人都认为没有这些基础学科就不是真正的教育，机械地缩减这些科目的课时是不会达到教育的人文化的。在教育机构，特别是在高校，课时的分配完全侧重于学生专长的培养，在人文科学化方面做得都不是很好，这也与长久以来所形成的高等教育的基础性的定位密切相关。

俄罗斯高等教育体系的构建和发展是建立在传统的对高等教育的国家性、等级性和基础性的定位基础上的。高等教育的基础性就是将科学知识和教育过程相结合起来，旨在让受教育者了解人类都要遵从自然和社会规律而生活，这是任何人也不能忽视的事实，盲目地破坏科学中的这些规则对周围人来说是危险的。基础科学教育只能是标准的教育，其主要的目的就是拓展科学知识作为世界文化不可分割的一部分。高校的基础教育本质上可以称之为标准的教育方式，大学在宣传和实施这类教育中占有主导的作用，它能够确定整个教育体系知识计划的高度，创造俄罗斯的辉煌。俄罗斯拥有这样的大学，重要的是不要让这类大学的数量减少。

俄罗斯拥有伟大的传统，也有能够保护、巩固和发展这些传统的人——高校的教授、青年以及那些为科学服务的人。但是，在新的时代背景下，对这些人才的培养不能局限于基础教育层面，还需要加强他们在人文科学知识方面的教育。

在过渡时期，把提升个人的作用、激发社会的人文化进程作为工业文明条件下生存的保证，由此不能不说到高等职业教育优先发展的方向和价值取向的形成这个问题。俄罗斯教育的主导价值在专家的职业和社会活动中具有重要意义，它取决于从工业社会到后工业社会文明这一过渡时期的社会现实——高新技术的发展及其快速的变化，要求优先发展学习者的创新和适应能力；科学领域知识分子潜力的降低，要求提高专家培养的质量及其技能；普遍的生态危机摆在教育特别是工程教育的面前，要求全面地改变生态意识的任务，培养专家在研究和应用纯生态的技术和生产上的职业倾向性和指向；信息革命和向信息社会的转变，要求学习者形成信息文化、阻止来自媒体的有害信息，同时要求加强教育内容的信息化方向，在教学过程中广泛实施信息技术；社会意识的发展速度落后于全球问题的发展速度，要求平衡两者的进程，包括通过教育体系使学习者具有全球化的思想，引入新的课程，如系统模拟、协同学、预测学、全球学等；技术和社会发展进程的平衡首先与形成新的世界观模式相联系，拒绝人类中心论，形成新的有价值的世界观，形成一个"智力圈"，在人道主义为主导思想的基础上形成新的价值取向；所有这些过程首先要涉及教育体系，并直接与加强教育的育人因素、通过知识和信仰加强青年的精神和道德教育相关。

俄罗斯高等教育在育人方面的作用特别大，或者说它肩负成为社会保护体系、能够为21世纪培养道德品质较高的下一代专家的任务，这是俄罗斯国家未来成功发展所必需的。俄罗斯急速地、突然地步入市场经济的不良结果、集权主义社会及其道德价值的垮台在青年人中产生了消极的社会影响，如自我中心主义、狭隘的利己主义、道德丧失、社会缺陷的复合、学校道德价值的急剧下降、不相信社会进步、没有信心等。高校的教学也因此担负着防止大学生有类似的倾向、加强大学生教育工作的任务。在没有连续从事教育问题研究的有效的社会制度和青年组织的情况下，教育应该贯穿于整个教学过程，教育内容和过程的性质应该符合新的教育模式及俄罗斯教育发展的战略和方法。

今天，每个大学教师都应具有个性和职业技能（абилитация，абилитация是从法语"habile"而来，指熟练的、合适的、高水平的，它意味着具有符合现代要求的教学技能），以便将各种变化引入自己的教学活动中，制定合理的、新的个人教育路线。所有上述内容都表明了高校人文化和人文科学化的重要性。

高等教育的人文化可以理解为：为大学生在现代文化空间个性的自我实现、自我定位创造条件的过程，在高校创建人文科学环境，促进个体创新潜力的拓展，形成思维的智力圈、价值取向和道德品质，并一直伴随于他们将来的职业和社会活动的实际。教育的人文科学化，特别是技术大学的人文化，要求拓宽人文科学方面的课程，为了使学生获得系统的知识而在课程内容上实现一体化、综合化。这两个过程是相同的，并且相互补充，在它们的相互关系中就可以看得出这一点，它们与教育的基础化过程应该达成一体。

俄罗斯高等教育人文化的标准突出表现在以下几方面：第一，掌握人文知识和文化中所包含的全人类的价值体系和活动方式——一定要有深厚的语言准备，在此情况下，语言模式成为整个人文科学化综合体的组成部分；第二，非人文类教育机构的人文科学课程在所学习课程总量中应该至少占15%至20%，并且其比例还应该不断地增加；第三，消除跨学科课程的缺口，不论是纵向还是横向的跨学科课程。

教育的人文科学化要求拓展人文科学教学的课程，科学思想争论方面的资料、关心人类命运的学者在科学研究方面的首创、依赖于人的个性和道德品质及其创造才能的社会经济和科学技术发展的过程等知识来丰富自然科学和技术类课程。这样就实现了教育的人文科学化革新与自然科学和人文科学课程间的相互渗透，与人文科学教育作用的加强也紧密相关。

在高等技术教育的人文化和人文科学化上，首先应该考虑到工程教育在21世纪与周围环境、社会、人在工程活动中的新的关系，即工程活动应该是人文化的这一事实紧密联系。为此，在技术高校和大学中应该特别关注技术哲学。技术哲学与科学哲学有很大区别，科学哲学始终都围绕以下一些问题：以什么样的方式评价科学的真实性，这种真实性的意义是怎样的，而技术哲学则以解决"我们所创造的是一个什么样的自然界，我们为什么要这样做？"等问题为主要任务。大学中技术类学科的教育应该带有人文性，不应该与自然界、社会和人类处于敌对的状态。这就需要创建一个人文化的技术教育环境，这种环境的创建要求改变人们对自己活动本质的看法，而改变工程师和技术领域其他工作者观点的唯一方法就是通过教育的人文化和人文科学化。

人文科学知识包括关于人、社会、人与社会相互作用的科学，预测社会发展的进程和人类所生存的自然界的发展。在大学组织教学的过程中，学习的跨学科性应该成为主要的发展倾向，现代知识的跨学科构成了现代大学教育的基础，这里主要包括两个方面：将一系列的人文科学课程最大限度地引入大型技术高校；用基础的技术和自然科学知识丰富人文科学类专业和课程，或者反之。

这条通过跨学科方法教学的路径可以促使大学生形成全球化的意识和灵活的思维方式，以及解决各个领域衔接过程中产生的综合问题的能力，能够使学生认识到基础研究、技术操作、生产和社会需求之间的相互关系，能够对某种革新的效率作出评价，以及在实践中开展革新活动等。在培养新型专家和工程师的过程中，人文科学的培养工作不仅触及了技术领域创造活动的本质，也触及社会、生态和经济领域创造活动的本质。

到目前为止，在俄罗斯，人文科学和技术领域的活动、思想和教育还存在急剧的分化甚至对立的状况，俄罗斯教育教学体系的两个组成部分——人文科学和技术领域——的相互作用在技术高校很弱。虽然这是俄罗斯教育中不太棘手的问题，但至今仍没有以应有的方式得以解决，这主要是因为工程师的活动实际上不是以人文科学等精神层面的创造为发展源泉的。

显然，解决技术类高校的人文化问题，必须实现将人文科学知识渗透到自然科学和技术课程中，以自然科学和基础科学丰富人文科学知识这一目标。技术类高校的人文化和人文科学化构想可以归纳为以下几个主要方面：教育人文化问题的综合解决方法要转向完整的人和完整的人类存在；加强学生的人道主义知识的学习和教育；注重人文科学和技术领域知识的学习（现实的和非现实的、物质的和精神的、生物学和技术学、技术学和生态学、工艺学和生命机体学、工艺学和社会学等等）；加强教育中的跨学科性；使高校中的社会–人文课程循环发挥作用，作为基础的、起点的教育和系统的学习；克服思维定式，加强人文科学文化知识的学习。

未来的技术类高校应该是人文–技术大学，因为21世纪的工程教育和人文科学活动开始相互接近，它们与周围环境、社会和人形成了新的关系，会产生生物学与技术学、现实的与非现实的、精神的和物质的学科继续相互交融的状况。未来的工程教育中不能没有人文科学工作者的培养，因此，整体教育的人文化特别是技术领域的人文化是俄罗斯高校的首要任务，解决俄罗斯技术大学中教育的人文化应该从以下几个方面实现：拓展人文科学课程模块；保证人文知识与非人文课程（自然科学和技术学）之间的相互渗透；通过拓展关于科学思想的斗争、关心人类命运的学者在科学研究方面的首创、依赖于人的个性和道德品质及其创造才能的社会经济和科学技术发展的过程等知识来丰富自然科学和技术类课程；教育中的跨学科性；学习解决技术领域和人文科学领域的科学技术问题；保证大学生在技术大学获得第二次人文科学或社会经济专业知识的可能；加强工程师在法律、语言、生态、经济等领域知识的培养；在大学创造良好人文环境；加强在个人理想方面的教育。

此外，除了政治、经济、社会、文化、教育本身和其他因素的影响外，现代高等教育一体化的过程是高等教育向人文化方向发展的重要因素。教育一体化的过程不仅覆盖于教育的外部层面，如建立统一的普通和职业教育部，创建统一的联邦、地区、市政的教育空间，制定普通和职业教育标准等；也覆盖于教育内部，如制定和实施一体化的方针，针对教师与学生的生活实践经验的师生间相互作用的艺术，教学活动的形成等。对高等教育而言，人文科学化也是教育一体化的体现。

不论是中等教育领域的人性化改革，还是高等教育领域的人文化倾向，都体现了俄罗斯在教育变革中对人的关注，其最终目的都是为了培养既掌握基本知识和技能、又具有一定的道德文化修养的高素质的人。在俄罗斯教育领域全面的市场化环境中，教育的人文化仍然将作为一项重要的改革内容，这对于俄罗斯的人才培养无疑具有重要的现实意义。国民素质不仅决定着人力资源的整体水平，而且还决定着整个社会发展的水平，国民整体文化素质的提高也是国家竞争力提升中一个重要的影响因素。

二、人才培养上的创新

在俄罗斯发展创新性经济的过程中，也在加紧制定和调整人才资源开发战略，以便构筑人才高地，抢占人才"制高点"。由此，俄罗斯高校的创新活动也非常注重人才发展战略的实施和人才资源的更新，主要体现在：通过人才发展专项大纲促进大学创新发展，通过高水平大学建设实施人才发展战略，通过加强师资队伍建设完善和更新高校人才资源。有俄罗斯学者指出，现代条件下创新已经成为能够从本质上影响国家竞争力形成的因素。为了国家的发展而完全运用创新策略，只有在跨国公司或国家层面上制定整体的创新政策的条件下才成为可能，这一任务对于拥有很大创新潜力但还没有相应的国家创新政策的俄罗斯来说十分严峻。[①] 俄罗斯的高等教育体系在推动国家创新发展、培养创新人才方面具有重要作用。

近些年来，在市场经济的推动下，俄罗斯各个高校都在不断地寻找促进高校发展的新路，高等教育领域的创新活动蔚然成风。俄联邦2006—2010年教育政策的主要目标就是：面向并取得世界水平的最高成就，使俄罗斯的教育体系稳固地向创新发展方向过渡，创建连续的质量提高制度以及符合社会和知识经济要求的教育竞争机制。在经济全球化的背景下，国家的竞争力直接取决于其运用已有科学–教育和科学–技术潜力的能力，以及能否有效地将创新活动贯彻到经济、生产、社会和教育领域。2006年3月24日，俄联邦国家委员会工作小组所发布的报告《教育创新发展——俄罗斯竞争力提高的基础》中指出，当前俄罗斯教育机构所面临的主要任务是："开辟一片新的国家教育创新发展领地，以保证教育的竞争力，而更为首要的是保证国家在国际水平上的竞争力。"[②]

（一）高等教育体系的创新结构

现代大学是生产和再生产国家人力资源的文化、教学以及科研中心，只有在其具备了超前发展的能力，符合社会、个人和实力雄厚的企业的利益的情况下，高校才有能力完成它的使命。在俄罗斯高等教育现代化这一新的现实条件下，高校重要的生存出路之一就是教育创新。

俄罗斯高等教育体系创新的基本路线是，其所提供的教育服务不仅能够满足国家和社会的需要，而且还能满足个人在不断变化的生活条件下实现自我发展的需要。在选择创新发展道路时，高校应该遵循连续性的原则，不断地开展产品、组织和技术创新，并将其贯彻到教育实践活动中。

---

① Влияние инновационной политики на международную конкурентоспособность государств[EB/OL].http://stra.teg.ru/lenta/innovation/1175，2003–09–11.

② И.Уманский.Университет：инновационный путь[J].Высшее образование в России，2006（08）：113.

（如图4-3）。

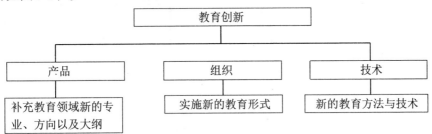

图4-3　俄罗斯高等教育创新结构图

资料来源：И.Уманский. Университет:инновационный путь[J]. Высшее образование в России，2006（08）：114.

在教育创新产品中，新的专业与方向大都是与现代经济发展密切相关的，如侧重社会–经济方面的专业和方向，许多高校正在逐步引入学士–硕士培养大纲，有些高校的补充职业教育学院创建了侧重于进修和职业再培训的教育大纲。在组织创新上，现代大学越来越注重采用现代化的学习形式，如继续和开放式教育、远程教学等，而这些学习形式的实现需要高校有发达的基础设施、高级技术装备及计算机化作为保障，同时还要使教师及其他合作者加入互联网学习中，以便于他们掌握计算机知识并运用于教育实践。

现代高校成功发展的必要条件是其能够及时地了解国家经济各部门侧重于对哪方面专家的需求，以及对毕业生培养质量和技能水平的要求，及时地体现和满足教育服务市场上消费者的需求。这样，不论是作为一种战略，还是高校发展的现实目的，都必须相应地考虑到教育服务这个要素，而良好的教育服务需要高校具备必要的科学、方法、人才、物质技术和财政等方面的潜力。因此，构建同国家、社会及个人需求相联系的相互作用模式，保证高校对市场的长期监督，并在此基础上开发和推出新的教育服务，已成为高校取得市场竞争优势的重要因素（如图4-4）。

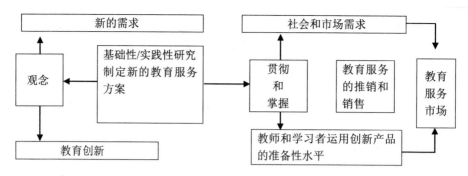

图4-4　高等教育过程创新的相互作用模式

资料来源：И.Уманский. Университет:инновационный путь[J]. Высшее образование в России，2006（08）：116.

除了国家非常重视高校的人才培养问题，企业对高校所培养出来的人才的要求也越来越高。随着俄罗斯市场经济体制的形成和发展，企业可以提出自己需要的人才类型，并且还可以参与讨论大学标准和教学大纲的制定。

现在俄罗斯已经有很多企业与高校联合，如为学生未来就业作准备的基础科学领域专门培养大纲的制定；即将毕业的学生到公司实习；企业对专家进行再培训。其中，创建合作共同体大学是一种新的联合培养方式，它是解决大学与企业及商家合作问题的重要路径之一。[①]国家也非常支持企业的这种首创精神，通过建立专项发展基金和教育贷款体系为大型高校提供财政支援。改善教育体系不足的另外一个途径就是教育内容上的变革，改变教育内容的一个重要方法就是使企业主参与到教育内容及专业的制定过程中，这可以使教育内容超越经济和商业需求的步伐而发展。

从俄罗斯高等教育创新路线和作用模式可见，俄罗斯的教育创新活动始终围绕服务于国家、社会和个人需要的，将教育创新活动置于实际的市场环境中，与经济发展和企业需求密切结合。这样做的最终目的是为了培养出符合市场需要的人才，满足国际国内市场以及企业、个人发展的需要，为国家的发展、国家竞争力的提升提供合适的人力资本。

（二）俄罗斯科研领域的创新实践

创造具有竞争力和回报利润大的科研产品需要培养大量的高技能专家，而且国家对青年科学人才的需求越来越大，因此，俄罗斯正在积极采取各

---

①　В.Садовничий.Высшее образование России：доступность，качество，конкурентоспособность[J].Высшее образование в России，2006（07）：11.

种措施努力提高科学工作者的威信，寻找能够提高科学人才培养效率的有效途径。有的俄罗斯学者指出，借鉴国外已有经验，创建生产—教育—科学—商业一体化体系，是使高校和大学后教育（Послеуниверситетное образование，为俄罗斯高等教育体系的专有名词，主要指研究生层次的教育，下同）适应现代社会要求、提高研究生部工作效率的重要途径之一，而创建教学—科研中心和教学—生产中心是实现教育—科学—商业一体化的重要方法。①

很多高校的校长都认为有效地培养高技能专家的重要条件是拨款、物质和人才保障，但是，巨额拨款未必能够解决问题，有了资金之后还要考虑购买和配置现代化设备、培养和组织高质量专家的"生产"。俄罗斯一些先进的企业和俄罗斯科学院学术研究机构还保存着大量高技能人才和必要的设备，只是还没有很好地利用这些资源来培养青年专家。因此，有必要创建一种能够提高已有资源效率的一体化机制，这就是创建教学—科研中心，如图4-5。

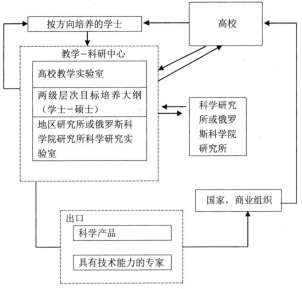

图4-5　教学-科研中心结构图

资料来源：Н.Матушкин，М.Гитман，В.Столбов，Е.Гитман.Подотовка кадров высшей квалификации:некоторые интеграционные механизмы[J]. Высшее образование в России，2007（01）：125.

<hr>

① 　Н.Матушкин，М.Гитман，В.Столбов，Е.Гитман.Подотовка кадров высшей квалификации：некоторые интеграционные механизмы[J].Высшее образование в России，2007（01）：124.

在图4-5中，研制回报率高、竞争力强的技术和培养能够进入生产领域的高级专家感兴趣的各种商业组织或者国家都可以作为订购者。教学–科研中心的活动成果不仅是科学产品，还有能够将所研制出来的产品运用到生产领域的专家。换言之，教学–科研中心在一定意义上就是能够将创新技能嫁接到研究者身上的商品孵化器，其主要作用在于很好地连接了高校、地区科学研究院和俄罗斯科学院研究所，以及硕士–副博士教育大纲等一切可利用的资源。

教学–生产中心的结构（如图4-6）在很多地方与教学–科研中心（图4-5）相似，其不同之处是，教学–生产中心定位于专门培养被地区企业和商业机构所订购的专家，它所完成的任务要较教学–科研中心少，即它与研发新的科学成果不相关。因为它是按照硕士–专家这条培养路线走的，不必创造科学产品，而是使企业与高校之间形成一种订购关系。教学–生产中心的主要任务是帮助学生在高校选择其所要研究的方向，能够在实践中发展和运用已有的先进技术。因此，科学–生产中心的活动方向框定在制定和实施符合企业要求的、专门的硕士–专家教育大纲，以及提供方法上的保障。

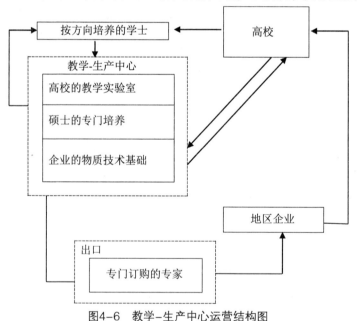

图4-6　教学–生产中心运营结构图

资料来源：Н.Матушкин,М.Гитман,В.Столбов,Е.Гитман.Подотовка кадров высшей квалификации:некоторые интеграционные механизмы[J]. Высшее образование в России，2007（01）：126.

教学-生产中心的财政开支主要由地区企业来保证。这种一体化形式已经成功地在一些高校应用了很长时间，并且这一做法还有向硕士的专门培养方向发展的可能。

俄罗斯在教育—科学—生产一体化上的做法由来已久，在俄罗斯的高等教育教学中非常注重理论与实践的结合，高校与企业相互联系、共同培养人才的方式已经成为一种传统。众所周知，高科技产品的生产需要高技能的专家，需要教育系统培养出大批高质量的青年科技人才，而仅仅依靠高等教育系统完成这类高级人才的培养还显得势单力薄，需要与实际的生产系统、商业活动相联系，这也是俄罗斯创建生产—教育—科学—商业一体化体系的初衷。教学—科研中心和教学—生产中心进行的不仅是产品的生产，更是高技能专家的生产，这是其创建的重要意义所在。教学—科研中心和教学—生产中心集中了各种有利于科研生产的资源和物质条件，很好地实现了各种资源的整合和有效利用。教育—科学—生产的一体化不仅展示了教育体系有效运用已有资源的效率，同时，也为培养出优秀的技能专家创造了一个良好的环境，从而为科学技术的进步提供相应的人才保证。国家的生产力和竞争力的提高也主要是依靠大批科学工作者在科技领域的成绩所推动的，此外，能否有效地整合和利用已有的资源也是衡量一个国家是否拥有雄厚竞争实力的重要体现。

（三）实施创新型大学发展战略

俄罗斯创建创新型大学的目的在于实现教学过程与基础研究的一体化，将包括高技能人才培养（大学课程班、硕士、研究生部、博士生部、再培训和进修体系、实习生）在内的各个水平的科学研究和教育过程连成一体是创新型大学活动的本质。这种类型大学除了要实现自身的教学过程和知识生产，将知识转换成科学-教育产品的功能外，还具备开展信息活动的功能。此外，创新型大学不排除对科学研究成果进行商业化的运作，因此，它所实施的教育还要适应经济需求。

2006年3月，俄联邦教育与科学部在网上公布了竞选创新型大学的标准目录，北高加索国立技术大学各方面的鉴定指标大都合乎创新型大学的标准，它主要集中于三个领域的活动：教育、科学与创新，同时还非常注意这三者之间的紧密联系。

俄罗斯的高校、科学院及地区科研机构的水平都很高，但是，其生产出来的、能够在国内外市场上带来巨额利润的产品却很少，这表明俄罗斯还没有形成对高校、科研所、企业所生产出来的科研和实验设计作品进行商业化运作的有效机制。虽然这在很大程度上是与俄罗斯的经济相联系的，但是，高等学校教育-科学综合体的形成可以对此起到重要作用。

加强现代大学各工作方向的创新性必然需要高校要完成一系列的任务，因此需要在高校内部建立多方面的规律制度，以保证创新要素在教育、科学、科学-生产中的发展。此外，还需要高校创建专门用于创新建设的基础设施——协调中心，其任务是：制定大学创新发展策略；形成创新活动的基本法律规范；创建专门保证创新活动的方法、信息技术及信息分析服务机构。

北高加索国立技术大学所创建的保证创新活动顺利进行的协调中心叫作创新-技术中心。该中心主要完成以下一些任务[①]：巩固教育、科学、技术领域的专家基础，并使其统计达到系统化；审计技术的应用；教学方法机构、科学开发、大纲产品的商业化；为实现大学研究的商业化，使高校与地区企业之间建立起有效的联系；将新的教育技术运用到创新型大学的教学中；在创新管理领域创建人才培养体系（补充教育大纲、专门教学大纲、课程班、补充培训和再培训中心）。

俄罗斯大多数高校没有关于学校活动策划方面的经验，创新型大学实际上是一种商业策划，它主要借助一些具体的方案以达到大学发展的目的。创新型大学的构建既要依赖自身的传统，也需要借鉴国外的经验。其优点在于不仅使高校的科学研究成果与商业之间建立了有效的联系，而且在地区层面上创建一个开放的教育空间，即实现了教育与科学的一体化。创新型大学的根基是俄罗斯高校在教学、科研组织上的传统特性（系、系-学院、科学研究院、问题实验室、教学-科学中心等）。

建立创新型大学的思想在任何时候都需要，而且很重要，它与俄罗斯国家教育与科学的基本目的和任务相适应，对于创建以知识为基础的经济环境具有重要作用。同时，符合国家对创新型大学所制定标准的高校还可以直接得到国家的财政补助，因此，这一思想在俄罗斯高等教育领域得到了广泛的推广。

俄罗斯创建创新性大学主要是想实现科学研究成果转入生产领域的任务，是实现科研成果转化的实体机构，这无疑起到了连接科研成果与生产需求之间的重要纽带的作用。培养高技能专家、保证科学研究固然是教育体系的重要职能，但是，有效地将科研成果转化为实际的生产力同样不可

---

① Н.Каргин，Р.Гвоздиков，Е.Володихин，О.Жукова.Реализуем идею иновационного университета[J].Высшее образование в России，2006（05）：55.

忽视，科学研究不运用于实际的生产领域就失去了其应用的价值。因此，对科研成果的商业化运作是保证教育成果对产业生产力进而对国家竞争力产生影响的重要环节。

（四）俄罗斯研究生培养体系的创新

高技能人才（包括硕士、副博士和博士）培养问题在俄罗斯已经日益严峻。至今，对于硕士的地位仍然没有一个准确的定位，有人将其看作是按方向培养的高技能专家（取代传统教育体系中的文凭专家），也有人将其视为培养科学工作者的第一阶段。2006年4月22日，俄联邦教育与科学部颁布法令指出，将拓宽硕士培养的范围，并简化高校新的硕士教育大纲的开设程序。但是，许多高校因为在实施高技能专家的多级培养体系方面没有较为完善的组织体系，还没有准备好使用新的硕士教育大纲。

另外一个问题就是许多高校研究生部的工作效率下降，学生毕业一年后报考研究生部的人中只有不到30%的人能够成为副博士，这是高校研究生培养水平下降的直接表现。[①]研究生部工作效率下降的间接原因是，高校的毕业生没有继续进行科学研究的动力，以致科学工作者的社会地位降低。还有很多青年人将进入研究生部看作是逃避兵役的手段，这样，研究生答辩工作的质量自然就很难保证，很多学生往往都不能顺利通过答辩。此外还出现一种现象就是，在商业化运作的基础上，研究生部的公费生名额减少，扩大招收自费生，这使得许多研究生在学习的同时还要去工作赚钱，并且他们所从事的工作与他们的研究题目之间没有关系，这种现象的消极作用最终必然反映到研究生的培养质量上。

俄罗斯加入"博洛尼亚进程"以后引入了学士-硕士两级体制，由科学副博士和科学博士两个层次构成的大学后教育（即研究生教育）的改革也不同于别国。除了对大学的层次结构进行改革外，近些年俄罗斯也尝试着对大学后教育体系加以完善，其中一项建议措施就是实施硕士-科学副博士两级大纲。

实施这一大纲的优势在于：（1）缩短了学习年限。不同于硕士-研究生部的连续学习（硕士2年，研究生部3年，共5年），该大纲的学习年限为4年（硕士2年，研究生部2年）。这样并不会影响到培养质量，因为两级层

---

① Н.Матушкин，М.Гитман，В.Столбов，Е.Гитман.Подотовка кадров высшей квалификации：некоторые интеграционные механизмы[J].Высшее образование в России，2007（1）：123.

次大纲实际上是一种侧重性的大纲，研究的主题不变，只是在时间上进行了划分。副博士的答辩实际上是硕士阶段的延续和丰富，而硕士阶段的终结性考试可以作为研究生部的入学考试。（2）大纲的另一个优势是与财政拨款相联系，因为学习时间缩短了，国家和高校用于这一部分的资金自然也就少了。（3）大纲对于学习时间的规定是弹性的，有研究潜质的学生可以用4年的时间完成学业，而不能保证通过硕士答辩的学生也可以相应地延长毕业时间，学生可以在4或5年之间进行自由选择，也可以提早一年毕业，这有利于科研队伍的年轻化，一些有才能的青年可以尽早地为科学、教育和生产服务。另外，通过选择研究主题（尤其是应用性较强的研究题目）也是培养高技能专家的一条途径。

2005年，俄罗斯共有（培养科学副博士）研究生部329个，共培养出研究生84000人，240所博士研究生部共培养出博士3100人。俄罗斯从2010年开始实行目标定位（定向培养）硕士生和副博士研究生培养制度，资助天才大学生，巩固天才学生的学术倾向。到2020年，硕士生和副博士研究生定位培养覆盖面将分别达到25%和50%。[①]部属教育机构中具有教授职称的教师的平均年龄呈不断走低的趋势。通过以下数据可以看出俄罗斯研究生部及博士研究生部工作效率的提高：研究生如期通过答辩的比例为34.9%（2004年32.8%，2003年26.5%）；如期通过答辩的博士生的比例为34%（2004年30.9%，2003年26.5%）。[②]

俄罗斯在高层次人才培养上的这些创新举措对其国家的发展具有重要意义。众所周知，苏联时期所形成的人才培养模式已经不适用于转型时期的俄罗斯，这一点在俄罗斯转型之初即20世纪90年代表现得最为明显，俄罗斯在高等教育层次结构上进行的变革——改变传统单一的文凭专家培养方式而增加学士、硕士层次人才的培养就是一个有力的证据。

21世纪以来，俄罗斯在高等教育领域实施诸多创新举措的主要目的，就是通过更加灵活的组织制度或结构培养出更多适应现代社会、劳动力市场以及国家发展需要的创新型人才。俄罗斯对其研究生及大学后教育体系的变革不仅满足了人们对教育的多样需求，而其也满足了经济领域对于多元化人才的需求，很大程度上是为了服务于国家经济的发展。高层次创新

---

① 中央教育科学研究所国际比较教育研究中心.中国教育竞争力报告（2010）[M].北京：教育科学出版社，2011：250.

② Расширенное заседание коллегии Федерального агентства по образованию настройка системы[J].Высшее образование в России，2006（04）：3-4.

人才是科学技术发展的主体，而科学技术的发展是提升一国国家竞争力的重要动力和影响因素。为这类人才的培养创造一个灵活的培养体制对于国家来说无疑具有重要意义。

综上所述，俄罗斯在人才培养领域的重大变革对其国家竞争力的提升有着重要的意义。一方面通过人文化改革提升整体国民的文化素质，为国家储备大量的基础性人才力量；另一方面通过不断的创新活动加强高层次人才的培养，为国家储备大量的高技能人才。这些举措虽然不能直接促进国家竞争力水平的提升，但却是国家竞争力影响因素中拥有巨大能量的潜在因子。

第三节　教育质量的提高——教育发展对国家竞争力产生影响的关键因子

当我们说教育的竞争力时，首先是说教育质量。教育质量主要是保证和提高居民的生活质量，这是21世纪任何国家和社会包括俄罗斯所共有的目标。随着俄罗斯市场化改革的深入，高等教育质量问题日益成为21世纪俄罗斯教育发展的核心问题。为实现教育质量的提高，高校和相关组织机构都在寻找和构建最佳的教育质量评价体系；国家教育标准对于保证俄罗斯普通和高等教育的质量起到了重要的监督和保障作用，体现了国家层面对教育质量的要求；大学排名体系建设则直接体现了高等教育体系内部对高质量教育的诉求。

一、教育质量体系建设

（一）俄罗斯教育质量评价体系建设的实践

"监察"（мониторинга）一词的出现与信息社会的形成和发展密切相关。信息社会为掌握某一主体或机构状况客观和主观信息提供了可能。教育体系极其复杂多样，需要创建一个能够客观评价教育活动状况的体系。

在俄罗斯，对教育质量的监察和评价源于教育标准实施阶段需要评价其在全国范围的实施效果，并创建一个能够获取关于教学结果是否符合教育标准等客观信息的体系，以及提出改进措施的任务。①教育质量监察（以下简称MKO）是检查和评价运用某种方法实施优质教育是否有效的一种手段，它是改正教学过程中的不足和采取有效的解决策略的基本方法。建立教育质量监察这种有针对性的专门组织的目的是，在分析所收集的信息和教育预测的基础上及时采取相应的解决策略。

教育质量监察是俄罗斯国家教育质量体系的子系统，它主要对监察客体发展的状况进行管理、诊断和分析，对其发展的趋势进行评价。MKO对俄罗斯教育体系的质量无疑也起到了制度上的保障作用（见图4-7，4-8）。

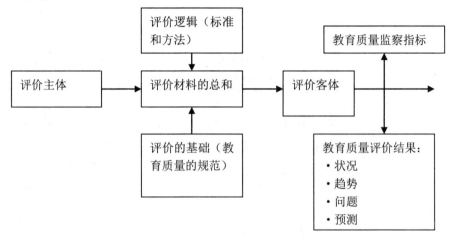

图4-7　教育质量监察体系的构成要素

资料来源：Субетто А.И.Государственная политика качества высшего образования：концепция, механизмы, перспективы, ЧастьI[R]. Академия Тринитаризма, М., Эл №77–6567, публ.11620, 02.11.2004.

①　Филюк Елена Викторовна. Организация и апробация системы мониторинга качества образования в образовательном учреждении(новые технологии управления качеством образования)[EB/OL].http://sinncom.ru/content/publ/info/silik/index.htm，2011–06–20.

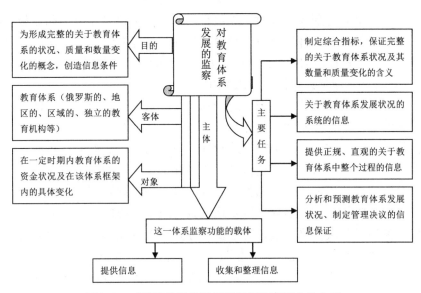

图4-8　对教育体系发展状况进行监察概念的内涵

资料来源：А.Б.Вифлеемский.Экономика образования（книга I）[M].
Москва:Народное образование, 2003：320.

收集资料和评价监察结果是教育质量监察体系的重要组成部分。监察活动的主要目标是选择合理而有效的评价学生学习结果的方法，并且通过这种方法客观地评价已取得的教育质量的水平。

教育质量监察体系主要针对教育实践领域的客体进行监督和检查，它对俄罗斯高等教育质量的提高起到了督促作用。现在俄罗斯的教育科学和实践正逐步从传统的收集学校信息的方法向教育监察这种质量评价方式转变。

可见，俄罗斯不仅将教育质量体系的建设提高到一个很高的地位，将其与人的质量、生活质量、科学的质量等其他范畴的质量建立起密切的联系，同时也有针对教育体系发展状况的具体的监察体系，这对于保证俄罗斯教育体系的质量无疑起到了重要的制度性保障作用。

俄罗斯学者指出，近些年来，教学和培养质量在很大程度上影响着国家的发展水平，它成为保障国家安全、培养下一代潜力的战略领域。以学生的需求为目的，为其学习和发展创造最佳条件，这是国家保证高水平教育的主要发展趋向。这种情况下，教育质量可以看作是一种综合指数，它涵盖了学生整个个性形成的阶段，教学—培养过程的条件和成果，甚至作为教育机构教育活动有效性的标准，使实际所取得的成绩符合规定的要求、社会和个人的期望，同时，满足企业主的需求也已经成为职业教育机构最重要的任务。这种情况下，教育质量评价已经被看作是解决国家经济领域以及每个教育机构中必然面临的实际问题的重要保证。

1.全俄教育质量评价体系（OCOKO）

教育质量的评价是一项极为复杂的工作，俄罗斯在解决教育体系最优化问题的过程中，开始逐步创建新的质量评价体系——构建全俄教育质量评价体系（OCOKO）。2005年4月28日，俄罗斯教育监察局在莫斯科国立开放大学举办了题为"构建全俄教育质量评价体系"的国际研讨会，俄罗斯教育监察局的代表、俄联邦教育和科学部、联邦教育局、地区教育管理机构和14个联邦主体的领导，以及地区教育质量中心的专家、职业教育领域代表参加了此次会议。会议的主要任务是检查俄联邦主体教育质量评价的组织和操作工作；讨论构建全俄教育质量评价体系的模式。①

在俄罗斯实施教育现代化的宏伟工程中，对学校教育现代化的基本方向的要求就包括组织和监督各水平和阶段的大中小学生的培养，创建全俄教育质量评价体系。因此，创建科学、合理的全俄教育质量评价体系是俄罗斯教育现代化的要求，也是俄罗斯吸收国外经验的结果。为保证教育大纲的质量、服务、管理的客观性，以及现代条件下各级教育对认识活动结果评价的可靠性，也需要形成国家-社会性的、独立于教育管理机构和教学行政机构发挥作用的全俄教育质量评价体系。它是提高教育主体效率和责任的有效和可靠的工具，也是俄罗斯教育体系整体状况的指示器。

全俄教育质量评价体系的创建是建立在统一的概念-方法基础上，在组织和功能上保证对大中小学生的教育成就进行评价的综合，其主要任务包括：实现对各级和各阶段学生的学习成绩进行外部评价；对教育机构所提供服务的质量进行系统的比较分析；运用各种教育统计方法保证教育活动结果中客观信息的公开性；对学生的学习成绩进行比较，与国际上其他国家学生的学习成绩相对比。

有效的全俄教育质量评价体系的实施应该包括制定和贯彻其保证联邦机构和地方（实施国家统一考试、鉴定和认证教学机构、运用信息资源和国家统一考试结果的方法以将其引入职业教育质量管理和评价体系）相互作用的模式。以下是全俄教育质量评价体系的结构框架。

（1）按照国际和全俄考察结果对大中小学生学习质量进行全俄监督

---

① Что такое OCOKO[EB/OL].http://vse-ege.ru/Stati-o-EGE/CHto-takoe-OSOKO.html，2011-07-25.

（2）举办国家统一考试，并对各类普通教育机构国家统一考试的结果进行监督

（3）高校质量管理体系的全俄和国际证书

（4）普通教育各阶段质量的地区评价和监督体系

（5）初等和中等职业教育质量体系

（6）在内外部评价管理、操作下形成学习质量的学校监督体系

（7）为对大中小学生的学习成绩进行可靠和有效的教育测验，通过鉴定的方式保证全俄和地区科学-教学法机构的质量体系

（8）保证构成全俄教育质量评价体系机构活动的信息基础

在全俄教育质量评价体系框架内，对联邦水平的教育质量评价体系的要求是：制定共同的规划并贯彻到高校的质量管理体系中；对高校的基本工作过程、其法律基础和相互作用进行研究，以确定高校中教育活动的质量；确定体现教育质量过程及其结果和变化的方式的指标；对俄罗斯质量管理标准（ГОСТ Р ИСО 9001：2001）的要求和建议与高校质量管理特点进行适应性分析；制定对高校质量管理的结构与内容的要求，对基本的工作过程和程序进行论证，保证高校质量管理体系的其他认证；从质量管理的角度制定高校自我评价活动的模式和方法，并对其进行审订。

地区的学习质量评价体系也需要有统一的管理和评价原则，改变地区教育机构活动管理-评价结果的信息，加大地区教育机构活动管理-评价的构成，但这只是在教育检查和评价方面依靠教育测量理论、测评技能和教学成就评价的应用。在地区教育质量评价上，不仅要重点对学生知识水平进行评价，不同的教育服务的"消费者"（如企业）对毕业生的态度也很重要。创建地区学习质量评价体系的任务在于：提高对学生学习成绩管理和客观的评价，获得关于地区教育状况的全面、有效的信息；在地区创建多级教育质量监督体系，有助于提高教育体系发展中流动性的；在教育过程的不同参与者（包括教育管理机构）之间确立有效的对应关系；为展现不同教育大纲和教学技术的强弱面，保证大规模测验结果的可对比性，通过与标准的规范和要求相比较来确定教育过程和教学大纲质量的有效性；（地区）协助学生参与到学习和发展的创新技术实践中；培养毕业生独立操作测验的能力，包括国家统一考试；预测教育机构的发展，形成自我检查和自我管理的信息体系。

形成对教学劳动成果的客观的评价体系，创造条件保证学生所获得的国家教育文凭具有等值性并能在国内和国际范围内得到承认，这些也是引入国家统一考试的主要目的之一。由于俄罗斯加入了"博洛尼亚进程"，

创建教育质量的内部管理体系成为提高教育水平的关键问题。教育机构活动的质量决定着其所实施的教育大纲和教育服务的水平。教学机构只有亲自组织教育过程，对其质量进行管理，对教育干部进行筛选和再培训，才能在很大程度上为学生和毕业生的培养质量负责。

中小学校管理–评价体系的主要目的在于创建方法、程序、测量、学校教育和各阶段教育大纲评价和管理方法，以及与外部管理–评价体系相协调等的综合体系，其中，中等学校教育中的全俄教育质量评价体系主要是对列入国家统一考试的九和十一年级学生的鉴定，以及对学校的鉴定。在高等学校，全俄教育质量评价体系是全俄鉴定和认证高校大学生培养水平的切入点。高校内部质量管理体系的功能是：为使职业教育机构的教育水平得到社会的承认而吸引企业主进入高校。高校的质量主要体现在：培养毕业生；科研水平；制定教学大纲和参考书；具备优质的专门的教育干部；同劳动力市场的相互作用和毕业生的继续教育；发展高校的基础设施等。

总体上看，全俄教育质量评价体系涵盖了联邦、地区以及学校内部等多层次的教育质量管理，它的组建能够保证职业教育机构在招生方面的客观性和公开性，使学生能够继续学业；巩固国家的统一教育空间；在继续教育或就业方面采取灵活、重要的决定来提高教育服务需求的信息化；发展国家鉴定服务；在保证教育质量提高方面制定和采用合理的管理措施。

全俄教育质量评价体系在指导思想上侧重于教育质量评价观点、方法、模式的多样性，它的指导思想及原则反映了当前俄罗斯社会多元化、市场化、民主化等基本特征，俄罗斯各级教育质量评价体系的建构也正是以此为蓝图，适应社会发展和个人的需求，以为国家培养出更多优秀的人才为最终目标。全俄教育质量评价体系的内容还包括按照国际和全俄考察结果对大中小学生的学习质量进行全俄监督，以及在高校质量管理过程中适当地颁发全俄和国际证书，由此可见，其范围和目标并不仅仅局限于地区和学校层次，而是上升到了国家（全俄）和国际层次。

2.高等教育质量评价体系

随着俄罗斯高等教育领域所发生的一系列变化，如有偿教育服务的实施，非国立高校异军突起，国立高校纷纷建立分校等，这些新变化对教育质量产生了重大影响。在俄罗斯高等教育规模由精英化向大众化转变之时，其对教育质量的观念也发生了转变，以往用于评价精英型高等教育的质量标准已经不适用，要求形成新的反映大众化高等教育多元化要求的质量标准。因此，20世纪90年代以后，俄罗斯逐步转变高等教育质量观念，在原来苏联高等教育质量保障体系框架下，立足于新的社会需要，更为注重高校的外部质量管理，全面实施高等教育质量评估，以增强高等教育的国际竞争力。

高等教育质量体系由内部质量体系与外部质量体系两部分构成，两者在教育与劳动力市场间相互作用基础上，通过教育体系制度的重建形成相互作用的关系（如表4-1），这种制度重建表现在：第一，克服市场需求与职业教育内容不平衡方面；第二，提高教育机构对最终教育活动结果的责任；第三，巩固职业教育与科学研究和实践活动的关系；第四，发展个人潜力，对教育工作者提供社会和财政支援，完善管理体制，培养管理人才。

表4-1　高等教育质量体系的结构模式

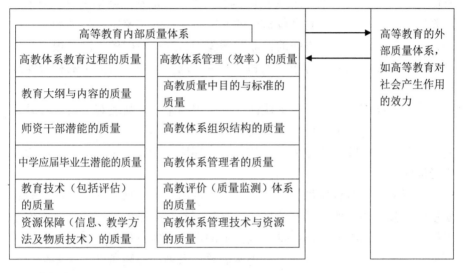

高等教育内部质量体系		高等教育的外部质量体系，如高等教育对社会产生作用的效力
高教体系教育过程的质量	高教体系管理（效率）的质量	
教育大纲与内容的质量	高教质量中目的与标准的质量	
师资干部潜能的质量	高教体系组织结构的质量	
中学应届毕业生潜能的质量	高教体系管理者的质量	
教育技术（包括评估）的质量	高教评价（质量监测）体系的质量	
资源保障（信息、教学方法及物质技术）的质量	高教体系管理技术与资源的质量	

资料来源：С.И.Плакий. Качество высшего образования[M].Москва：Нац. ин-т бизнеса, 2003：455.

高等教育质量体系是建立在各项指标体系基础上的。一般来说，国家或高校为高等教育质量所制定的指标都带有统计学的特点，它反映了教育体系在某段时间（一般3至5年）的状况，再通过对各项指标进行比较，显示教育质量在某些方面的变化趋势，进而对这些趋势予以鉴定和阐释，得出某些有益于教育质量改进的结论。对高等教育质量的指标性要求是连接高等教育质量标准与高等教育质量评价的中间环节。

从整个教育系统相互关系的角度，俄罗斯高等教育质量的指标包括四个组别：（1）第一组指标是体现高校教育大纲、方向、专业（目录）结构的指标。这一组的数据指标包括高校学生总额；按专业、学习形式（全日制、夜校、函授）分配的学生数额；按培养层次（学士、文凭专家、硕士）分配的学生数额；学生数额变动的指数（退学的、进入硕士生部、研究生部继续学习的人数）。（2）第二组指标反映的是国家教育标准中对专家培养质量的要求。（3）第三组指标反映的是高等职业教育质量保证体系的总体状况。包括以下几点：中学应届毕业生的培养质量，以入高校前的教育成绩和入学考试成绩为基础，可以通过座谈和测验方式评价毕业生的培养质量；教师的培训质量；教育大纲内容及相应的教学方法书籍（符合相应标准）的质量；运用教育技术的质量；高校的科学研究及其对教育质量的影响；高校的资源保证，其所拥有的物质–技术基础及财政保证；教育质量的管理。（4）第四组指标反映的是高校培养活动的结果——毕业生的培养质量。它包括国家对高校提出的鉴定指标、国家鉴定委员会的鉴定结果；以及借助综合技能方面的作业和测验资料进行专门的检测；根据学生毕业论文的鉴定结果及对毕业生和企业主的调查，分析毕业生的社会实践要求等。

俄罗斯高等教育质量国家认证标准体现的是国家从宏观上对高等教育质量所应达到的要求所作出的有关规定，作为高等教育质量的国家保证，其内容包括对教师、职业大纲、信息教育环境保障以及中学毕业生的教育质量标准等。

俄罗斯高等教育质量国家鉴定标准体现的是国家从宏观上对高等教育质量应达到的要求所作的有关规定，是高等教育质量的国家保证，它们都为俄罗斯的高等教育质量提供了规范上的保证和执行依据。在具体的实施过程中，俄罗斯高等教育的质量仍然需要一系列的保障条件，主要包括质量规划、质量保证、质量管理和质量提高四个方面，其中质量管理和质量提高对高等教育质量的评价具有重要意义，如图4–9。

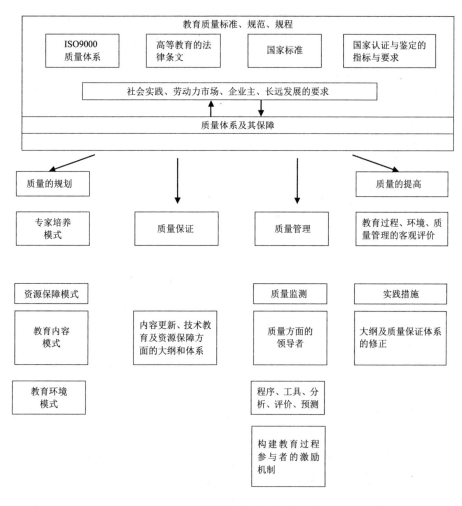

图4-9 高校的质量保证体系

资料来源：С.И.Плакий. Качество высшего образования[M].москва：Нац. ин-т бизнеса, 2003：454.

高校所有关于教育质量的活动实际上是各个过程的总和，每个过程都有资源、入口的条件和出口的条件（结果）等一些关于质量的参数来识别，以确定入口和出口的供应者和需求者的状况。萨拉托夫国立社会-经济大学工作的重点就是教育质量的提高，并创建了大学的质量管理体系，如图4-10就是其教育质量管理体系的整个运作过程。

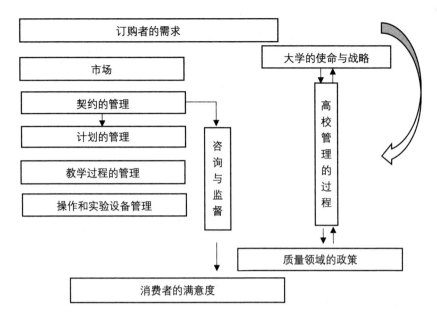

图4-10 大学质量管理体系运作图

资料来源：M.Попов，A.Гугелев，Э.Коротков，H.Яшин. Повышение качества образования основа развития университет[J].Высшее образование в России，2006（08）：98.

　　教育的订购者主要是：教育服务的主要需求者——社会、商业、管理机构；为教育付费的学生；学生家长，其中的每一方都可以形成不同水平及质量的订购标准，影响着高校的管理过程。大学质量管理体系运作中最主要的过程是教育服务的有效循环，它直接创造知识、技能、能力，并使教育服务的价值增加。而整个过程最终指向消费者的满意度。为保证管理过程的连续性，学校设立对其结果进行评价的标准和方法，保证有足够的资金和信息支持，并对整个过程进行监测、测验和分析。此外大学质量管理体系运作中每个要素都有相应的质量指标，以便进行测查，且对入口条件、过程、资源和出口条件提出质量要求。

　　高校教育质量保障体系建设的好坏直接关系学生所受教育水平的高低，俄罗斯在高校内部教育质量保障体系建设上，不仅关心教育服务需求者的要求，而且也注重教育消费者的满意程度，体现了以人为本的教育质量理念。

　　总之，随着俄罗斯高等教育规模的扩大，以及高等教育市场化改革的逐渐深入，教育质量问题日益突出，国家、相关教育部门及学校自身都在积极寻求解决质量问题的最佳路径。俄罗斯全俄教育质量评价体系的构建以及高等教育质量各级标准体系及保障体系的发展和完善对这一问题的解决无疑是具有建设性意义的。

（二）国际测评对俄罗斯教育质量评价体系的反映

面对当今世界政治、经济及科学技术的迅猛发展，国际格局的变化，俄罗斯国内政治、经济体制的转型，以及新知识、新技术的不断涌现，俄罗斯自20世纪90年代以来就不断尝试对其教育体制进行全面的革新。进入21世纪以后，随着俄罗斯经济状况的好转和政治发展上的逐步稳定，其在教育领域变革的规模更为庞大，在内容上也更为深入，直接为其国家未来的发展着想，立足于国际水平，不仅在制度层面上实现与国际的接轨，而且要切实地在国际水平上争得更好的成就。

青年教育政策是俄罗斯近几年提出的一项涉及全俄范围的比较重大的政策措施，无疑该项政策主要是支持和援助俄罗斯天才学生，而这与其参与国际水平的竞争如PISA、TIMSS有着重要的联系。俄罗斯在PISA测验中取得的成绩如何与其国内对这些优秀青年的支持政策密不可分，而青年教育政策不仅体现了国家对青年一代的关心，为学生参与国际测验并取得好成绩提供支持，而且为其国家未来的发展积蓄智力资源。

为了评价教育改革进行的有效性，有必要对教育体系变化的趋势进行评价，以便为修正改革的方向提供基础，对世界各国教育质量进行国际监察可以促进这些方向的确定。因此，俄罗斯参与教育质量的国际比较研究具有重要意义：在国际文件中获得评价教育状况的资料，由此可以看出俄罗斯教育强和弱的方面，明确达到既定目标的路径。在教育质量评价中，特别关注自然-数学类学科。学生在数学和学科领域的较高成绩被许多国家看作是国家在基础科学和新技术领域具有竞争力的指标。

俄罗斯在国际比较监察中参与由国际教育成绩评估协会（IEA）下属的国际教育成就评价协会组织的数学和自然科学质量研究——TIMSS，可以体现俄罗斯初等和基础学校的数学和自然科学教育在国际标准下的发展趋势，并获得世界各国在大纲、教科书、对学生学习成绩的要求以及教学过程的特点等方面丰富的分析资料。这些信息的获得为国内专家改革教育内容、创建俄罗斯教育标准而采取适当的决议提供了可能，运用由世界著名专家制定的教育测量方法可以在俄罗斯创建更有效的符合世界标准的教育质量监察体系。

近些年，一些新的国际研究如TIMSS、PISA都是建立在IEA国际协会进行的理论和方法研究基础上的。TIMSS是第一个针对学校数学和自然科学教育质量的国际监察研究。其目的是对初等和基础学校的数学和自然科学教育的质量进行比较评价，每四年对四至八年级学生的教育成绩（作业、能力、对学科的态度、学习兴趣与动机）进行一次评价。

俄罗斯参与TIMSS研究主要由俄罗斯教育科学院教学内容与方法研究院的教育质量评价中心在俄联邦教育与科学部和教育组织管理机构的支持和参与下进行的，人才培养基金民族方案——《教育体系的改革》也参与此项工作。在许多国家，对参与TIMSS研究的学校的选择都是按照概率的方法从国家的所有学校名单中参考学生数量进行对照考察。由于没有国家统一的学校清单，俄罗斯对参与TIMSS研究的学校的筛选属于补充阶段——地区筛选。地区选择一定比例的学校（考虑学校和学生的数量），所有地区都进入国家筛选中，形成具有必要信息的地区学校列表，在此基础上，在俄罗斯教育科学院教学内容与方法研究院的教育质量评价中心进行国家层面的筛选，然后由国际协调中心确定。只有进行俄语教学的学校才能被列入筛选中。为参与TIMSS研究，俄罗斯筛选了63个地区，其中33个地区参与初等和基础学校数学和自然科学教育质量的研究；13个地区只参加初等学校的研究；17个地区参与基础学校的。[①]

国际测验结果的研究和分析是独立的。对研究结果统计分析后，以1000分的标准为每个学生打分。国际测验结果的等级于1995年确立，各参与国的平均分值为500分，2003年，平均分值在1995年的基础上有了一些变化，数学的国际平均分——四年级为495分，八年级为467分；自然科学的平均分——四年级为489分；八年级为474分。[②]

TIMSS测验内容的重点基本上都是参与国普遍的问题，对学生的数学和自然科学培养质量的评价具有诊断和预测价值，并适应现代社会的需求。但在研究中也会遇到一些问题。如在作业内容上就会有某些不太符合各参与国的大纲内容。对俄罗斯来说，这种区别较其他许多更大，因为俄罗斯初等和基础学校的教育大纲，不论是数学的还是自然科学的，在名称和对学生培养的要求上与其他多数国家都有本质的区别。俄罗斯主要学校的大纲（在名称和学习水平上）基本上能保证顺利完成国际测验中的多项任务。但是，俄罗斯八年级学生不能获得展示其在传统的管理体制下所掌

---

① Галина Ковалева.Международное исследование TIMSS[J].Народное образование，2005（09）：36.

② Галина Ковалева.Международное исследование TIMSS[J].Народное образование，2005（09）：37.

握的重要技能水平的机会。另外，在国际测验的数学科目中的很多五至六年级的作业资料没有展现。这样必须对比较研究的结果进行解释，不仅从俄罗斯大纲的角度评价俄罗斯学生自然科学和数学的培养，而且要从传统的形成的角度以及优势上来看。

通过对俄罗斯数学与自然科学成绩的国际测验的研究结果得出以下结论。

1.在所有研究领域（不论数学还是自然科学）俄罗斯学生的成绩（初等学校毕业生和八年级学生）都超过国际平均分。这表明俄罗斯学生掌握数学和自然科学内容上处于非常高的水平。

2.大约70%俄罗斯八年级的学生和大约75%初等学校的毕业生在研究中突出地表现出了平均和更高的数学和自然科学水平。

3.与前两个阶段相比（1995年和1999年），2003年俄罗斯基础学校的成绩，不论是数学还是自然科学上，都表现出一系列消极的趋势。俄罗斯八年级学生完成国际测验的平均成绩明显下降。2003年数学平均分只有508分，1999年和1995年分别是526和524分。比较三个阶段完成作业测验的平均结果表明，测验的平均指标的下降是由于数学和自然科学整体培养水平下降，而不是掌握某种具体问题的水平的降低造成的。

韩国、美国、立陶宛、拉脱维亚等国在1995到2003年间在数学和自然科学成绩上有很大的提高，而比利时、斯洛伐克、挪威同俄罗斯一样，数学和自然科学成绩与往年相比降低了很多。

4.在从初等学校向基础学校过渡的过程中，俄罗斯学生的学习成绩普遍下降。无论取得令人满意的成绩，还是达到较高水平修养的学生的数量都减少了，俄罗斯学生在国际水平上的平均分都降低了——数学从532分降到508分；自然科学从526分降到514分。这说明基础学校的学习效率存在严重的不足。

5.通过对各国教学大纲的比较发现，虽然相互间有很大的差别，但是各国包括俄罗斯都表现出了较高的成绩，具有一定的普遍特征。与世界发达国家不同，俄罗斯的教学大纲很少关注知识和技能的实际运用。将国际测验的结构和内容与俄罗斯及其他国家的教学大纲相比较表明，俄罗斯初等和基础学校的数学和自然科学大纲在名称和对学生培养的要求上与多数国家有区别，这也导致国际测验与俄罗斯的教学大纲的差别要比别国的大，进而影响到俄罗斯学生的成绩。

6.经分析发现，大纲以外的作业测验并没有对国际测验成绩产生大的影响。虽然俄罗斯初等学校毕业生完成国际测验中的数学作业部分的平均比例与掌握俄罗斯教学大纲的成绩相符，完成所有作业测验的平均比例超过10%，但这并没有使俄罗斯在国际测验中成为领先国家。

7.分析各国组织数学和自然科学科目教学大纲的特点发现，与别国相比，俄罗斯教师更多地将精力放在了管理学生作业上（用在自然科学上的约15%，数学上约20%），课堂上也有一部分时间用于检查学生的家庭作业，并且，几乎所有俄罗斯的教师（97%）几乎每堂课上都留家庭作业，这样做的结果就是减少了组织学生接受各种新知识的活动的时间，俄罗斯在课堂上用于这方面的时间占35%，而英语国家占45%。

8.国际测验还有一个重要部分就是分析影响学生教育成绩的因素。研究发现有两个因素对学校的工作效率有决定性作用：学生的家庭状况和学校。在俄罗斯，学生家庭的社会地位对其学习成绩有很强的影响。此外学校的分布状况也会对学生的学习成绩有重要影响。

通过国际测验结果可以看出，俄罗斯在国际水平的测验中既有优势，也存在不足之处。但是，俄罗斯很重视参与这些国际测验，从其为此而实施"青年专向大纲"就可以看得出来，他们认为通过测验结果可以看到其教育体系的强项和弱势，为更有效地达到国际水平的目的而不断改善自身的教育体系。这也是从国际水平上对其教育质量体系进行评价的重要表现，而在教育质量上以国际水平为标准也足以说明一国对于教育的重视程度。

教育体系质量的好坏对于改善高级人力资本状况至关重要，从而对一国财富的创造以及国家竞争力的提升具有重要意义。随着俄罗斯高等教育规模的扩大，以及教育市场化改革的逐渐深入，教育质量问题日益突出，俄罗斯政府、教育部门及高校都在积极寻求解决质量问题的最佳路径，以培养出更多满足社会和国家需要的高级人才。暂且不说这些措施的成效如何，仅就其在这方面所投入的精力和重视程度也值得别国借鉴。

二、国家教育标准的不断改善

标准（英文为standard）这一概念是规范、示范、准则之意，其主要意义在于组织和调整从事满足社会需求的、具有特殊性质和质量的产品生产的人的关系与活动；标准化（标准的制定和执行）是按步骤地实践、随着社会要求和历史变化而系统化的客观和必要的活动；教育标准被理解为反映社会的意志、作为国家教育水平规范的基本参数体系。①按照联合国教科文组织的定义，在狭义上，教育标准是对学习结果的要求，教育计划则帮助学生达到标准规定的结果。在广义上，教育标准是对学习水平的要求，它关注教育计划所有特征的目的达成，学生与教师的关系、教师的水平、必要的教科书、物质技术基础都在教育标准的范围。教育标准的广义概念实际上就是教育质量的同义词。

教育标准作为一种新的社会和教育现象是伴随对教育的有序、多样的形式和类型的需求而产生的。国家教育标准是20世纪80年代末90年代初在俄罗斯和其他国家成为具有现实意义的问题的。多数国家都将教育体系的标准看作是学生能够达到的学习的水准，标准是通过对教育过程的要求体系、指向于个人发展的结果评价实现的。在西方国家，标准是由权力机构领导下的科学组织制定的，由国会来确定教育的基本目的和原则。这样就形成了一个要求体系，它主要解决两个任务：在国家层面上确定教育的基本部分，创建统一的教育空间；给予地方机构和教育机构保护自己利益和需求的权力。教育机构和教师有机会参与教学计划、大纲的制定及确定教育内容。在比利时、挪威、芬兰、德国、英国、意大利、荷兰、美国、加拿大、日本、韩国、澳大利亚等国家，官方文件中都有"使用标准"这一概念；在奥地利、法国、瑞士等国家虽然在教育领域出现过"标准"这一概念，但是在官方文件中并没有。俄罗斯的国家教育标准是国家为了形成统一的高等教育空间而实行重要的教育政策，以一系列官方文件的形式确立。

教育的标准化问题在苏联时期并没有确立，因为当时中小学校有统一的教育大纲，每个学科都有统一的教科书，学校自身能保证学校的标准化和保护统一的教育空间。现在俄罗斯的状况发生了变化，在教育大纲可以进行选择的情况下，教育标准必须作为个人、社会和国家确定对教育结果的要求的中间要素。

为保证统一教育空间、提高普通教育质量，1992年的《俄联邦教育法》提出制定和实施俄罗斯国家教育标准，对"教育标准"和"教育大纲"进行了重新界定。《俄联邦教育法》第一章第7条规定，俄罗斯国家教育标准包括联邦部分和民族区域部分（也叫国家标准的联邦成分和民族区域成分），由联邦各国家政权按其职权范围确立国家教育标准的联邦部

---

① Елена Разумова.Стандартизация образования——одна из болевых точек образовательной политик и [J].Народное образование，2008（05）：34.

分，并按必要程序由联邦部分规定各基本教育大纲的最低必修内容、受教育者负担的最高限度以及对毕业生培养水平的要求。在第二章第9条中指出，教育大纲主要规定一定教育层次和专业方向的教育内容，分为普通教育大纲和职业教育大纲两种。①

（一）普通教育国家标准

俄罗斯政府分别于1997、2001、2004年三次颁布普通教育国家标准（或草案），体现出通过制定国家政策来规范教育内容、提高教育质量的意图。但是，前两次颁布的普通教育国家标准在制定过程中争议较大，颁布之后又欠缺可操作性，都不是很成功。2004年颁布的普通教育国家标准相对较为成功。2004年颁布的普通教育国家标准由三部分组成：联邦部分、地区（民族）部分以及学校部分，其中联邦部分是标准的基础部分。其目的在于更新普通教育内容，使其符合国家发展和现代化的要求。

在普通教育国家教育标准中，联邦成分占75%，地区成分和学校成分各不超过10%。新教育标准把减轻学生的学习负担作为一项重要内容，学习任务从按周分配改为按年分配，规定的教育内容与目前学生学习的教育内容相比：在初等普通教育阶段减负20.1%，基础普通教育阶段减负18.2%。②根据64个地区进行的问卷调查，97%的教育工作者认为，新的基本教学计划方案能促进学生负担的规范化。新教育标准的实施将通过重新分配各科目中的重复内容、把较狭窄的科目移至侧重性专业学校、完善教学过程来使教育过程中的负担量减轻，并要求增加外语（从二年级开始学习）和信息学的课时，以及开设经济学和法学课程。

联邦基准教学计划是以普通教育国家教育标准的联邦成分为基础制定的，它是制定地区的（民族—地区的）教学计划和教育机构的教学计划的依据。在联邦基本教学计划中规定了学习普通教育国家教育标准之联邦细则的各门教学科目的学时数量。分别对以俄语为教学语言的教育机构和以母语（非俄语）为教学语言的教育机构提供了按传统（按周）分配学时的示范教学计划。

2007年，俄罗斯教育科学院以康达科夫·亚历山大·米哈伊洛维奇为首提出了《普通教育标准——普通教育国家标准构想》的新一轮讨论方

---

① 吕达，周满生.当代外国教育改革著名文献（苏联—俄罗斯卷）[M].北京：人民教育出版社，2004：226，228.

② 石少岩.俄罗斯普通教育国家标准研究[D].首都师范大学，2007：27.

案。方案主要包括三个部分。①

1.普通教育国家标准构想基本状况。在新的国家教育标准中顾及了国家、社会、个人三个方面的需求，将教育标准看作是一种契约或协议，如图4-11。

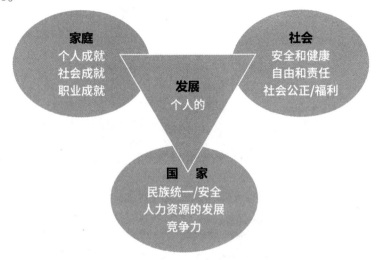

图4-11　作为社会契约（协议）的标准

资料来源：Российская академия образования.Стандарт общего образования концепция——государственного стандарта общего образования（проект для обсуждения）[S].Москва，2007.

新一代国家教育标准的意义与功能是：保证公民获得货真价实教育的权利；保护国家统一的教育空间；提高教育质量；保证各级基础教育大纲的连续性；标准（规范）-评价的功能；提高评价的客观性；为了个人的发展而保证教育的人文化和机会平等。

2.普通教育国家标准构建模式（标准的主要组成部分和组成部分的结构）。俄联邦政府可以选择和采用不同法律模式的标准：第一种模式——由俄联邦政府法令作为统一文件制定标准；第二种模式——由俄罗斯教育与科学部法令确定标准；第三种模式——作为地区部门规范的法律体系而采用的标准。也可以有补充的地区或学校制定的标准要求，但是这些补充要求不能作为对毕业生进行结果性鉴定的根据。另外，针对基础普通教育

① Российская академия образования.Стандарт общего образования концепция——государственного стандарта общего образования（проект для обсуждения）[S].Москва，2007：46.

大纲实施条件的同步规范要求（如图4-12）。

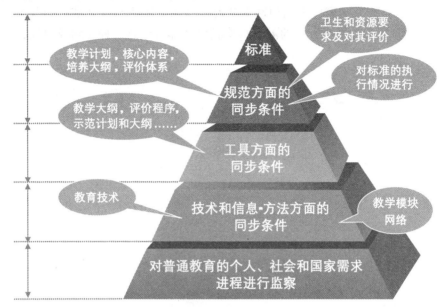

图4-12　基础普通教育大纲实施条件的同步规范要求

资料来源：Российская академия образования.Стандарт общего образования концепция——государственного стандарта общего образования（проект для обсуждения）[S].Москва，2007：22.

3.制定、巩固、引入和管理标准的执行。由俄罗斯教育监察部、教育管理机构和教育机构根据学生掌握初等普通教育、基础普通教育和中等（完全）普通教育的结果进行管理。不论在监察过程中，还是鉴定程序中，符合计划、实施和预期结果的评价都可以作为管理的基础。对义务普通教育阶段学生成绩的检查是在绝对条件下进行的，主要在解决有关掌握教育大纲的成绩方面的问题时对学生进行个人鉴定。对基础普通教育大纲实施条件的执行情况的管理首先在教育机构的鉴定过程中实施。

（二）高等教育国家标准

俄罗斯高等教育国家标准规定了高等教育的结构、文凭、对高等教育计划和计划实施条件的一般要求、学生学习负担的标准，大学的学术自由，对高等教育培养方向提出要求，并制定国家管理规则等。俄罗斯的高等教育国家标准主要由教育标准、培养方向及专业名录和相应的示范性教学计划组成。近几年来高等教育国家标准中变化较大部分的体现在其对高等教育课程和专业的设置方面。

20世纪90年代初，正值苏联刚刚解体，国家还尚未完全步入良性发展轨道，青年培养体系也遭到严重破坏，在这种情况下，教育标准在教育机构中发挥了重要作用，特别是在学生的培养方面。鉴于教育标准在高等教育发展过程中所发挥的重要作用，20世纪90年代以来，俄罗斯仍将国家统一制定教学大纲、教学计划作为实现课程改革的主要路径，于1994年颁布了第一版《高等职业教育国家教育标准》（以下简称《国家教育标准》）。2000年进行修订后推出了第二版《国家教育标准》，对各学科专业的最低内容标准和培养水平等都做了规定。同时，《国家教育标准》也准许高校在课程选择、教学组织等方面拥有一定的自主权。

现在，俄罗斯高校大都在使用第二版《国家教育标准》。在标准中高校的课程被划分了四大类：普通人文和社会经济课程、数学和自然科学课程、专业基础课程、专业课程，此外还有独立的选修课程这一模块。随着俄罗斯在行政体制上逐步实施权力下放的政策，其高等教育课程也包括联邦、地方、高校三个层次。1992年，俄罗斯实施高等教育层次结构改革后，在新的层次结构中，组成高等教育培养大纲的基本结构单位除了传统的"专业"（специальность），还引入了新的结构单位——"学习方向"（направление обучения），这也要求高校在课程设置上进行相应的调整和变化。

这样，方向和专业培养目录便成为俄罗斯高校教学的基础。国家教育标准对高等教育的专业和方向做了具体划分，为配合高等教育的层次结构改革，在国家教育标准中对一些重复的或已不符合市场需要的教育大纲进行了适当的合并。第一版《国家教育标准》中就已经列入了高等教育的方向和专业目录。第二版《国家教育标准》也对高等教育的专业和方向目录做出了相应规定，包括以下一些内容：（1）高等职业教育方向目录最初所列的97个方向是按照知识领域划分的，这些方向适用于国家教育标准中的两种学制结构——4年制学士和6年制硕士；（2）专业目录是按组划分的，适用于学制5至5.5年的文凭专家；（3）技术和工艺领域文凭专家的方向培养目录由78个方向构成，其下面还具体划分了305个专业，在国家教育标准所确定的多级大纲培养体系中，人文和自然科学也按照这一方案实施。这样做的目的是为了保护传统的按专业培养的模式。2007年5月16日，俄罗斯国家杜马通过的《关于引入两级高等教育体制的法律草案》规定，已有的530个专家培养方向（即按专业培养）将被缩减到130至150个；120个学士大纲（即按学习方向培养）将被裁减至60至100个，以便最大限度地拓宽学生的专业面。

现在俄罗斯高等教育领域存在的一个非常尖锐的问题就是，高等职业教育标准越来越不能够适应社会和劳动力市场的要求及世界高等教育发展趋势。俄总统在一次大会致辞时表示：应该适时地将教育标准贯彻到实践领域，以及使教育内容符合世界标准，政府应该对教育大纲的内容改革负起责任，并与商业界和社会各界代表联合培养社会所需要的人才。由此可见，高等教育领域的这一问题已经被提升至国家层面。2006年10月，俄罗斯教育与科学部委员会议提出，为出台第三版《国家教育标准》而对高等职业教育的方向目录进行审查。现在，俄罗斯高校正积极地参与第三版《国家教育标准》的讨论与制定事宜，该项工作的一个主要方向就是策划高等职业教育方向和专业目录，而确定方向和专业目录时所应遵循的一个基本原则就是，既要保证高等教育的基础性，又要考虑到实际应用性。俄联邦教育与科学部委员会在2007年2月1日发布了关于按照劳动力市场的要求和国际高等教育发展趋势制定新一代国家教育标准，以及逐步向两级高等教育过渡的决定。①

寻求制定新的高等教育标准以及宽泛的培养方向目录的方案和路径已成为俄罗斯教育与科学部及各个高校工作的一个重要方面。俄罗斯教育与科学部按照有关多级高等教育的法律，对大纲中的专业划分工作给予了充分重视，这些研究同时也是在联邦教育发展专项大纲的方案及2005—2006年《高校科学发展的潜力》部分分析大纲框架下展开的。在方案的实施过程中，俄联邦教育与科学部还积极吸收了俄联邦很多著名高校的创新团体加入，并创建了一些由著名学者参加的工作小组。

俄罗斯学者谢纳申科（В.Сенашенко）、哈林（В.Халин）、库兹涅佐娃（В.Кузнецова）是上述改革方案的主要拥护者，他们联合发表了关于将高等职业教育方向目录作为第三版国家教育标准组成部分的文章。其中一位作者曾是俄联邦教育与科学部的重要工作人员，并参与过高等教育内容改革方面的讨论。因此，他们的提议还是具有举足轻重的作用，所发表的文章也具有一定的权威性的。在方向与专业目录的建议方案中，提出了只保留17个专业领域的建议。与以往相比，该建议中专业目录的数量缩减了近30倍（原有500多个专业），削减掉的专业目录中近一半是工程领域。②

---

① Н.Розина.О разработке нового поколения государственных образовательных стандартов[J]. Высшее образование в России，2007（03）：36.

② В.Сенашенко,В.Халин,В.Кузнецова.о перечне направлений ВПО как составной части ГОС третьего поколения[J]. Высшее образование в России，2007（03）：47.

如此大规模地削减专业目录，目的在于打破传统的高等教育结构，尤其是高等工程教育一直以来占据主导地位的状况。

近几年，俄罗斯高等教育中除医学、服务和信息安全学科领域外，几乎所有学科领域都被允许进行学士和硕士的培养。但新制度在实践中并不被看好，文凭专家培养大纲占84.2%，学士培养大纲占11.7%，硕士培养大纲占4.1%。按学士培养大纲学习的学生毕业后能拿到学位的人大概只有10%。尽管如此，俄罗斯高等教育的学制结构仍然使学士-硕士培养大纲与文凭专家培养大纲并行存在。

更新高等教育专业与方向目录的主旨在于提高教育质量，但是，目前新的目录更改方案还没有达到这一目的，反而在适当地扩大培养方向和排除传统的专业培养作为唯一结构单位之间产生了矛盾。也有人质疑，通过撤销高校的基础性学科来拓宽专业和方向目录，只能导致基础性科学的继续缩减和将来无法扭转的落后局面。一项新的改革措施能否顺利运行，是与其实施的最初条件相关的。现在俄罗斯高等教育的实际状况是，大多数高校还是按五年制专家培养大纲培养学生，只有少数高校被批准按新的模式进行改革。也就是说，迅速而全面地向多级高等教育体制过渡（大规模地对大学生实施四年制学士教育，对1/5左右的学生实施硕士教育）会给高校造成紧张的局势，并且还可能会导致国家整体教育水平的下降。对于是否彻底取消传统的专业培养体制还要逐步地在实践过程中论证。

总的来说，俄罗斯对国家教育标准的反复更新和修订，反映了其教育改革的时代性，即随着时代的发展变化、社会需求的改变而进行相应的改革。知识经济时代对人才的需求更加多样化（如图4-13），不仅需要掌握必要的知识和技能的学生，还需要其能够适应社会变化、满足国家发展的需要。另一方面，俄罗斯不断地完善和改进国家教育标准的内容，也表明了其对教育质量问题高度关注。国家教育标准是从国家层面对教育质量的规范，其对教育大纲最低必修内容、受教育者负担的最高限度以及对毕业生培养水平的要求本质上都是教育质量的反映。教育质量是教育发展的关键指标，高质量的教育培养出高质量的人才，高质量的人才是社会进步和国家发展的重要资源。

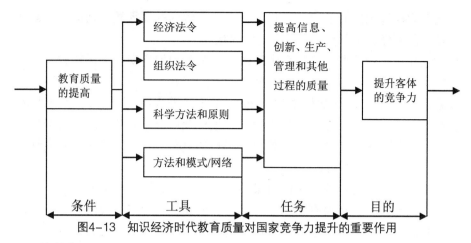

图4-13　知识经济时代教育质量对国家竞争力提升的重要作用

资料来源：Р.А.Фатхутдинов.Конкурентоспособность：Россия и мир 1992—2015[M].Москва：Экономика，2005：297.

三、大学排名体系建设

排名（等级，рейтинг）是以反映竞争环境下人类活动的不同领域发展的状况和前景为研究对象的资料的系统化的方法，如今已经成为对客体进行排序的普遍方法。不同研究者按照自己的评价方法对客体进行排序是较为常见的形成排名的方法，因此，不论在俄罗斯还是其他国家都存在大量的排名体系，包括在高等教育领域。

俄罗斯高等教育机构的排名非常普遍。首先这与政府改革民族高等教育体系的计划，以及为了对不同的高校进行分类有很大关系；其次，社会对高等教育的更多需求和智力劳动力市场对专家的需求增长，在科学和教育不断商业化的条件下，出现了大量为高校投入资金、为自费学生提供贷款支持的投资者，他们需要关于各类高校的研究水平和教育服务质量的客观数据，以便作出专门投资的决议；最后，在科学和高等教育一体化的过程中，在科学和教育领域国际合作包括欧洲的"博洛尼亚进程"的发展中，国外的高校也需要掌握有关俄罗斯高校的信息。上述原因决定了对俄罗斯高校进行排名的必要。

现在，关于高等教育机构的排名模式有很多种，较为常用的是制度排名，即根据一定的标准和指标，按照对高等教育机构的整体评价结果对高校进行排序。制度排名中，各个高校都可以参加，不论其在科学研究和专家培养方面的状况如何。还有一种是按类型形成高校的制度排名，如传统高校、技术高校等。或者按不同的领域，如工程类高校、医学类高校、师范高校等。以下就介绍教育部门、高校和相关组织所设计的高校排名体系。

（一）俄联邦教育与科学部的高校排名体系

俄联邦高等教育部（苏联时期组建）在20世纪60年代末70年代初首次形成了高等教育机构的制度排名，自1972年开始采用创建出来的排名体系一直沿用到今天。[①]但是，1990年由于社会经济条件的变化而发生了本质上的改变。2001年，俄联邦教育部出台的法令确定了为俄罗斯高校的官方排名收集和整理信息的方法，每年都公开发表。

现在俄罗斯高校的官方排名是按类型分类的：传统大学、技术高校、医学高校、师范高校等，在排名体系中运用两大指标：高校的潜力和积极性（如图4-14）。

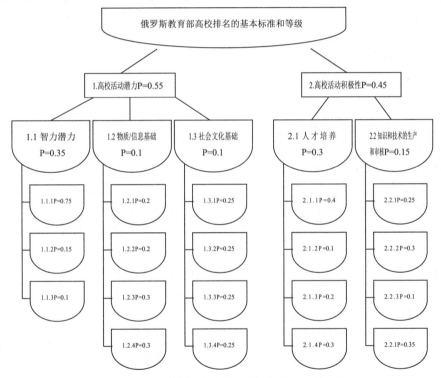

图4-14　俄罗斯高校官方排名等级系数（P）对照图

资料来源：Ю.Похолков，А.Чучалин，Б.Агранович，С.Могильницкий. Модели рейтинга вузов и образовательных программ[J].Высшее образование в России, 2005（11）：5.

————————————

① 　Ю.Похолков,А.Чучалин,Б.Агранович，С.Могильницкий.Модели рейтинга вузов и образовательных программ[J].Высшее образование в России，2005（11）：5.

对照说明：

1.高校活动潜力

1.1智力潜力

1.1.1教师-教授组成人员的技能

1.1.2教师-教授组成人员的前途

1.1.3与高校科学、学术的联系

1.2物质和信息基础

1.2.1教学-实验设施的保证

1.2.2工具器材设施的保证

1.2.3计算机设备的保证

1.2.4图书馆资源的保证

1.3社会文化基础

1.3.1学生宿舍用地的保证

1.3.2公共饮食的保证

1.3.3疗养-预防设施的保证

1.3.4体育设施

2.高校活动积极性

2.1人才培养

2.1.1专家培养

2.1.2研究生

2.1.3研究生培养的效率

2.1.4高技能人才的培养

2.2知识和技术的生产和审核

2.2.1国家对科学研究的定购

2.2.2应用科学的竞争力

2.2.3教学参考书的生产

2.2.4教学-生产活动的竞争力

在对高校所提供的数据进行整理以后，对高校的学生数额形成一个确定的标准，将每一组参数与最大数值进行比较，增加相应的等级系数。在确定了高校潜力和积极性的结果性参数以后，将它们的比率作为高校活动效率的指标，也就是排名体系的基本标准。在工程类高校的排名体系中，大约150多所俄罗斯技术大学、学院都采用了这种方法。

俄罗斯高校的官方排名模式主要建立在统计学和数量指标上，所获取的信息量大，也比较客观。所有参与排名的高校都会为俄联邦教育部提供可靠的信息，这也是这一模式毋庸置疑的优势。不足之处就是对高校活动评价的形式化，缺少关于学习条件、各专业毕业生就业前景、毕业生对高校培养质量的意见等灵活的信息。

在对高校进行制度排名的同时，俄联邦教育与科学部还形成了按专业对高校的排名，其在方法上与制度排名相似。从形成国家对高校为不同经济部门所培养的专家的定购来看，高校专业排名对俄联邦教育与科学部来说非常重要。同时，这对于未来大学生在高校获得具体的专业教育也非常有益。但是高校专业排名因为包含的信息量较大而不对外公开。例如对工程类高校的排名就划分了三百多个技术和工艺领域的专业。

（二）技术大学联合会的排名

1991年，在莫斯科鲍曼高等技术专科学校、多姆斯科技术学院及俄罗斯其他一些高校的积极参与下，制定了高校排名模式并形成了国家技术大学的标准，这些后来在将一百多所工程高校改革为技术大学时得到了运用。该模式1995年由技术大学联合会正式创建。

技术大学联合会的排名模式区别于官方模式，因为在其排名模式基础上还有实施广泛的自然科学、工程、技术、经济和人文方向的专家培养的技术大学的标准。

技术大学联合会的排名模式与俄联邦教育与科学部官方排名模式相似，其优缺点也一样。

（三）《前程》杂志对俄罗斯高校的排名

2000年起，《前程》（《Карьера》）杂志社建议所有的俄罗斯高等教育机构都参与国家百所最好高校的排名，其对高校排名体系的设计，如图4-15。

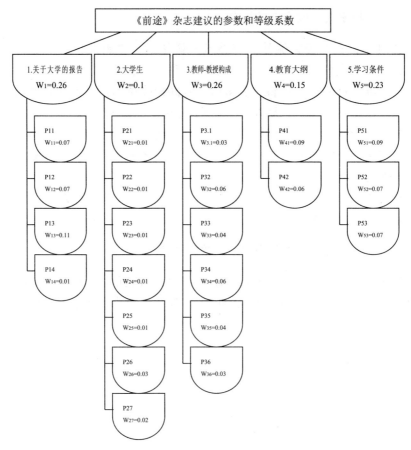

图4-15 《前程》杂志排名等级系数（P）对照图

资料来源：Ю.Похолков，А.Чучалин，Б.Агранович，С.Могильницкий. Модели рейтинга вузов и образовательных программ[J].Высшее образование в России，2005（11）：10.

对照说明：

1.高校的形象特征

1.1高校的公共评价指数

1.2俄罗斯报刊中提到的次数

1.3高校的国际认可指数

1.4往年对高校的竞赛

2.大学生的特征

2.1对中学应届毕业生的学校鉴定的平均分

2.2往年夏季会考的平均分

4.学习大纲的特征

4.1学习大纲的更新指数

4.2补充教育大纲指数

5.学习条件的特征

5.1往年每个大学生用于学习的总花费

5.2每个大学生的高校图书基金

5.3每个大学生的教学用地面积

5.4每个住宿大学生的住宿面积

2.3往年毕业生考试的平均分

2.4往年获得优秀证书的毕业生比例

2.5往年考取研究生或硕士生的毕业生比例
2.6往年毕业后按专业就业的毕业生比例
3.教师-教授构成的特征
3.1每百名大学生拥有教师数
3.2科学副博士和博士占教师总数的比例
3.3在编教师完成的教学工作量
3.4国家科学院通讯院士实际人数
3.5最近五年高校答辩人员数
3.6最近五年撰写专著人员数

5.5每个大学生的室内体育
　　设施用地面积
5.6每十名大学生使用计算
　　机数

　　运用所列参数相应的最低和最高值，即从1至10分的评价等级来确定每个参数的分数。高校的最后排名取决于每组参数按等级系数计算的总分。首先按类别确定高校的排名：传统大学、技术类、经济类、医学类高校等，然后将确定的100所高校的成绩（不论其属于何种类别）列入总表。2004年俄罗斯有一百多所高校参加了《前程》杂志社的排名活动。

　　《前程》杂志社的排名模式与前两种模式相比更倾向于社会和个人，它对于那些选择大学获取高等教育的未来的大学生来说是非常必要的信息。但这种排名模式所获得的大量信息和数据是主观的，没有吸取高校大学生和毕业生、学术共同体的意见，缺少对决定高校专家培养质量的教学过程评价的科学基础。

（四）俄罗斯工程教育协会排名的新模式

　　1992年创建的俄罗斯工程教育协会（ＡИОР）作为高等教育机构的联合会，于20世纪90年代末形成了技术高校的排名体系。1999年俄罗斯工程教育协会变为全俄社会组织，其成员包括学者、大学教师、工程师、工业领域的代表、商人等，它在俄罗斯六十多个地区设有自己的分部。

　　俄罗斯工程教育协会的使命是发展国家的工程教育和工程实践，包括创建国际承认的俄罗斯技术和工艺领域教育大纲的社会-职业的质量评价和认证的国家体系。俄罗斯工程教育协会针对实施技术和工艺教育大纲的高校制定新的俄罗斯高校排名模式，按照培养专家的倾向对高校进行排名：动力学、电子技术学、电子学、汽车制造、材料学等。排名主要指向两个方面：一方面是有潜力的大学生为在一定领域获得高质量的工程教育、为了就业后能得到相应的收入和有前景的职业而进行选择；另一方面是投资者，首先是为高校学生提供贷款，实施高质量的教育大纲，并保证必要的投资条件，获得一定的收益。

俄罗斯工程教育协会创建的高校排名模式是按照高校活动的资源、过程和结果三组参数，在从不同方面获取的信息的基础上形成的。（如图4-16）

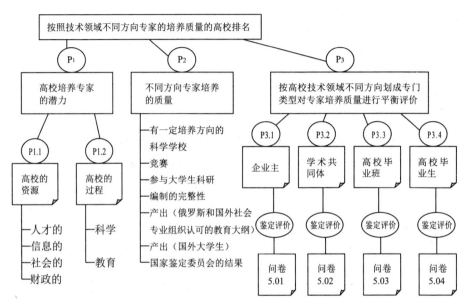

图4-16　俄罗斯工程教育协会高校排名指标图示

资料来源：Ю.Похолков，А.Чучалин，Б.Агранович，С.Могильницкий. Модели рейтинга вузов и образовательных программ[J].Высшее образование в России，2005（11）：17.

对照说明：

高校的资源

1.1人才资源

1.1.1接受面授教育的每100名大学生对应教师数

1.1.2接受面授教育的每100名大学生对应科学副博士、副教授数

1.1.3接受面授教育的每100名大学生对应科学博士、教授数

1.1.4接受面授教育的每1000名大学生对应俄罗斯及其他国家科学院院士数

1.2信息资源

1.2.1每名全日制学生的图书基金

1.2.2每名全日制大学生拥有计算机和计算机站点总数

1.3社会资源

1.3.1省外大学生的住宿保证

1.3.2接受面授教育的每名大学生拥有的室内运动场地

1.4财政资源

1.4.1每1000卢布对应每名接受面授教育的大学生的大学预算

高校的教学过程

1.5教育活动

1.5.1获得俄罗斯社会专业认证的教育大纲的比例

1.5.2获得国外认可的教育大纲的比例

1.5.3参加大学生科研工作的面授学生数

1.5.4高校拥有的实际的有区别的专家培养质量体系

1.5.5针对面授学习形式学生的竞赛

1.5.6高校中外国学生的比例

1.5.7接受面授教育的大学生的定额保证

1.6科学活动

1.6.1每个科学-教育工作者科学研究的规模

1.6.2最近三年每100名科学-教育工作者中参加答辩的副博士人数

1.6.3最近三年每100名科学-教育工作者中参加答辩的博士人数

1.6.4参加科学研究工作的教师的比例

大学排名在一定程度上反映了高等教育的质量,因为其所涉及的指标中包括了大学的财政和物质资源、师资与教学、教育产出及科研水平等反映高等教育质量的成分。大学排名是高等教育质量保障体系中重要的外部保障形式,是对其他高等教育质量保障措施的重要补充。俄罗斯不同组织和部门包括高校自身所设计的不同形式的大学排名体系各有特色和不同侧重,总体上反映了其对高水平的高等教育质量的期望,对高校自身的发展和成长具有重要的推动作用,为高校培养更多高技能人才创造条件,有助于从整体上提升高等教育的竞争力。

总的来说,本章主要从宏观教育政策、人才培养变革、教育发展的核心要素——教育质量等三个方面阐述教育发展可能对国家竞争力产生的影响。虽然这三个方面不能直接引起国家竞争力的变化,但却是教育对国家竞争力产生积极影响的必要条件或者说是潜在力量。首先,一个国家的宏观教育政策直接主导着整个教育体系的发展方向，当国家教育政策指向国民素质的提高，指向创新人才的培养，指向国家竞争力的提升时，整个教育领域的变革就会紧紧围绕这一任务展开，同时也会给予教育系统更多的关注，提供更多的物质援助和精神支持，这是教育体系得以顺利发展、取得积极成效的有力保障。其次，人才培养上的变革是整个教育体系改革的核心问题，不论何种形式、何种方式的变革，其最根本的目的都是为了培养出能为国家发展服务的高素质、高技能、具有创新精神的人才。教育体系的发展水平、人才培养质量的高低离不开教育质量体系的建设，建立一个完备的、有效运营的教育质量保障和评价体系是整个教育体系发展的关键，也决定着整个教育体系成就的取得。这三个方面既是提高教育体系竞争力的关键要素，同时也是决定教育发展对国家竞争力能否产生积极影响的重要前提。

Education Development on National Competitiveness in Russia

—— · 第五章 · ——

俄罗斯教育发展对其国家竞争力产生影响的现实性分析

如果说教育政策的引导、人才培养的变革、教育质量体系的建设还只是教育发展对国家竞争力产生影响的潜在要素，那么，通过大量的教育统计数据所体现的教育体系所取得的实际成绩则可以为此提供更为直观的依据和有力的证明。本章主要通过俄罗斯在普通教育体系及高等教育和科研发展方面所取得的成绩来研究教育发展对国家竞争力的影响这一问题。

第一节　俄罗斯教育发展指标分析

　　教育的发展不仅依赖于教育实践，也依赖人们对教育的认识和评价，特别是对教育进行全面、深入的评价也是衡量教育发展水平的重要手段之一。教育发展指标体系即是通过诸多的教育指标要素来全面地对教育水平和教学质量进行评价的重要方法之一，为未来教育发展的方向和发展路径提供参照和依据。

一、教育发展指标的界定

　　近年来，教育已经成为世界上许多国家的首要发展指标，同时教育也成为一个国家发达程度的衡量标志。[①]由于教育系统的复杂性、全球化、信息化和公共性，使得作为汇集教育数据、监测教育发展和支持教育决策的教育指标在20世纪80年代逐渐成为国际社会进行教育研究的一个重要领域。

　　教育指标是检测一个国家或一个地区教育发展状态的工具，它（主要）对教育系统进行量的描述。我国台湾学者孙志麟教授给教育指标下了一个更为全面的定义：教育指标是衡量教育系统状况或表现的一种统计量数，提供相关的教育信息，据以理解或判断教育发展的程度，它可以显示或反映教育系统的发展特征、健康情形和变迁趋势。[②]教育指标具有很强的目的性，它主要关注教育系统的关键特征，要求能够进行某种目的的比

---

① 张愚.教育与GDP的统计分析[J].消费导刊，2008（04）:170.

② 转引自邬志辉.教育指标：概念的争议[J].东北师大学报（哲学社会科学版），2007（04）:120.

较，并与教育政策相关。[①]教育指标将教育政策同教育发展结合起来，不仅有助于教育财政计划的安排，也有助于对一国或地区教育发展状况的评价。通过数据的比较，可以使各国政府比照别国的绩效来认识自身的弱点，也发现自己在激烈的竞争中具备的长处。[②]因而，各国（级）政府和世界组织、学术机构纷纷对教育指标进行分析和研究，描述和比较全球教育和人力资源状况。如OECD、世界银行、UNESCO等。其中OECD是发布教育指标最为频繁也最具前瞻性的国际组织，它以指标的完备性、数据的准确性、概念的严格性等特性而著称，其所制定的教育指标已相当规范，指标体系框架也比较成熟。

通过对OECD教育指标体系的分析可以为本书构建合理的教育指标提供参照。OECD教育指标体系的基本框架由"情境—过程—结果"三个方面的要素组成，这类似于经济生产过程中"投入—生产—产出"。OECD最初还设想了三者之间的因果关系，因为一方面OECD本来就是研究全球经济活动的组织，它更习惯于从效率和效益的角度对各种问题展开分析；另外借助因果分析能更好地找到各种教育问题的成因所在以及预测各种变革的趋势。但是，对因果关系的强调极易导致对教育指标效力的高估，从而误解或遗漏一些重要的问题。[③]兰德（Rand）就曾通过对数学和科学指标的研究指出，并不存在有严格的预测能力和因果意义的指标模式，教育指标框架只能提供学校教育系统内在要素的各种逻辑关联。[④]因此，在OECD教育系统指标项目（INES）的第二阶段，研究者虽然仍旧沿用了"情境—过程—结果"的总体框架，却淡化了其中的因果联系。

OECD所构建的教育指标体系不局限于教育内部，而且从整个社会、经济、文化和人口发展的大系统出发对教育进行描述和评价。不仅对教育的效率、结果（如学生学习成绩、个人和社会收益率、对劳动力市场的影响和对就业、失业的影响等指标）等进行研究，而且也广泛地关注教育与社

---

① 刘建银，安宝生.教育指标理论研究的几个基本问题[J].中国教育学刊，2007（09）：21.

② 钱一呈.外国教育督导与评价制度研究[M].北京：中央广播电视大学出版社，2006：313.

③ 陈学军.OECD教育指标体系概念框架及其内容的演变与发展[J].比较教育研究，2006（08）：25.

④ OECD.Making Education Count：Developing and Using International Indicators[R].Paris：OECD，1994：85.

会、经济和个人发展的关系，关注教育如何在社会发展过程中找到更合适的位置（如教育成就与收入、人力资本与经济发展的关系、年轻人口的教育和工作状况等指标）。①

由此，本章中所设定的教育指标体系，以及对这些教育指标与国家竞争力之间进行的对照分析，目的并不在于寻求它们之间的因果关系，而主要是探讨教育系统内部各要素及其与国家竞争力提升之间的相关性，不仅对教育内部各种要素指标进行描述和分析，而且还会对教育发展指标与社会、经济、人口等其他外部指标要素之间的关系进行分析。

根据本书的实际需要，参考已有研究成果，构建了教育发展指标基本参数（见表5-1），将教育发展指标按照两个水平：普通教育水平、高等教育和科学研究水平；三个类别：教育发展规模、教育经费投入和教育结果，构成一个基本的分析框架，以此来描述教育发展的总体水平及其实效。普通教育的发展水平反映的是一国国民的基本素质状况，而高等教育和科学研究水平反映的是一国在高技能人才培养上的状况。教育发展规模体现了一国在人力资本存量上的总体水平，教育经费投入是保证人才培养的重要因素，它与教育发展规模相互影响、相互作用，教育结果是教育发展的最终目的指向，它直接体现教育发展的实效，也是一国实际人力资本的反映。

表5-1　教育发展指标基本参数

	教育层次	教育发展规模	教育经费投入	教育结果
普通教育水平	初等基础中等（完全）	教育机构数、学生数、教师数、生师比、入学率	①教育事业费：校舍、设备、图书 ②公共教育经费：总经费、占GDP比、占国家预算比、生均经费	升学率、毕业率、成人识字率、国际测验水平
高等教育和科学研究水平	高等教育	教育机构数、学生数、教师数、生师比、入学率、留学生数	①公共教育经费：总经费、占GDP比、占国家预算比、生均经费 ②其他来源经费：预算外、企业、个人、留学生	升学率、毕业率、每万人口中大学生数、就业率

---

① 钱一呈.外国教育督导与评价制度研究[M].北京：中央广播电视大学出版社，2006：335，336.

	教育层次	教育发展规模	教育经费投入	教育结果
	科学研究	机构数、总人数、招生数、研发总人数、人均研发总人数、企业研发人数、人均企业研发人数、合格工程师	科研总支出、人均研发支出、研发支出占GDP比、企业研发支出、企业人均研发支出	诺贝尔奖人数、专利数等

参考资料：中国人民大学竞争力与评价研究中心研究组. 中国国际竞争力发展报告（2001）[M]. 北京：中国人民大学出版社，2001.

二、俄罗斯普通教育发展指标及分析

（一）普通教育基础设施建设

据统计，俄罗斯全日制国立和市政普通学校的教学用地面积在1991—1992学年为4930万平方米，到2003—2004学年增加到了5940万平方米，增长了20.5%。按学生人均占地面积来算，在这一时间段，每个学生的占地面积从3.2平方米增加到了4.1平方米；从城市与农村来看，城市学生人均占地面积由2.6平方米增加到3.5平方米，而农村学生人均占地面积从4.4平方米增加到5.4平方米。尽管人均占地面积都呈增长态势，但俄罗斯城市里的普通学校仍处于饱和状态。相比较而言，非国立学校学生的人均占地面积比较大，每个学生的占地面积为6平方米，但是，非国立学校72%的教学用地多是租赁的。

国立普通学校教学用地的增长比例不仅与招收新生的名额相关，而且还与学生数量缩减相关。1990—1991学年国立普通学校的学生数是2085.1万人，到2008—2009学年缩减到1375.2万人。其中，城镇所属的全日制国立普通学校学生数从1494.8万人减少到969.8万人，农村地区的全日制国立普通学校学生数从590.3万人减到405.4万人。[①]出生率下降是造成学校学生数量下降的主要原因。20世纪80年代前半期，俄罗斯的人口出生率逐渐呈上涨趋势，到1987年达到了最高点。此后，人口数量开始一直减少，从而导致普通学校适龄儿童的入学人数陡然下降，这对于增加人均教学用地

---

① Федеральная служба государственной стастики.Российский статистический ежегодник [G].Москва，2010：224.

（不显著的增长）来说无疑是一个积极的因素，国立和市立全日制普通教育机构教学用地及图书馆资源情况见表5-2，5-3。

表5-2　国立和市立全日制普通教育机构教学用地

	1995/96	1997/98	1999/00	2001/02	2003/04	2005/06
总面积（百万平方米）	55.7	57.8	58.9	59.9	59.4	59.2
占普教机构总用地面积的比（%）	37.1	38.6	38.3	38.4	37.8	32.4
按单位教育机构计算（平方米）	839	879	909	936	964	1010
按每个学生计算（平方米）	3.6	3.6	3.7	4.0	4.1	4.8

资料来源：Образование в Российской Федерации：2006.Статистический ежегодник[M]. Москва：ГУ-ВШЭ，2006：86.

表5-3　国立和市立全日制普通教育机构的图书馆资源

	1995/96	1997/98	1999/00	2001/02	2003/04	2005/06
普教机构图书馆总数（个）	64799	63853	63284	62196	59706	56843
占普教机构总数比（%）	97.6	97.1	97.6	97.1	96.9	96.9
图书总量（百万本）	1019.7	1054.7	972.6	1143.6	1038.4	790.6

资料来源：Образование в Российской Федерации：2006.Статистический ежегодник[M]. Москва：ГУ-ВШЭ，2006：194.

当今社会，信息技术的发展对于国家经济建设和人民生活质量具有决定性的作用，甚至影响到国家安全及其在国际社会中的地位。1999—2000学年，俄罗斯68.4%的全日制中等（完全）中学设置了信息学和计算机数学教研室。2001—2003年，普通学校配备了水平更高的个人电脑。在联邦教育发展大纲框架下，农村普通学校也逐步实施了计算机化：农村92%的学校配置了27000多台电脑。此外还制定了3000多份各知识领域教学任务应用大纲，2003—2004学年，90.6%的学校设置了信息学教研室，用电脑进行工作的人数达33.6万人左右。[1]与2001—2002年中小学校信息办公室增加了8%相比，2003—2004学年设有信息办公室的学校的比重增加了16%，达到91%。同时能够使用计算机的学生依然很多：2003—2004年信息办公室每

---

[1]　Елена Савицкая.Ресурсы системы общего образования[J].Народное образование，2005（10）：23.

台计算机平均有46个学生使用，比较而言，欧盟国家学校每台计算机的使用人数只有9人。俄罗斯国立和市立中等普通教育机构教师配备计算机和多媒体情况见表5-4。

表5-4 教室配备计算机和多媒体的国立和市立中等普通教育机构

	1990/91	1995/96	2001/02	2003/04	2005/06	2007/08
机构数（所）	12155	24472	27787	33762	35073	34988
占中等普通教育机构总数的比例%	37.1	68.6	74.5	90.6	94.8	96.7

资料来源：Федеральная служба государственной стастики Российский статистический ежегодник[G]. Москва，2010：231.

总体来看，俄罗斯普通学校的信息技术仍落后于加拿大、日本、新加坡、韩国等一些国家，这些国家初等学校的学生已经开始借助计算机学习。例如，韩国在1998年就开始在普通学校的教学过程中贯彻和实施信息技术方案，用于这一项目上的花费大概在10亿美元左右。日本、新加坡和中国台湾地区的所有学校都接通了因特网，平均2名儿童拥有一台个人电脑，即普通学校的1000名儿童中有500人可以使用电脑学习。经合组织国家平均每13名学生使用一台电脑。

为此，俄罗斯在进行教育现代化建设的同时，对教育的信息化建设给予了充分的重视。俄罗斯联邦政府出台了一系列有关"教育信息化"的政策法规。2001年初俄罗斯政府出台了《2010年俄罗斯信息化发展纲要》，该纲要全面阐述了在俄罗斯建设信息化社会的重要性和必要性，主要目的是通过提高信息化过程的效果，为向信息化社会过渡创造技术的、政治的和经济文化条件。2001年8月，俄联邦政府制定了第630号决议，即《2001—2005年发展统一的教育信息化环境》联邦目标规划，其目的是在俄联邦建立和发展统一的教育信息化环境，提高俄罗斯各区域教育信息化质量，优先开发和利用国内已有的文化资源，向世界提供以俄语为载体的教学资源。该规划明确提出了21世纪初俄罗斯教育信息化的主要目标和实现手段，它也是俄罗斯教育信息化发展的里程碑。该规划主要面向基础教育，围绕硬件配置、教学资源开发、师资培训和建立信息化环境及技术保障体系四项内容，提出了实现基础教育信息化的三个阶段。2002年12月，俄联邦教育部颁布了关于创建"教育信息技术"新专业试点的4350号令，此后又连续颁布了一系列相关法令来保证教育信息化的顺利实施。2016年，在俄罗斯普通教育机构中，每百人中使用个人计算机的人数达到

12.9人。[①]

表5-5　俄罗斯用于教育基础建设基金的变化状况

	1995	1997	1999	2001	2003	2005	2010	2015	2016
基础基金（十亿卢布）	168.8	368.7	414.5	489.6	1162.6	1213.5	2700.0	4023.6	4292.4
占经济基础基金总额的比（%）	3.3	2.8	2.9	2.4	3.8	3.2	2.9	2.5	2.3

资料来源：Образование в Российской Федерации：2006.Статистический ежегодник[M]. Москва：ГУ-ВШЭ，2006，p.179；Л.М. Гохберг, Г. Г. Ковалева, Н. В. Ковалева и др. Шелегеда. Образование в цифрах: 2018[M]. Москва: НИУ ВШЭ, 2018：64.

20世纪90年代以来，由于政治动荡和经济危机的影响，俄罗斯在普通教育基础设施建设方面处于劣势，普通教育学校的物质-技术基础老化现象严重，国立高校中需要维修的校舍数量越来越多。但近些年来，俄罗斯政府意识到没有人才、物质技术和信息资源保障的情况下，普通教育的质量很难达到现代化水平。因此，逐步加大对这方面的投入并给以高度重视（见表5-5）。相关组织还开展了对普通教育体系的经济监察，以便在教育领域评价过程中搜集可靠信息，为采取正确的管理决议及制定国家教育政策服务。

（二）普通教育发展规模指标

俄罗斯的普通学校分三个阶段：初等普通教育（一至四年级）、基础普通教育（五至九年级）和中等（完全）普通教育（十至十一年级），普通教育总的教育年限为11年，其中，小学和初中阶段为义务教育，俄罗斯普通教育机构及学生数量变化情况见表5-6。

表格5-6　俄罗斯普通教育机构数及学生数变化（单位：千所）

	1995/96	2000/01	2002/03	2004/05	2006/07	2007/08	2008/09
全日制普教机构数	70.2	68.1	66.8	64.2	60.3	57.3	55.1
初等	1.73	1.50	1.34	1.17	0.91	0.71	0.63
基础	1.38	1.28	1.23	1.17	1.10	1.05	1.01

---

① Л.М. Гохберг, Г. Г. Ковалева, Н. В. Ковалева и др.Шелегеда. Образование в цифрах：2018[M]. Москва: НИУ ВШЭ，2018：70.

	1995/96	2000/01	2002/03	2004/05	2006/07	2007/08	2008/09
中等（完全）	3.60	3.72	3.78	3.78	3.73	3.69	3.59
非国立（所）	525	635	683	708	719	697	691
学生数量（万人）							
全日制普教机构人数	2156.7	2007.4	1844.0	1616.8	1436.2	1376.6	1343.6
初等	54.7	42.2	37.8	32.9	26.8	26.3	24.5
基础	138.4	108.5	88.5	71.4	61.3	58.3	57.6
中等（完全）	1919.0	1805.3	1669.1	1467.5	1307.4	1253.8	1225.1
非国立	4.6	6.1	6.8	7.0	7.1	7.1	7.3

资料来源：Федеральная служба государственной стастики.Российский статистический ежегодник[G]. Москва：2010：225–227.

2010—2011年，俄罗斯普通教育机构数量为50800所，2017—2018年，普通教育机构数量为42000所。2017年，俄罗斯普通教育机构学生数为1570万人。[1]可见，俄罗斯国立和市立的普通教育机构数及其学生数量普遍呈下降趋势，这在很大程度上是因为俄罗斯的人口出生率下降所致；同时，也可以发现俄罗斯非国立普通教育机构学生数却呈增长态势。俄罗斯的非国立普通教育机构数量自2003年到2009年一直保持在700所，学生数量在7万人左右。2010年非国立普通教育机构略有减少，共有680所，学生71000人，其中初等普通教育机构64所，学生数为30000人；基础普通教育机构69所，学生数为60000人；中等（完全）普通教育机构547所，学生数为62000人。俄罗斯非国立普通学校的师资水平普遍比较高，待遇也优于国立学校教师。2008—2009年，非国立普通教育机构的教师总量为18000人，师生比为1：4。[2]

---

① Российский статистический ежегодник：2018 [G]. Москва，2018：177.

② Федеральная служба государственной стастики Российский статистический ежегодник[G]. Москва，2010：220，225–226，227.

表5-7 国立全日制普通教育学校中实施侧重式教学的学校、文科中学和实科学校数（学年初）

实施侧重式教学的学校	1995/96	2000/01	2001/02	2002/03	2003/04
总数（所）	8295	5569	5348	5299	5300
占国立中等（完全）普教机构总数%	23.3	15.1	14.3	14.2	14.2
学生数（万）	152.3	116.8	111.8	121.6	111.0
占国立中等（完全）普教机构学生总数%	7.9	6.5	6.4	7.3	7.1
文科中学					
总数（所）	911	1093	1141	1223	1216
占国立中等（完全）普教机构总数%	2.6	3.0	3.1	3.3	3.3
学生数（万）	73.9	87.0	87.7	89.0	88.4
占国立中等（完全）普教机构学生总数%	3.9	4.8	5.0	5.4	5.7
实科学校					
总数（所）	568	774	795	839	844
占国立中等（完全）普教机构总数%	1.6	2.1	2.1	2.2	2.3
学生数（万）	39.1	51.9	52.1	53.3	53.9
占国立中等（完全）普教机构学生总数%	2.0	2.9	3.0	3.2	3.5

资料来源：俄罗斯教育部官方网站http://www.ed.gov.ru.

　　实科学校以实施高中教育为主，侧重自然科学、数学和技术方面课程的教授，兼具职前培训的功能，学校课程分为必修课和选修课两类。教学组织形式灵活多样，包括教学游戏、讲习班、实习、讨论、小组研究等。实科中学通常都有自己独特的办学章程，很多学校还有自己相对固定的高校联盟对象。因其生源质量好，教学力量雄厚，所以，在普通中等教育中具有较高的声誉。此外它也是中等职业教育的类型之一。

　　文科中学是沿用沙俄时期文科中学的称谓，但在招生对象和教学内容方面与原来有本质的区别。包括完全中学（一至十一年级）和中学（五或六至十一年级）两种形式。其开设的课程有语言学、数学、自然科学、人文科学、外语（不少于2门）、逻辑学、美学、古典文学等。偏重人文科学的学习，要求学生拓展学习外语、古代语、文学和艺术等方面的课程。实行竞试入学，竞争比较激烈，深受学生和家长的欢迎。2005—2006年俄罗斯实施侧重式教学的学校为4898所，文科中学1272所，实科中学895所。[①]

普通学校类型的多样化满足了学生的多元化需求和不同兴趣取向（见表5-7），为天才学生的培养创造了良好的条件，也体现了20世纪90年代以来，俄罗斯普通教育改革的一个重要趋向是人文化、人道化、民主化和个性化，更为注重人的个性发展。

表5-8　俄罗斯全日制普通教育机构不同教育水平教师的比例（％）

	1995	1997	1999	2001	2002	2003	2004	2005
总比例（不包括兼职的）	100	100	100	100	100	100	100	100
高等教育水平	74.7	75.6	77.3	77.8	78.3	79.0	79.8	80.7
不完全高等教育水平	2.9	2.7	2.6	2.9	3.0	2.9	2.8	2.7
中等师范教育水平	19.3	18.4	17.2	16.4	15.9	15.4	14.9	14.2
中等职业（非师范）和中等（完全）普通教育水平	3.4	3.3	2.9	2.9	2.8	2.7	2.5	2.4
一至四年级教师总比例								
	100	100	100	100	100	100	100	100
高等教育水平	46.1	48.6	51.7	53.6	54.7	56.3	58.4	60.5
不完全高等教育水平	3.0	2.8	2.7	3.1	3.3	3.4	3.3	3.0
中等师范教育水平	49.5	47.4	44.7	42.5	40.9	39.4	37.5	35.7
中等职业（非师范）和中等（完全）普通教育水平	1.4	1.2	0.9	0.8	1.1	0.9	0.8	0.8
五至十一（十二）年级教师总比例								
	100	100	100	100	100	100	100	100
高等教育水平	92.4	91.9	91.7	91.1	91.1	91.5	92.0	92.4
不完全高等教育水平	3.2	3.0	2.9	3.2	3.1	3.0	2.8	2.6
中等师范教育水平	3.2	3.9	4.4	4.7	4.6	4.4	4.2	4.1
中等职业（非师范）和中等（完全）普通教育水平	1.2	1.2	1.0	1.0	1.2	1.1	1.0	0.9

资料来源：Образование в Российской Федерации：2006.Статистический ежегодник[M]. Москва：ГУ-ВШЭ，2006：156-157.

---

① 俄罗斯教育部官方网站http://www.ed.gov.ru.

俄罗斯普通教育学校教师的水平总体上看还是很高的（见表5-8），特别是中学高年级的教师基本上都具有高等教育文凭。俄罗斯每年都要举行"俄罗斯年度优秀教师"评选竞赛活动，它是对一些具有杰出贡献、创新精神的教育工作者进行的一次能力大检阅，也是对教师工作的物质和精神鼓励。从世界范围来看，俄罗斯普通教育阶段的师生比与中国、日本等国家是在同一水平线上的（见表5-9）。师生比是学校培养体制与力量投入的重要指标，它在一定程度上反映了教学质量的保障力度。高水平的师资力量和低比例的师生比对于人才培养质量的提高具有重要保证作用。

表5-9　2002年根据小学师生比进行的国家分组

	1:15以下	1:15-1:24	1:25-1:34	1:35-1:44
国家	美国、德国、丹麦、瑞典等	俄罗斯联邦、法国、中国、日本等	韩国、巴西等	印度等

资料来源：全民教育全球监测报告2006：全民扫盲教育至关重要[G].联合国教科文组织出版，2005：86.

（三）普通教育预算指标

从投入的角度可以看出一国发展教育的努力程度，投入的指标主要包括公共教育支出和社会支出、社会投入和公共投入总量分别占国内生产总值（GDP）的比例，各级教育投入分别占GDP的比例，以及生均教育支出（PPP）。对俄罗斯来说，俄联邦统一预算中用于教育的开支也是其教育事业发展中的一项重要指标，具体见表5-10。

表5-10　俄联邦统一预算*中用于教育的开支

	1995	1996	1997	1998	1999	2000	2001	2002	2003	2004	2005**
联邦统一预算中用于教育的花费的总额（十亿卢布）	57.3	83.8	112.6	99.7	147.6	214.7	277.8	409.4	475.6	593.4	801.8
占联邦统一预算总开支的比（%）	11.8	12.8	13.4	11.9	11.7	11.0	11.5	12.0	12.0	12.7	11.8
其中联邦层次：占联邦用于教育的统一预算的比（%）	9.0	11.4	16.4	14.6	20.9	38.1	54.5	81.7	99.8	121.6	162.1
	15.7	13.6	14.6	14.6	14.2	17.8	19.6	20.0	21.0	20.5	20.2
俄联邦主体层次：占联邦用于教育的统一预算的比（%）	48.3	72.4	96.2	85.1	126.7	176.6	223.3	327.7	375.8	471.8	628.6
	84.3	86.4	85.4	85.4	85.8	82.2	80.4	80.0	79.0	79.5	78.4

*统一预算（Консолидированный бюджет）：英文consolidated budget，是一国领土内各级预算体系的总和。俄联邦的统一预算即是联邦预算和联邦主体统一预算的总和，

其中联邦主体统一预算包括地区和地方预算，也包括各级行政机构的预算。它不是由法律组织机构确立，主要是将各个预算指标进行整合（按领土或国家来说）。统一预算一般不包括国家的预算外资金，也不考虑这些预算间的转账。它主要用于预算规划、预测和制定相应水平的方案。

**2005年联邦用于教育的统一预算包括了国家预算外资金。

资料来源：Образование в Российской Федерации：2006.Статистический ежегодник [M].Москва：ГУ-ВШЭ，2006：71.

21世纪以来，俄罗斯一直保持教育拨款支出稳步增长的趋势（见表5-11）。2004年这种加强的预算支出较2000年增长1.5倍。国内生产总值中教育预算所占比例也从2003年的3.8%提高到2004年的4.5%。[①]2008年，俄罗斯用于教育的经费已经占到GDP的4.0%。[②]2010年，俄联邦统一预算中的教育支出为18939亿卢布，2016年达到31031亿卢布，[③]呈现出明显的增长态势。

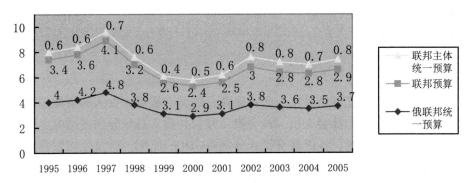

图5-1 联邦各水平统一预算中用于教育的开支占国内生产总值（ВВП）的比例变化（%）

资料来源：Образование в Российской Федерации：2006.Статистический ежегодник [M]. Москва：ГУ-ВШЭ，2006：72.

表5-11 联邦统一预算资金中用于教育的开支在各级教育中的分配（单位：十亿卢布）

	1995	1997	1998	1999	2000	2001	2002	2003	2004	2005
学前教育	9.8	18.4	16.2	23.9	32.0	42.7	62.3	72.1	91.7	113.0
普通教育	29.6	60.1	52.3	78.2	107.9	144.0	215.3	236.6	298.1	356.0

① 单春艳.俄罗斯教育领域的财政状况：预算、工资、税收[J].比较教育研究，2004（08）：93.

② 戚文海.俄罗斯强化人力资本发展的路径选择[J].俄罗斯中亚东欧研究，2011（03）：54.

③ Л.М. Гохберг, Г. Г. Ковалева, Н. В. Ковалева и др.Шелегеда. Образование в цифрах: 2018[M].Москва: НИУ ВШЭ，2018：21.

	1995	1997	1998	1999	2000	2001	2002	2003	2004	2005
初等职业教育	3.4	6.1	5.8	7.8	13.4	17.7	26.8	30.4	35.6	39.4
中等职业教育	2.8	5.1	4.4	6.4	10.2	14.1	20.1	24.1	30.5	43.3
高等职业教育	5.3	10.7	9.4	14.4	24.4	34.0	48.4	61.2	76.9	125.9

资料来源：Образование в Российской Федерации：2006.Статистический ежегодник [M]. Москва：ГУ-ВШЭ，2006：73.

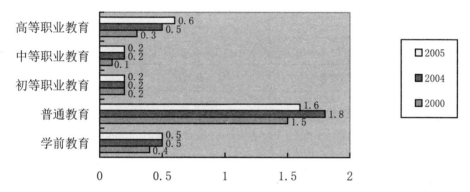

图5-2　俄联邦统一预算资金中用于各级教育的费用占国内生产总值的比例变化（％）

资料来源：Образование в Российской Федерации：2006.Статистический ежегодник [M]. Москва：ГУ-ВШЭ，2006：74.

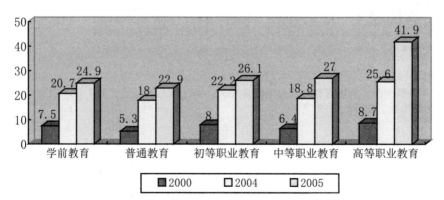

图5-3　俄联邦用于各级教育的统一预算中按每个学生计算的分配状况（单位：千卢布）

资料来源：Образование в Российской Федерации：2006.Статистический ежегодник [M]. Москва：ГУ-ВШЭ，2006：74.

表5-12 俄罗斯全日制国立和市立普通教育机构资金来源结构（%）

	2003年	2004年
当前预算拨款	96.6	97.0
预算外资金	3.4	3.0
预算外资金来源：		
实施收费的补充教育服务收入	25.4	27.8
生产活动所得收入	3.7	4.2
租金收入	3.2	2.3
福利资金	30.9	31.2
联邦、地区和市政大纲资金	8.5	8.8
其他来源	28.3	25.7

资料来源：Образование в Российской Федерации：2006.Статистический ежегодник [М]. Москва：ГУ-ВШЭ, 2006：101.

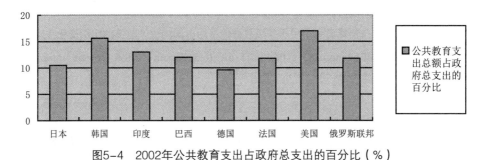

图5-4 2002年公共教育支出占政府总支出的百分比（%）

资料来源：全民教育全球监测报告2006：全民扫盲教育至关重要 [G]. 联合国教科文组织出版，2005：80-81.

公共教育经费是衡量教育投入的重要指标，它反映一国政府对教育的努力程度，公共教育经费占GNP的比反映一国教育资金投入的整体水平，而人均公共教育经费反映一国居民分享教育资源以满足自身教育需求的程度。从俄罗斯近些年教育经费投入的变化过程中可以发现（图5-1，5-2，5-3，5-4，表5-12），由于俄罗斯在国家政策上倡导教育优先使得其对教育的投入也非常重视，从与国外的比较中也能发现其在教育经费投入上并不逊色于别国。

（四）普通教育学校教育结果指标

表5-13　普通教育机构毕业生数（单位：万人）

	1995	2000	2002	2004	2005	2006	2007	2008
获得基础普通教育证书的学生数	191.6	220.0	234.1	213.5	194.4	166.8	147.8	134.3
获得中等（完全）普通教育证书的学生数	104.5	145.8	147.7	154.6	146.6	136.5	124.6	108.8

资料来源：федеральная служба государственной стастики Российский статистический ежегодник [G]. Москва，2010：232.

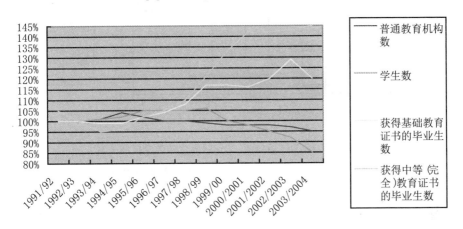

图5-5　普通教育机构基本活动指标的发展进程

资料来源：Образование в Российской Федерации：2006.Статистический ежегодник [M]. Москва：ГУ-ВШЭ，2006：234.

从表5-13和图5-5可以看出，虽然俄罗斯普通教育机构和学生的数量都呈现出了逐年下降的趋势，但总体上看，其学校毕业生的毕业率还保持在一个较高的水平。这就在很大程度上保证了其国民整体素质的提高，同时也保证了学生向更高水平教育发展的可能性。

对许多国家来说，学生学业成绩的国际比较已成为评估整个教育系统成就和评价在经济全球化过程中本国学生是否为之做好充分准备的重要标准。四年级（9岁）学生的阅读素养、15岁学生（初中末期）的阅读素养、数学和科学素养，这三个科目被认为是将来学生解决复杂问题、适应社会和保持竞争力的基础，也关系到一国在人才储备中可能占有的地位。具有国际可比性并得到国际认可的学生学业成绩评价项目，是OECD的国际学生评价项目（PISA）成绩和国际教育成就评价协会的TIMSS和PIRLS项目的成绩。在2003年TIMMS8年级学生数学成绩中，俄罗斯联邦学生数学成绩达到高级标准、较高标准和中级标准的比例与欧美国家相差无几（如图5-6）。

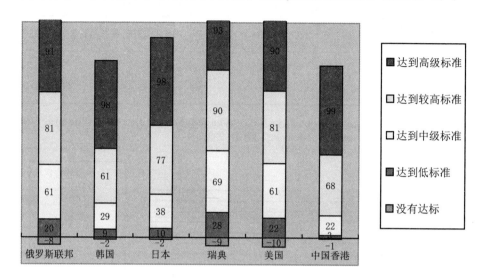

图5-6　2003年TIMSS结果：8年级学生的数学成绩（%）

资料来源：全民教育全球监测报告2006：全民扫盲教育至关重要[G].联合国教科文组织出版，2005：59.

表5-14　俄罗斯学生在PIRLS、TIMSS、PISA教育成就评价国际大纲中的成绩

	四年级* 学生PIRLS/TIMSS成绩 2001/2003	八年级学生TIMMS成绩				15岁学生PISA成绩	
		1995	1999	2003	2000	2003（全部）	2003（10年级）
阅读识字水平							
俄罗斯平均分	528	–	–	–	462	442	466
所有国家平均分	500				473	480	480
俄罗斯排名	35个国家中排名16位	–	–	–	41个国家中排名28位	40个国家中排名32位	40个国家中排名32位
数学水平							
俄罗斯平均分	532	535	526	508	478	468	492
所有国家平均分	495	511	487	467	472	486	486

	四年级* 学生PIRLS/TIMMS成绩 2001/2003	八年级学生TIMMS成绩				15岁学生PISA成绩	
		1995	1999	2003	2000	2003（全部）	2003（10年级）
俄罗斯排名	25个国家中排名9位	41个国家中排名15位	38个国家中排名12位	50个国家中排名14位	41个国家中排名23位	40个国家中排名29位	40个国家中排名24位
自然科学水平							
俄罗斯平均分	526	538	529	514	460	489	512
所有国家平均分	489	515	488	474	474	488	488
俄罗斯排名	25个国家中排名9位	41个国家中排名14位	38个国家中排名16位	50个国家中排名21位	41个国家中排名27位	40个国家中排名24位	40个国家中排名13位
解决问题的能力							
俄罗斯平均分	–	–	–	–	–	479	506
所有国家平均分	–	–	–	–	–	486	486
俄罗斯排名	–	–	–	–	–	40个国家中排名28位	40个国家中排名20位

*阅读识字水平的评价–PIRLS，2001年；数学和自然科学水平的评价–TIMMS，2003年。

资料来源：Ростислав Капелюшников Записка об отечественном человеческом капитале [EB/OL]. http://www.strana-oz.ru/?numid=37&article=1469，2008–06–18.

　　俄罗斯四年级学生PIRLS/TIMMS成绩的平均分均高于所有国家平均分，八年级学生TIMMS成绩、15岁学生PISA成绩多个项目平均分要高于所有国家平均分，特别是在数学和自然科学方面较为明显（见表5–14）。在2006年的PISA项目评价中，俄罗斯在学生的科学素质一项的平均分为479分，在57个参与评价的国家中占第12位。[①]学生科学素质水平的提高对提升国家未来科技的竞争力具有积极影响，科学素质对于学生了解现代社会所面临的环境、医学、经济和其他问题极为重要，学生科学素质的提高对于国家未来在先进技术部门发挥作用和提高总体国际竞争力具有重要意义。

　　成人识字率反映了居民的受教育程度，间接地反映一国的教育发展水平。20世纪70年代，包曼（M.J.Bowman）和安德森（C.A.Anderson）在调查

---

① 中央教育科学研究所国际比较教育研究中心.中国教育竞争力报告2010[M].北京：教育科学出版社，2011：198.

和分析83个国家和地区教育与经济增长的关系后论证得出：如果排除特殊情况（如石油输出国），一个国家的人均国民生产总值要想达到300美元，必须有40%以上的成人识字率，而要想达到500美元以上，则需要90%的成人识字率。惠勒（D.Wheeler）也指出，一般来说，识字率从20%提高到30%，便可使国内生产总值（GDP）增加8%~16%。[①]

表5-15　俄罗斯与中国的成人识字率及文盲率比较

国家	成人识字率（15岁以上）（%）			成人文盲率（15岁以上）（人）		
	1990年	2000—2004年	2015年	1990年	2000—2004年	2015年
俄罗斯联邦	99.2	99.4	99.7	857	672	346
中国	78.3	90.9	95.7	181331	87038	48626

资料来源：全民教育全球监测报告2006：全民扫盲教育至关重要[G].联合国教科文组织出版，2005：280.

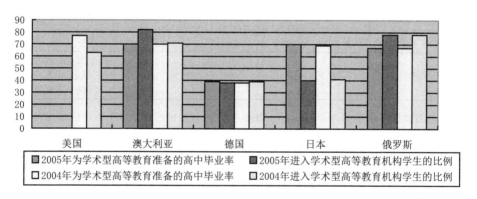

图5-7　高中毕业生毕业后进入学术型高等教育机构的状况

资料来源："教育决策与教育指标"研讨会.OECD国家教育政策的关键问题及其指标体现[G].北京：北京师范大学教育学院，2008：9.

从表5-15和图5-7中可以看出，俄罗斯在成人识字率和文盲率上均好于中国，其高中生的毕业率和进入高等教育机构的学生比例仅次于澳大利亚。这一方面得益于苏联时期奠定下来的良好基础，另一方面也表明了21世纪以来俄罗斯在人才培养方面的进步显著。

从俄罗斯普通教育体系的一系列数据指标来看，其在普通教育基础

[①]　顾明远，薛理银.比较教育导论——教育与国家发展[M].北京：人民教育出版社，2001：176.

设施建设及现代化水平上还落后于其他国家。但是，俄罗斯人口减少的状况也为其物质条件的改善提供了可能，同时，国家也逐渐意识到改善这一状况的重要性，在法律和资金上都给予相应的支持。在普通教育发展规模上，受人口减少趋势的影响，俄罗斯普通教育在规模上的涨幅并不明显，甚至有缩减的趋向。这对于教育发展有利的方面就是班级规模小，教师与学生的比例大，有利于学生个人的发展以及教育质量的提高。俄罗斯普通教育学校教师的学历水平很高，一半多的教师具有高等教育学历，这是俄罗斯国家长期以来所形成的优势之一。在财政预算上，俄罗斯国民教育经费一直以国家财政预算拨款为主要来源，尤其是在普通教育方面，国家对普通教育的拨款明显高于其他层次教育，与其他国家间的差距也不是很大，这也是其保证教育优先发展的重要体现。在教育结果上，俄罗斯普通教育学校学生在国际测验中的成绩并不逊色于别国，在成人识字率及文盲率方面均好于中国，教育的普及程度也处于很高的水平，这在很大程度上得益于其在苏联时期奠定的良好基础。

三、俄罗斯高等教育、科学研究发展指标及分析

（一）高等教育各项发展指标

1.高等教育发展规模

在高等教育机构数量发展上。1992年俄联邦《教育法》中允许非国立高等教育机构存在，这为非国立高校的迅速发展提供了有力的法律保证。自20世纪90年代以来，俄罗斯非国立高校数量逐年增加，非国立高校学生数量也有所增长，但与国立高校学生数量相比比例很小。（如图5-8，5-9）

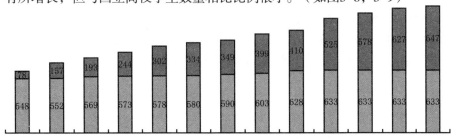

图5-8　高等教育机构数量变化图（单位：所）

资料来源：Е.Геворкян. Кадры высшей школы:актуальное состояние[J].Высшее образование в России，2006（09）：26.

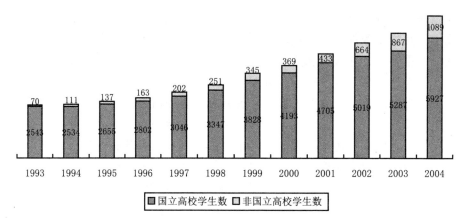

图5-9 按形式高等教育机构大学生数量变化图（单位：万人）

资料来源：Е.Геворкян. Кадры высшей школы:актуальное состояние [J]. Высшее образование в России，2006（09）：27.

俄罗斯非国立高等教育发展之所以如此迅速，是因为俄有关法律对非国立高校主办者的规定十分宽松，但对创建国立高校的审批十分严格，对其运营办法、经费保证有明确要求和监督。

2006年初，私立高校达640多所，超过国立高校（633所），其中77%的非国立高校是经过国家认证的，其学生数接近150万人。[①]2007年初，经国家鉴定许可办学的非国立高校数为650所，占高校总数48%。截止到2009年，俄联邦国立高等教育机构总数为687所，私立高校总数为665所。2010年经国家鉴定的私立高校的学生数已经超过150万人，占高校总学生数1/5。[②]

俄罗斯高等教育机构学生数量的增长在很大程度上是因为自费生数量的增加。据统计，俄罗斯国立高校中公费生数量大约是320万人，而其所招收的自费生的数量已达270万左右，是非国立高校学生数量的2.5倍之多，非国立高校的大学生数量大约有100多万人（如图5-10）。

---

① Растопшина Ирина Александровна.Развитие негосударственного высшего образования в России в конце XX – начале XXI вв[C]. Москва：диссертации на соискание ученой степени кандидата исторических наук.2006：56.

② 20 лет пути негосударственного образования[EB/OL].http://www.obrazovanieufa. ru/Vuz/20_let_puti_negosudarstvennogo_obrazovaniya.htm，2011–07–25.

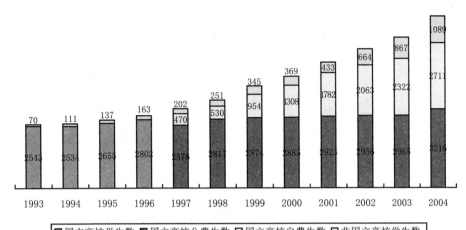

图5-10 按类别高等教育机构大学生数量变化图（单位：千人）

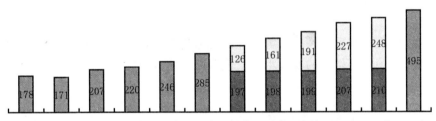

图5-11 俄罗斯高校每万居民中的学生数（包括非国立高校）（单位：所）

资料来源：Е.Геворкян. Кадры высшей школы：актуальное состояние [J]. высшее образование в России，2006（09）./Образование в Российской Федерации：2006 Статистический ежегодник [M]. Москва：ГУ-ВШЭ，2006：416.

苏联时期（1985年）俄罗斯高等教育的毛入学率已经达到54.3%，是世界上高等教育平均水平很高的国家。[1]1990年，俄罗斯高等教育的毛入学率为52%，[2]2006年为29%，文盲率很低，仅1%。[3]高校中每万名居民中的学生数也呈现逐年增加的趋势（如图5-11），高等教育的青年覆盖率在2005

① 贺晓珍.俄罗斯高等教育大众化探析[J].文史博览（理论），2007（03）：41.

② 李晓波.机制创新：高等教育大众化的必然要求[J].教育发展研究，2003（11）：6.

③ 新加坡媒体.罗斯比中国更具潜实力[EB/OL]. http：//www.inance.huanqiu.com/wd/2008-08/181252.html，2008-11-07.

年达到31.7%（如图5-12），由此可见，俄罗斯高等教育的普及程度很高。

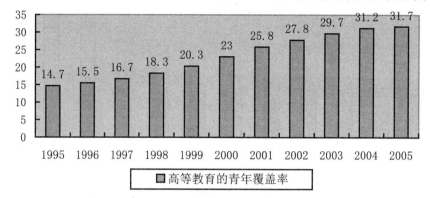

图5-12　俄罗斯高等教育的青年覆盖率（即17至25岁年龄段居民数在高等教育机构大学生数中所占的比例，%）

资料来源：Образование в Российской Федерации：2006.Статистический ежегодник [M]. Москва：ГУ-ВШЭ，2006：372.

　　大学入学率反映一国高等教育的总体规模，每万名居民中大学生数反映的是一国高等教育的发展水平。俄罗斯在这方面的发展水平见图5-13，表5-16，5-17，5-18。

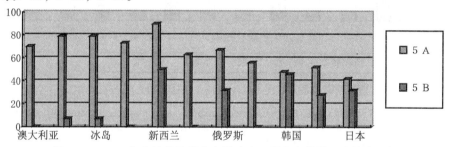

图5-13　2004年高校的纯招生水平（净入学率）的国际比较（%）

资料来源：OECD（2006）Education at a Glance：OECD Indicators 2006.

表5-16　俄罗斯和其他国家高等和中等专业教育机构受教育居民数的比较

国家	1994年年均居民数（百万）	高等和中等专业教育机构大学生总额（千人）	获得第三级教育人数占居民总数的比（%）
俄罗斯	148.3	5024.6（1997年）	3.4（1997年）
			4.4（1999年）
			5.0（2000年）

国家	1994年年均居民数 （百万）	高等和中等专业教育机 构大学生总额（千人）	获得第三级教育人数 占居民总数的比（%）
德国	81.4	1875.1（1993年）	2.4（1993年）
			2.6（1998年）
英国	58.4	1614.7（1990年）	2.8（1993年）
			3.2（1998年）
法国	57.9	1698.9（1990年）	2.9（1990年）
			3.7（1997年）
日本	125.0	2899.1（1990年）	2.3（1990年）
			2.9（1998年）
加拿大	29.3	2011.5（1993年）	6.8（1993年）
			6.0（1996年）
美国	261.0	14473.1（1993年）	5.5（1993年）
			5.3（1996年）

资料来源：Социальное положение и уровень жизни население России [G]. Москва：Госкомстат России，1998.；Российский статистический ежегодник [G]. Москва：Госкомстат России，2001：633.

表5-17　高等教育居民覆盖率及按发达国家的国际教育标准分类（МСКО）的大学生
　　　　分布状况

国家	每万居民中大学生数 （人）*		毛覆盖率（1995）**	按МСКО的大学生分布 （1995；%）**		
	1995年	2000年	（%）	5	6	7
美国	530	490	81.1	39	47	14
日本	300	310	40.3	34	63	3
德国	260	250	42.7	13	87	—
俄罗斯	320	500	42.9	42	57	1
英国	310	350	48.3	28	57	15
法国	360	340	49.6	22	68	10
韩国	500	610	52.0	28	67	5

*Образование в России.2003 [G]. Москва：Госкомстат России，2003：390.

**Всемирный доклад по образованию.Париж [C]. ЮНЕСКО，1998：150-153.
资料来源：А.А.Охрименко. Статистический анализ образовательной и научно-исследовательской деятельности высших учебных заведений [M]. Москва：ТЕИС，2004：9.

由表5-17可见，俄罗斯高等和中等教育的居民覆盖率很高，处于欧洲发达国家的水平，仅次于美国和加拿大。根据俄罗斯2001年的统计年鉴，苏联时期每万居民中有大学生219人，1999—2000年280人（2000—2001年为327人）。2000—2001年俄罗斯高等和中等职业教育机构中每万名居民的大学生数约500人，是世界各国指标最高的国家之一。据统计，俄罗斯考入第一、二、三级水平教育机构人数的总指标为69%，略低于发展水平较高的国家的平均指标（76%）。

每万人中的高等教育在校生规模是一个国家未来人口中拥有高级专门人才数量多少的重要决定因素之一，也是就业人口中平均受教育程度的一个重要决定指标。因此说，居民中拥有大学生的多少，从某种程度上说决定着一个国家未来社会发展的潜力和可能。

表5-18　按MCKO-97划分的教育等级与俄罗斯教育体系的对应

MCKO-97教育等级划分	对应俄罗斯教育体系
MCKO 0 学前教育	学前教育
MCKO 1 初等教育水平	初等教育
MCKO 2 中等教育第一级	普通中等教育
MCKO 3 中等教育第二级	——
MCKO 3A 为继续5A水平学习的预备大纲	完全中等教育
MCKO 3B 为继续5B水平学习的预备大纲	在基础学校获得完全中等教育证书基础上的初等职业教育
MCKO 3C不准备继续3A或5B水平学习的大纲	针对没有获得完全中等教育证书的学生的初等职业教育
MCKO 4第二级之后（中等后）的第三级教育	完全中等学校基础上的初等职业教育
MCKO 5第三级教育第一阶段	——
MCKO 5A不准备从事要求高技能水平的职业，带有一定理论性的大纲	高等职业教育
MCKO 5B侧重于实践/技术方向的大纲	中等职业教育
MCKO 6第三级教育第二阶段（获得学位）	高校后教育（研究生部、博士生部）

资料来源：Российское образование в контексте международных показателей: Сопоставительный доклад [M].Москва: Аспект Пресс，2003：23-24.

俄罗斯社会转型后，国家、政府和社会都非常重视高校教师的培养质量和发展结构，以使高校教师适应社会转型和知识经济的要求，从表5-19

可见，自1995年到2009年，俄罗斯具有高级学位和职称的教师呈逐年增长的趋势。

表5-19 国立和市立高等教育机构教师-教授状况（学年初；单位：万人）

	95/96	00/01	02/03	03/04	04/05	05/06	06/07	07/08	08/09
总数	24.02	26.52	29.18	30.40	31.36	32.21	33.40	34.04	34.11
博士学位	2.01	2.80	3.23	3.42	3.58	3.73	3.94	4.12	4.21
副博士学位	11.75	12.54	13.55	14.22	14.86	15.53	16.28	16.89	17.35
教授职称	2.11	2.70	3.06	3.15	3.25	3.33	3.47	3.53	3.56
副教授职称	8.56	8.98	9.46	9.78	9.96	10.22	10.56	10.85	11.13

资料来源：Федеральная служба государственной стастики Российский статистический ежегодник [C]. Москва，2010：255.

与1992年相比，2004年俄罗斯具有科学博士学位的教授数量增加了2倍，数量达34600人。从教师的年龄结构来看，40至49岁、50至59岁教师占据主要力量（如图5-14）。

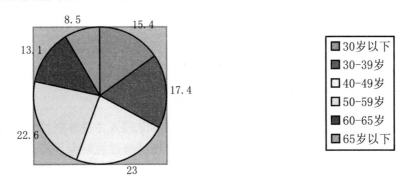

图5-14 俄罗斯国立高校教师-教授按年龄组的分布状况*

*Образование в России.2003 [C]. Стат.сб.Москва：Госкомстат России，2003：184.

资料来源：A.A.Охрименко.Статистический анализ образовательной и научно-исследовательской деятельности высших учебных заведений[M].Москва：ТЕИС，2004：66.

高校不同专业领域的学生分布上（如图5-15）。苏联时期高校的工业和建筑工业的招生就占有很大比重，20世纪60至80年代达到最高，大概占招生总数的44%。自1986年开始降低（43.6%），1992年降到35.6%。这与高等教育威信下降、经济领域发生严重的经济危机致使高校毕业的专家失业数增加有很大关系。①

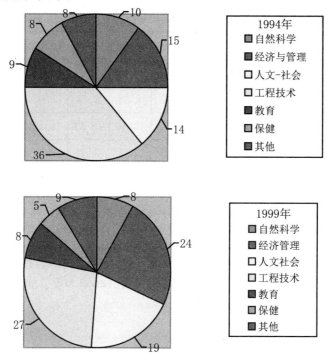

图5-15　1994、1999年俄罗斯高校部分专业毕业生结构分布

资料来源：Т.Л.Клячко. Модернизация российского образования：ресурсный потенциал и подготовка кадров [М]. Москва：ГУ ВШЭ, 2002：92.

根据经济部门的需要设置高等院校和培养专门人才是苏联计划经济体制下所形成的人才培养机制。在俄罗斯向市场经济过渡的今天，这种人才培养机制在某种程度上已经不太适应新形势、新要求。俄罗斯高等学校的专业结构在新的时代背景下有了很多新的发展和变化，学生们对于专业的选择更倾向于市场需求和获得较高薪水，更为实际和现实。经济-管理专业往往成为他们优先选择的培养专业（方向）（如图5-16），这有利于高校根据市场需求和社会需要适时地调整专业设置和专业结构，使之与国家的经济结构相适应。

───────────────

① А.А.Охрименко.Статистический анализ образовательной и научно-исследовательской деятельности высших учебных заведений[М].Москва：ТЕИС，2004：56.

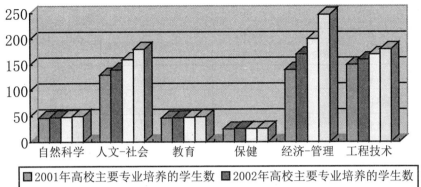

图5-16 2001-2004年俄罗斯高校主要专业培养的学生数（单位：千人）

资料来源：Т.Л.Клячко，Модернизация российского образования：ресурсный потенциал и подготовка кадров [М].Москва：ГУ-ВШЭ，2002：93.

2.高等教育财政预算指标

与向市场经济转轨的形势相适应，俄罗斯在教育财政改革上也逐步走向市场化，其所确立的两个基本的指导思想是：教育系统的经费筹措从国家垄断转向国家-社会共同承担；使学校在经济上达到独立。

在行政上分级管理改革的基础上，俄罗斯实行了分级预算制度，即设立了三级预算体制：第一级——联邦预算，第二级——联邦主体预算，第三级——联邦主体下属的区、市镇、乡预算。第二、三级合称地方预算。联邦预算、地方预算，再加上预算外基金共同构成了俄联邦统一预算。表5-20显示了俄联邦各级教育拨款计划，因为俄罗斯高等教育规模的不断壮大，联邦和地方预算并不能满足高等教育所需全部资金，这种情况下，高校通过多渠道获取预算外资金就变得非常必要了。

表5-20 俄联邦教育拨款计划

支出类型	统一预算（包括联邦预算外资金的）（十亿卢布）	占联邦预算的比例%	占联邦主体统一预算的比例%
总预算支出	8375.2	51.2	43.7
教育	1036.4	20.5	78.2
学前教育	145.3	1.5	98.5
普通教育	475.9	0.6	99.4
初等职业教育	47.4	14.6	85.4
中等职业教育	55.3	40.4	59.6

续表

支出类型	统一预算（包括联邦预算外资金的）（十亿卢布）	占联邦预算的比例%	占联邦主体统一预算的比例%
教师再培训	9.2	47.8	46.9
高等教育	169.9	95.1	4.9
青年政策和儿童健康	30.9	1.6	55.0

资料来源：Планирование и финансирование в сфере образования [EB/OL]. http://www.rfbud–getse.ru/otvety–k–ekzamenu–byudzhetnaya–sistema–rf/134–planirovanie–i–finansirovanie–v–sfere–obrazovaniya.html，2011–08–20.

苏联解体后，俄罗斯在办学体制方面改变了国家单一的办学模式，转由国家、地方、社会和公民个人等的多主体办学体制，由此，俄罗斯高等教育的办学主体不仅有国家、地方，还有本国或外国的各种所有制形式的企业、机关，甚至一些社会组织、宗教团体或其他国家公民也可以成为办学主体。多主体办学体制的确立使俄罗斯高等教育在资金筹措方面也趋于多元化（见表5-21）。

表5-21 教育机构按经费渠道的资金结构（%）

	初等职业教育	中等职业教育	高等教育
资金总额：	100	100	100
私有资金	2.2	2.7	7.8
各级预算资金：	90.7	61.0	47.6
联邦预算	70.5	34.6	46.2
俄联邦主体预算	20.0	26.4	0.6
市立教育预算	0.2	——	0.8
预算外资金：	7.0	36.2	44.6
预算外基金	2.7	2.6	7.6
团体和企业	4.1	5.6	6.0
居民	0.2	28.0	31.0

资料来源：朱小蔓. 20—21世纪之交中俄教育改革比较 [M]. 北京：教育科学出版社，2006：113.

由表5-21可见，21世纪以来，俄罗斯逐渐缩减了联邦预算和联邦主体的预算，相应地，联邦预算外资金和居民教育支出占了很大比例。

在苏联时期高度的计划经济体制下，其高等教育经费的98%都来源于国家财政拨款，单一的教育投资体制在遭遇了20世纪90年代的经济滑坡后，陷入生存危机，为保证高等教育的继续发展必须进行重大变革，其中在教育拨款组织结构上与以往相比也更加复杂（如图5-17）。

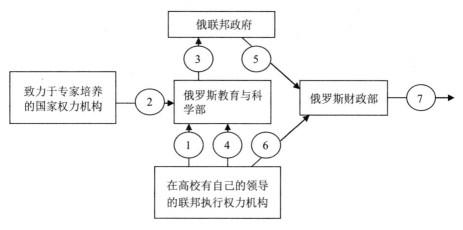

图5-17　一体化模式基础上高等教育拨款的组织结构图

资料来源：T.B.Абанкиной，Б.Л.Рудника. Перспективы развития модернизация экономики высшего профессионального образования [M]. Москва：ГУ-ВШЭ，2006：38.

注：1.预测大学生数量指标、教育贷款发展指标；2.专家培养的需求指标；3.财政拨款的规范方案；4.由联邦预算机构负担专家培养费用、教育贷款、专门培养、财政拨款标准方案的指标；5.财政拨款的规范；6.依靠联邦预算资金培养专家、发展教育贷款和专门培养的指标；7.联邦预算方案。

20世纪90年代初，俄罗斯忙于制定稳定社会的新政策和经济改革，对高校没有给予相应的关注和适当的拨款，这种状况一直持续到90年代末。2000年以后，俄罗斯联邦预算中用于高校人才培养的经费逐年增加，生均教育预算虽然也有浮动，但是2000年以后增加的幅度也是很大（如表5-22，5-23）。

表5-22　俄联邦统一预算资金中用于高等教育的开支（单位：百万卢布）

	1995	1997	1998	1999	2000	2001	2002	2003	2004	2005
统一预算：高等教育	57.3	112.6	99.7	147.6	214.7	277.8	409.4	475.6	593.4	801.8
	5.3	10.7	9.4	14.4	24.4	34.0	48.4	61.2	76.9	125.9

续表

	1995	1997	1998	1999	2000	2001	2002	2003	2004	2005
联邦预算：高等教育	9.0	16.4	14.6	20.9	38.1	54.5	81.7	99.8	121.6	162.1
	5.0	9.9	8.5	13.1	22.5	31.3	44.9	56.8	71.8	119.2
俄联邦主体统一预算：高等教育	48.3	96.2	85.1	126.7	176.6	223.3	327.7	375.8	471.8	628.6
	0.3	0.8	0.9	1.3	1.9	2.7	3.5	4.4	5.1	6.7

资料来源：Образование в российской федерации：2006.Статистический ежегодник [M]. Москва：ГУ-ВШЭ, 2006：73.

表5-23　俄罗斯生均教育预算支出

	1996	1997	1998	1999	2000	2001	2002	2003
联邦预算支出（十亿美元）	1.703	1.824	0.752	0.525	0.799	1.038	1.395	1.768
预算内大学生数（千人）	2414	2476	2572	2581	2663	2755	2783	2851
俄罗斯用于每个学生花费（千美元/年）	0.705	0.737	0.292	0.203	0.300	0.377	0.501	0.620

资料来源：И.Майбуров. Финансирование высшего образование национальные Особенности [J]. Высшее образование в России, 2004（10）：35.

对高等教育的开支中除了俄罗斯国内国家预算和预算外资金来源外，随着俄罗斯高等教育国际化趋势的加强，外国留学生教育也为俄罗斯高等教育带来了一定的收益（见表5-24）。

表5-24　在苏/俄高校学习的外国学生总数及其占俄高校学生总数比例的变化

年份	在苏/俄高校学习的外国公民数（千人）	苏/俄高校大学生总数（千人）	外国公民占俄罗斯高校大学生总数的比（%）
1950/1951	5.2	796.7	0.6
1960/1961	10.9	1496.7	0.7
1970/1971	20.7	2671.7	0.8
1980/1981	64.5	3045.8	2.1
1990/1991	89.6	2824.5	3.2

年份	在苏/俄高校学习的外国公民数（千人）	苏/俄高校大学生总数（千人）	外国公民占俄罗斯高校大学生总数的比（%）
2000/2001	72.4	4741.4	1.5
2005/2006	113.8	7064.6	1.6
2006/2007	120.5	7341.4	1.6

资料来源：А.А.Леонардович，Ш.А.Францевич.Экспорт российских образовательных услуг（статистический сборник）[G].Москва，2007：27-28.

从表5-24的数据可以发现，与1950年相比，俄罗斯高校中的外国留学生数量实现了一个很大的飞跃，这与俄罗斯社会政治、经济逐渐区域稳定，与外界的关系和谐融洽有一定的关系。国外留学生数量的增加相应地也给俄罗斯带来了丰厚的财政收入，很大程度上缓解了俄罗斯高校的财政危机。这一点从表5-25，5-26和图5-18中可以明显看出来。

表5-25　俄罗斯高校1998/99—2005/06年从外国公民花费中所获收入

学年	在俄高校学习的外国公民总数（千人）	自费外国公民数（千人）	外国公民年均学习花费（美元）	外国公民学习总花费（百万美元）
1998/1999	61.3	50.0	1000	50.0
1999/2000	57.9	46.0	1110	51.1
2000/2001	53.9	42.1	1240	52.2
2001/2002	60.7	47.9	1140	67.1
2002/2003	64.3	50.1	1600	80.2
2003/2004	67.8	52.0	1860	96.7
2004/2005	82.9	62.5	2180	136.2
2005/2006	86.9	66.1	2565	169.5

资料来源：А.Л.Арефьев.Российские вузы на международном рынке образовательных услуг [G].Москва，2007：599.

表5-26　俄罗斯各所属部门/形式的高校2005/06年从外国留学生学习中所获收入

高校的部门属性/所属形式	自费外国学生数	年均学习价格（卢布）	年均学习价格（美元）	总收入（百万卢布）	总收入（美元）
俄罗斯教育部	34417	61637	2283	2121.361	78569
俄联邦保健与社会发展部	13878	65043	2410	902.675	33432
俄联邦文化与大众交流部	1677	118502	4389	198.728	7360

资料来源：А.Л.Арефьев. Российские вузы на международном рынке образовательных услуг [G]. Москва，2007：601.

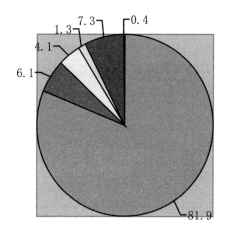
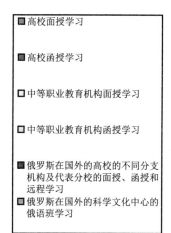

图5-18　2005/2006年按教育机构类型、地点、学习形式俄罗斯从教育服务输出所得收入结构（％）

资料来源：А.А.Леонардовыч，Ш.А.Францевич.Экспорт российских образовательных услуг（статистический сборник）[G]. Москва，2007：255.

外国留学生所占份额是分析高等教育竞争力的一个重要指标。留学生教育也是国际教育竞争的一个重要方面，在过去10年中，俄罗斯的外国留学生所占份额增加了两个百分点，澳大利亚、韩国和新西兰增加了一个百分点，同期美国从26%下降到19%，欧洲一些国家也有所下降。[①]

3.高等教育结果性指标

对高等教育毕业率、完成率以及各专业毕业生数量的计量反映了各国

① 中央教育科学研究所国际比较教育研究中心.中国教育竞争力报告2010[M].北京：教育科学出版社，2011：191.

获得高级资格的人口数量，以及哪些国家更适合和更有能力提供有高级技能和知识的人才。

表5-27　俄罗斯高等教育机构的招生数和毕业生数（单位：万人）

	1995	1999	2000	2001	2002	2003	2004	2005	2006	2007	2008
招生总数	68.10	105.90	129.25	146.16	150.39	164.34	165.91	164.05	165.76	168.16	164.17
毕业生数	40.32	55.48	63.51	72.02	84.04	97.69	107.66	115.17	125.50	133.55	135.85

资料来源：Образование в российской федерации：2006.Статистический ежегодник [M]. Москва：ГУ-ВШЭ：2006：370–371.

从招生数与毕业生数的比率来看（见表5-27），1995年，俄罗斯招生数与毕业生数的比例约为1：7，而2008年招生数与毕业生数的比例已缩小到1：2，由此可见，随着俄罗斯高校招生数和毕业生数之间比率的缩小，其高等教育在人才培养上的效率也逐步增加，其为社会所提供的人力资源存量也得到扩大。

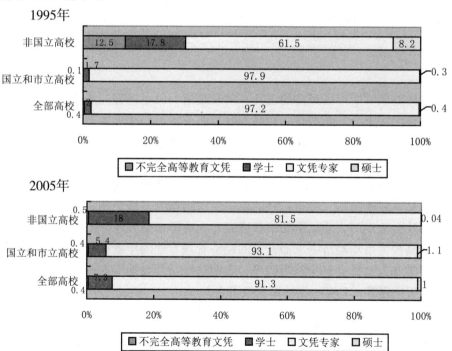

图5-19　1995、2005年获得不同学位（文凭）的高等教育机构毕业生结构（%）

资料来源：Образование в российской федерации：2006.Статистический ежегодник [M]. Москва：ГУ-ВШЭ：2006：406.

尽管俄罗斯在推进欧洲教育一体化进程中引入了"学士-硕士"两级高等教育体制，但是，从图5-19可见，俄罗斯传统的文凭专家学位仍然是主要的培养模式，与1995年相比，变化较大的就是学士文凭的培养规模有所增加，特别是在非国立高校表现更为明显。这种灵活的培养体制对于满足多样化的市场需求是有一定意义的，同时保留大量的文凭专家的培养模式也体现了俄罗斯对传统的继承，这也与其国家的历史文化特点相符的。

表5-28　俄罗斯国立高校大型专业毕业生构成与变化（%）*

专业	1990	1995	1996	1997	1998	1999	2000	2001	2002
全部	100.0%	100.0%	100.0%	100.0%	100.0%	100.0%	100.0%	100.0%	100.0%
自然/应用技术	54.4	49.8	47.8	45.1	41.8	40.7	39.3	37.9	35.5
经济与管理	13.8	15.2	16.7	19.3	22.3	24.3	26.7	27.7	29.0
人文与社会	31.8	35.0	35.5	35.6	35.9	35.0	34.0	34.4	35.5

*Рассчитано по данным：Российский статистический ежегодник：Стат.сб [G].Москва：Госкомстат России，2002：234；2003：237.
资料来源：A.A.Охрименко，Статистический анализ образовательной и научно-исследовательской деятельности высших учебных заведений [M].Москва：ТЕИС，2004：62.

伴随俄罗斯市场经济的成熟，以及政治上民主进程的加快，大众对高等教育的需求会不断增长。而高等教育服务的市场化无疑对高等教育规模的急剧扩张起着催化剂的作用。为此，高校除了要有很强的接纳能力外，更要考虑如此众多的学生毕业后该如何为社会所接纳，如果不解决好这一问题，必然会给社会造成很大的就业压力。而高校在这方面所能做的就是及时调整专业结构，变窄口径的单一层次结构为多级结构，既要培养大量面向社会的专门人才，也要培养研究专业的学术型人才。由表5-28可见，一些高校为市场经济需求而开设的经济管理专业的毕业生比例与传统的自然科学和人文社会科学基本持平，表明这些新开设的专业确实能够满足一类学生的需求，具有一定的市场吸引力。

（二）科学研究发展指标

1.科学研究发展规模

俄罗斯在高科技人才培养方面一直处于世界领先水平。苏联就拥有世界科技强国之称，在诸多领域都有突出成就。苏联解体后俄罗斯继承了已有的科技成果，时至今日，它仍然是一个世界科技大国，而其雄厚的科技实力与其高等教育体系科技人才的培养密不可分。高校的科学活动是提高专家培养质量的必要条件。在教育的所有层次和类型中，与国家经济和技术状况联系得最紧密、最直接的莫过于研究生教育。除了高等教育机构，俄罗斯的科学院也是培养研究生的重要场所。

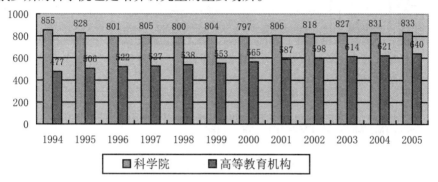

图5-20　俄罗斯培养研究生的机构类型及数量（单位：所）

资料来源：Подготовка научных кадров высшей квалификация в России. [M]. Москва：ЦИСН，2004：12. Образование в российской федерации：2006. Статистический ежегодник [M]. Москва：ГУ-ВШЭ，2006：427.

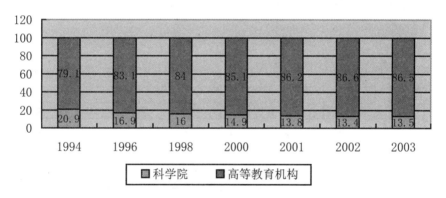

图5-21　按机构类型研究生数的分布（%）

资料来源：Подготовка научных кадров высшей квалификация в России [M]. Стат. сб，Москва：ЦИСН，2004：14.

从图5-20、5-21中可以看出来，虽然科学院的数量很多，但培养出来的人才（学生数量）仍然以高等教育机构为主。

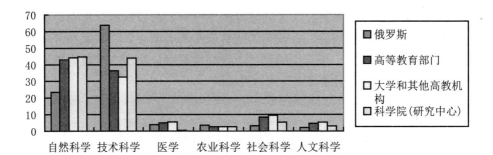

图5-22　2005年俄罗斯高等教育部门各科学领域研究者的分布状况（%）

资料来源：Образование в российской федерации：2006.Статистический ежегодник [M]. Москва：ГУ-ВШЭ, 2006：480.

俄罗斯的科技优势主要体现在基础研究和高新技术领域，凭借苏联时期的积累和解体后的一系列科技政策，使其保留了一支在质量上仍居世界前列的科研队伍。而俄罗斯所拥有的相对完整的科技体系以及相关的科研组织体系的支撑，不仅对高校培养科技人才提出了较高的要求，也为高科技人才提供了一个良好的发展环境和成长空间，拉近了教育与科学、生产之间的距离，如图5-22、5-23。

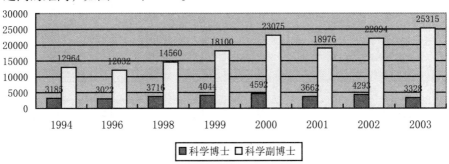

图5-23　最高学位评定委员会确定的俄罗斯读博士学位的人数（单位：人）

资料来源：Подготовка научных кадров высшей квалификация в России [M]. Москва：ЦИСН, 2004：168.

1990—1998年是俄罗斯科技人才急剧减少的时期，这期间流失了100多万科技人才，占科技人员总数的54%。①此后，俄罗斯政府采取了积极的稳定科研队伍的政策，科技人员流失现象有所减少，基本稳定在60万人左

---

① 刘向东，于俊.俄罗斯的科技人才状况及对策[J].全球科技经济瞭望，2004（11）：48.

右。[①] 2003年，俄罗斯登记在册的科技人员共有858470人，其中研究人员409775人，技术人员71729人，科研辅助人员229214人，科技人员总量约占世界科技人员总量10%，在这些人中，有很多人具有博士和副博士学位。[②]

高校的科研活动同教育过程是密不可分的，因为在教学过程中学生可以获得新的、较以前所学的更为深入的知识，培养出色的科学-教育人才，提高全体教育工作者的技能。以乌拉尔国立技术大学为例，该大学目前拥有2000多名科学教育工作者，其中包括250名科学博士、教授和1200多名副博士、副教授，在这些学者中，有4位俄罗斯科学院院士和4位科学院通讯院士，其科研实力十分强大。该大学还成功地开办了6所俄罗斯社会科学院分院。

乌拉尔国立技术大学的科学研究活动是通过以下科学-生产一体化机构实现的：9个科学研究所、22个实验室、8个科学-教学中心、联合企业、"乌拉尔"科技园、创新与市场营销学院、高校创新活动协调中心、知识分子财产保护中心、技术转让部、新信息技术地区中心等等。规模更大的科研活动是通过与俄罗斯科学院乌拉尔分院在10个分教研室和高校学术中心的框架下合作完成的。为保证科学研究工作和教育过程的顺利进行，乌拉尔国立技术大学购置了价值190亿卢布的设备和仪器供临时科技园区支配使用。过去的几年，乌拉尔国立技术大学获得用于科学研究的预算拨款增加了2.6倍，而经济合约数增加了2.1倍。

乌拉尔国立技术大学-乌拉尔工学院根据科研工作类型的不同对用于科学研究的预算拨款进行了分配，如表5-29。

表5-29　乌拉尔国立技术大学-乌拉尔工学院科研经费分配表（单位：千卢布）

科研工作种类	2000	2001	2002	2003	2004
基础研究	5431.9	7560.1	11559.4	14633.6	22277.4
应用研究	23935.9	35731.7	50807.3	58740.0	61609.8
开发研究（即创新）	8490.7	11270.0	4268.9	2504.7	3378.6

资料来源：А.Бердин. Наука и инновации в университете [J]. Высшее образование в России，2005（08）：51.

---

①　李靖宇，荣丽华.俄罗斯国家科技基础与普京政府科技政策价值取向[J].世界科技研究与发展，2000（06）：97.

②　许志新.重新崛起之路——俄罗斯发展的机遇与挑战[M].北京：世界知识出版社，2006：239.

由表5-29可见，俄罗斯每年拨给大学用于科学研究的预算拨款都成倍增加，这对于高校的科研工作无疑起到了很大的促进作用。当然，科学研究的成就不仅仅反映在预算拨款额度的提高和科研类经济合约签订数目的上升方面，在2000—2004年间，乌拉尔国立技术大学公开发表了21256份科学文献，包括467本专著，900多册教学参考书和教科书（如图5-24）。

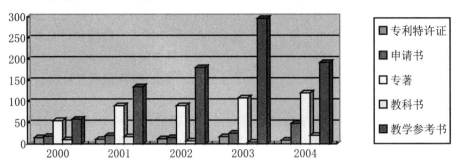

图5-24　乌拉尔国立技术大学科研成果示意图（单位：份）

资料来源：А.Бердин. Наука и инновации в университете [J]. Высшее образование в России，2005（08）：51.

　　乌拉尔国立技术大学的学者们参加过4000多场会议，其中有1703场是国际会议。该大学自身组织和举行了255场学术会议，98场学者们学术著作展，获得了139个不同价值的奖品。近些年，大学的部分学者个人和科学集体取得国家水平的重大成就。

　　乌拉尔国立技术大学-工学院知识分子财产保护中心于1997年在乌拉尔国立技术大学专利许可部的基础上建成的，它对于保护和发展知识分子的潜能、吸收补充预算外资金创造了重要条件。同时，理顺大学与开发者之间的关系有助于以大学的名义提交科学发明申请数目的增加（如图5-25）。

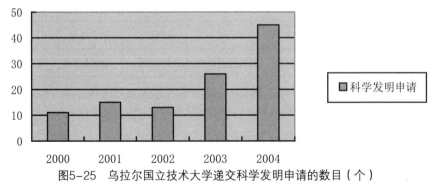

图5-25　乌拉尔国立技术大学递交科学发明申请的数目（个）

资料来源：А.Бердин. Наука и инновации в университете [J]. Высшее образование в России，2005（08）：53.

近几年来，乌拉尔国立技术大学积极投入俄罗斯各高校展开的科技创新过程中，乌拉尔国立技术大学–乌拉尔工学院更是在科学发展和科学技术企业领域享有盛誉。乌拉尔国立技术大学创办了50多所小型科技生产企业，共有500多名在职工作人员和1000名兼职工作人员。每年都会吸引250名左右大学生进入该企业工作。

2.用于科学研究的经费指标

1998年，俄罗斯来自联邦预算资金对民用科学的拨款占GDP的0.28%，占联邦总预算1.58%，2000年分别增加为0.29%和2.05%，2004年分别为0.33%和2.05%。[①]俄罗斯用于科学研究的花费不仅依靠联邦预算资金，还有其他来源：科研组织自身资金、地区预算资金和预算外资金等（如图5–26）。科研组织使用拨款资金的总数构成了完成研究和开发的内部开支。1995年用于科学上的内部开支为68.9%，2000年增加到78.4%，用于研究和开发上的内部开支如表5–30。

表5–30　俄罗斯用于研究和开发活动的内部开支结构（%）

年份	1995	1996	1997	1998	1999	2000	2001	2002
国家的	26.1	25.9	28.2	25.8	25.2	24.4	24.3	24.5
企业的	68.5	69.2	66.3	68.9	69.9	70.8	70.3	69.9
高等教育	5.4	4.8	5.4	5.2	4.8	4.6	5.2	5.4
私人非盈利的	0.0	0.1	0.1	0.1	0.1	0.2	0.2	0.2

资料来源：Российский статистический ежегодни [G]. Москва：Госкомстат России，2003：532.

---

① 高媛.俄罗斯科研经费资助结构的变化[J].国外社会科学，2008（05）：92.

俄罗斯

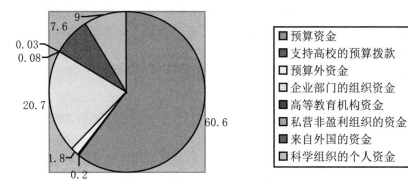

大学和其他高等教育机构

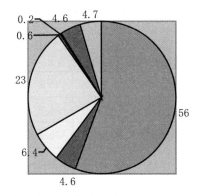

科学院（研究中心）

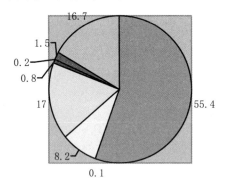

图5-26　2005年俄罗斯用于高等教育研发开支的资金来源构成（％）

资料来源：Образование в российской федерации：2006.Статистический ежегодник [М]. Москва：ГУ-ВШЭ，2006：489.

与其他国家相比，1999年俄罗斯用于科学上的内部开支占GDP的1.01%，OECD国家大约为2%，美国为2.64%，日本为3.04%，韩国为2.4%。2002年，俄罗斯高等教育用于研究和开发内部开支为73.229亿卢布。[①]

3.科学研究成果性指标

STEM是科学（Science）、技术（Technology）、工程（Engineering）、数学（Mathematics）的简写，即科学、技术、工程、数学教育。在国家实力的比较中，获得STEM学位的人数成为一个重要的衡量指标。

汤莫斯·弗瑞德曼在《世界是平的》一书中写到，2003年世界上共授予280万个科学和工程的学士学位。其中120万个学位被授予在亚洲大学里的亚洲学生。83万个学位授予给欧洲的学生。40万个学位授予美国的学生。在中国60%的学士学位是授予科学和工程专业的学生，而美国只有31%。这一支训练有素的科学与工程队伍正在加强一个国家的竞争力。在一个科学和技术占主导地位的世界里，这是一个国家竞争力的重要因素。在2007年的数据对比中，俄罗斯在STEM学位获得数量上并不逊于其他国家（见表5-31）。

表5-31　授予学士学位最多的10个国家（STEM学位）

国家	授予大学学位的大学数（所）	一年学士学位总数（人）	STEM学位百分比（%）
印度	324	9200000	N/A
中国	701	4130000	N/A
美国	2500	1400000	17%
俄罗斯	1068	1100000	18%
巴西	2398	717858	12.5%
澳大利亚	44	665526	22%
日本	726	551000	25%
韩国	201	328476	38.4%
英国	114	315985	27.5%
法国	85	155000	24.5%

资料来源：科学杂志 [J]. 2007（07）.

文章来源：《STEM教育与国家竞争力》[EB/OL]. http://blog.sina.com.cn/ s/ blog_4ce310b501000 b8s.html，2007-10-16.

---

①　А.А.Охрименко.Статистический анализ образовательной и научно-исследовательской деятельности высших учебных заведений[M].Москва：ТЕИС，2004：82-83.

俄罗斯也不乏诺贝尔奖获得者。到2007年，俄罗斯共获得22项诺贝尔奖，美国304项，英国114项，法国54项，德国100项。[①]

21世纪以来，俄罗斯在高等教育和科学研究方面发生了明显的变化并取得了一定的成果。高等教育方面最大的变化就是随着非国立高校的迅速发展，高等教育机构数和学生数迅速增加，使俄罗斯高等教育规模逐渐由精英化转向大众化；在教育财政上，逐渐从国家单一的财政拨款转向多渠道筹资，国家预算拨款的比重减少了近一半，在预算外拨款中自费生的学费占有很大比例，此外，随着赴俄留学的外国学生数量的增加，从留学生身上所获得的收入也成为高校财政来源的一部分。在教育结果上，尽管俄罗斯在传统的专家培养的基础上引入了学士-硕士两个层次的教育，但是，从学生毕业所获得文凭的比例上看仍然以文凭专家为主，但是，多层次结构的设置对于接收外国留学生具有重要意义，并且随着俄罗斯高等教育国际化改革的深入，在国内高校中普遍设置多级层次结构是必然趋势。在科研方面，俄罗斯负责培养研究人才的机构除了高校还有科学研究院，但从所培养出的人才的数量上看，仍然以高等教育机构为主。

综上所述，从俄罗斯普通教育和高等教育的一系列指标体系中可以看出，在以提升国家竞争力为导向的教育政策指引下，在教育体系内部的不断变革下，整个教育的发展呈现积极的发展态势。不论是俄罗斯政府所推行的一系列重大政策还是教育实践领域的重大变革，最终都指向提升其教育的竞争力及国家竞争力的目标。从一系列教育发展指标上我们也不难发现俄罗斯教育体系所拥有的优势和实力。已有研究中多强调高等教育或高级人才培养对于国家竞争力提升的重要性，对俄罗斯来说，其教育发展对其国家竞争力的积极影响不仅表现在其在高等教育方面的变革和成就，同时在整体国民素质以及基础教育层次人才的培育上也处于很高的水平，这是其不同于别国的方面。

---

① Нобелевские лауреаты из России[EB/OL].http://ru.wikipedia.org/wiki，2008-10-21.

第二节　俄罗斯教育发展指标及其在国民
生产领域的反映

俄罗斯教育领域的发展状况自然会在其国家的生产领域有所反映，对社会生产产生不同程度的影响，从而对俄罗斯国家的发展、对于其国家竞争力的提升无疑会起到积极的促进和推动作用。

一、俄罗斯国家竞争力指标分析

2006年WEF发布的全球竞争力报告作为评价国家经济可持续增长能力的一项综合指标，为各国政府、企业和学者等提供了非常重要的信息资源。它以成长竞争力指数（GCI）来代表各国全球竞争力水平，是通过一些统计数据和专家调查资料来反映国家竞争力的宏观与微观、动态与静态结果，全面评估一个经济体当前的竞争力水平和潜在的经济增长能力。其指标包括12个支柱分三大类：第一类基本要素包括支柱1至5——制度、基础设施、宏观经济稳定性、安全、基本人力资本；第二类效率增强因素包括支柱5至10——高级人力资本、商品市场效率、劳动力市场效率、金融市场效率、技术准备度、开放性与市场规模；第三类创新与成熟度因素支柱11至12——商业成熟度、创新。

波特认为一个国家的经济会表现出不同阶段的竞争优势，并划分为四个阶段：生产要素导向（factor-driven）阶段、投资导向（investment-driven）阶段、创新导向（innovation- driven）阶段、富裕导向（wealth-driven）阶段。其中，前三个阶段是国家竞争优势发展的主要力量，通常会带来经济上的繁荣，第四个阶段是经济的转折，有可能因此而走下坡路。这四个阶段虽然只是概略的划分，但有助于了解经济发展过程中，国家与企业在不同时期所面临的问题以及促成经济发展或衰退的力量。[①] WEF据此将发展阶段的概念引入了指数计算中，将国家或地区的发展划分为三种不同发展阶段：要素驱动型、效率驱动型、创新驱动型（如图5-27）。根据既定国家所处的阶段，对那些在国家既定发展阶段具有重要作用的支柱赋予更大权重（见表5-32、5-33）。

---

① [美]迈克尔·波特. 国家竞争优势[M].李明轩，邱如美译. 北京：华夏出版社，2006：530-531.

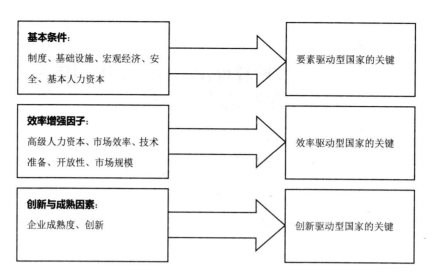

图5-27 全球竞争力指数中三个分指数的组成及对国家的驱动类型

表5-32 每个发展阶段的分指数权重（％）

权重	基本条件	效率增强因子	创新与成熟度因素
要素驱动阶段	50	40	10
效率驱动阶段	40	50	10
创新驱动阶段	30	40	30

表5-33 处于不同发展阶段的国家和地区

阶段1	从1到2	阶段2	从2到3	阶段3
中国	阿尔巴尼亚	巴西	韩国	法国
印度	秘鲁	俄罗斯	中国台湾	德国
	泰国			英国
				美国
				日本

资料来源：[美]奥古斯托·洛佩兹-科拉罗斯、迈克尔·E.波特、克劳斯·施瓦布. 2006-2007全球竞争力报告：创建良好的企业环境 [M]. 北京：中国经济出版社，2007：11-12.

2008–2009年WEF发布的全球竞争力报告中国家每个发展阶段的指数权重和不同阶段的各国的分布都发生了一些变化（见表5-34、5-35），如俄罗斯由原来的阶段2进入到从2到3的阶段，即开始从效率驱动型国家向创新驱动型国家转变，这一点从梅德韦杰夫总统上台以来所实施的一系列经济政策和报告中就可见一斑。

表5-34　每个发展阶段的分指数权重（%）

权重	要素驱动阶段	效率驱动阶段	创新驱动阶段
基本条件	60	40	20
效率增强因子	35	50	50
创新与成熟度因素	5	10	30

资料来源：The Global Competitiveness Report 2008–2009 [R].World Economic Forum, 2008.

表5-35　处于不同发展阶段国家和地区的变化

阶段1	从1到2	阶段2	从2到3	阶段3
印度、越南、津巴布韦、巴基斯坦等	中国、亚美尼亚、科威特、利比亚等	巴西、墨西哥、南非、乌克兰等	波兰、俄罗斯、中国台湾、土耳其等	澳大利亚、加拿大、丹麦、芬兰、法国、德国、希腊、中国香港、冰岛、意大利、日本、韩国、荷兰、新西兰、挪威、葡萄牙、新加坡、西班牙、瑞典、瑞士、美国、英国

资料来源：The Global Competitiveness Report 2008–2009 [R].World Economic Forum, 2008.

不同的竞争力水平往往决定了经济体分享全球化和经济增长福祉的结局。在这种形势下，竞争力评比活动具有十分现实而重要的意义，WEF认为，国家竞争力是决定一国生产率水平的一系列制度、政策和因素，由此，WEF每年都对各国国家的竞争力进行排名，并发布《全球竞争力报告》。

1994年俄罗斯首次列入世界各国经济竞争力分析报告，但排名很靠后，未列入国家竞争力名单中，1996年俄罗斯在世界46个国家竞争力排名中列最后一位。①1998—2007年，IMD框架下俄罗斯国家竞争力排名基本上徘徊在第43至54位之间（如图5-28）。

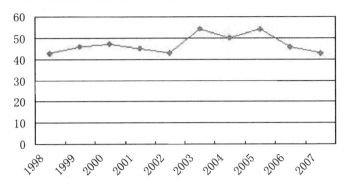

图5-28 IMD框架下1998—2007年俄罗斯国家竞争力排名状况

资料来源：张聪明. 俄罗斯的综合国力和国家竞争力[EB/OL]. http:// euroasia.cass.cn/ Chinese/Production/Yellowbook2007/009.html，2008-04-23.

表5-36 俄罗斯IMD世界竞争力指数（WCI）排名与他国比较

	1996	1997	1998	1999	2000	2001	2002	2003	2004	2005	2006
美国	1	1	1	1	1	1	1	1	1	1	1
法国	20	19	21	21	22	25	22	23	30	30	35
德国	10	14	14	9	11	12	15	20	21	23	26
日本	4	9	18	16	24	26	30	25	23	21	17
中国	26	27	24	29	30	33	31	29	24	31	19
印度	38	41	41	39	39	41	42	50	34	39	29
俄罗斯	46	46	46	47	47	45	43	54	50	54	54
国家总数	46	46	46	47	47	49	49	59	60	60	61

资料来源：刘君梅，刘志扬. 俄罗斯经济的竞争力、发展困境及其出路 [J]. 俄罗斯中亚东欧研究，2007（04）.

表5-37 近几年俄罗斯全球竞争力指数排名与他国比较

国家	GCI2005年	GCI2006年		2007-2008年GCI	2008-2009年GCI	
	排名	排名	分值	排名	排名	分值
美国	1	6	5.61	1	1	5.74

---

① 刘军梅，刘志扬.俄罗斯经济的竞争力、发展困境及其出路[J].俄罗斯中亚东欧研究，2007（04）：26.

国家	GCI2005年	GCI2006年		2007-2008年GCI	2008-2009年GCI	
	排名	排名	分值	排名	排名	分值
日本	10	7	5.60	8	9	5.38
德国	6	8	5.58	5	7	5.46
英国	9	10	5.54	9	12	5.30
法国	12	18	5.31	18	16	5.22
韩国	19	24	5.13	11	13	5.28
印度	45	43	4.44	48	50	4.33
巴西	57	66	4.03	72	64	4.13
中国	48	54	4.24	34	30	4.70
俄罗斯	53	62	4.08	58	51	4.31

资料来源：[美]奥古斯托·洛佩兹-科拉罗斯、迈克尔·E.波特、克劳斯·施瓦布.2006-2007全球竞争力报告：创建良好的企业环境[M].北京：中国经济出版社，2007：5-6.

与2004年（第70位）相比，俄罗斯2005和2006年的全球竞争力排名前进了几位。[①]但总的来看，俄罗斯在全球竞争力排名中的位置相对靠后（见表5-36，5-37）。这一方面与其解体后经济的滑坡有关，也与计算的方法有关。如前所述，全球竞争力排名也存在很多不足之处，它只是从整体上反映一国在全球所处位置，由此可能会掩盖了一些国家在某些方面的优势。虽然俄罗斯在世界各国国家竞争力的排名中很靠后，但其在居民普通教育水平、科研机构和组织的数量方面、科学家和工程师人数等指标上还是具有很强的优势。

二、俄罗斯教育发展指标及其在国民经济领域的反映

教育经济学把教育看作是一项投资，并提出了各种计算教育投资效率的方法，但是这些方法的科学性以及能否真正地反映教育所起的作用还有待商榷，这样教育对经济所起的作用虽然是明显的，但是很难做出精确的计算。通常从三个方面来考察和寻求教育在经济发展中的效果：一是国民收入、投资、劳动力和教育经费投入的变化；二是劳动力教育水平的构成

---

① 王玲.竞争力的核心在于创新——解析世界经济论坛全球竞争力最新排名[J].世界经济，2005（07）：80.

状况；三是科技队伍的增长。

（一）俄罗斯的教育竞争力

表5-38　2006年个别国家全球竞争力教育与创新指数排名

国家	健康与基础教育		高等教育与培训		创新	
	排名	得分	排名	得分	排名	得分
美国	40	6.60	5	5.82	1	5.90
日本	1	6.98	15	5.54	2	5.72
德国	71	6.37	18	5.42	5	5.51
英国	14	6.89	11	5.57	12	4.89
法国	12	6.92	12	5.57	14	4.80
韩国	18	6.85	21	5.38	15	4.71
印度	93	5.90	49	4.35	26	4.14
巴西	47	6.54	60	4.10	38	3.56
中国	55	6.44	77	3.68	46	3.44
俄罗斯	77	6.29	43	4.44	59	3.28

资料来源：[美]奥古斯托·洛佩兹-科拉罗斯、迈克尔·E.波特、克劳斯·施瓦布. 2006-2007全球竞争力报告：创建良好的企业环境[M].北京：中国经济出版社，2007：6-13.

20世纪90年代末，在世界经济竞争力的坐标体系中，科技潜力和人力资本依然是俄罗斯的最强项（如表5-38）。截至2007年中期，以WEF的视角看，俄罗斯的国家竞争力在某些方面依然保持着相当的优势。除自然资源外，还有其公民的受教育水平较高，基于开发与研究的创新能力相当强，在国家教育竞争力的排名和区域划分中占据明显地位（见表5-39）。

表5-39　个别国家教育竞争力的排名和区域划分

排名	国名	综合得分	区域划分
1	丹麦	72.71	1
2	瑞典	54.40	1
9	美国	30.22	2
13	俄罗斯	20.50	3
15	法国	19.61	3
17	英国	16.68	3

排名	国名	综合得分	区域划分
18	日本	15.52	3
21	韩国	3.95	3
39	巴西	−26.14	4
43	印度	−36.95	4
45	中国	−49.78	4

资料来源：薛海平，胡咏梅.国际教育竞争力的比较研究 [J].教育科学，2006（01）：82.

据统计，俄罗斯科技人员总量约占世界科技人员总量10%。2003年登记在册的俄罗斯科技人员共有858470人，其中研究人员409775人，技术人员71729人，科研辅助人员229214人。在这些人中，有很多人具有博士和副博士学位。俄罗斯的科技体系大致可以包括：科学院研究系统、工业设计研究系统、高等院校附属科研系统。据2003年统计数据，俄罗斯共有各类研究机构3797个，其中科学研究组织有2564个，设计局228个，勘探设计组织68个，实验工厂28家，高等院校393所，科研生产企业248家，其他科研机构268家。十多年来，俄罗斯在基础研究方面取得了数十项世界级科研成果。俄罗斯科学家完成了大量的科学试验，仅俄罗斯科学院就完成了大约5000个研究课题。

2000年5月，俄联邦政府对本国科技实力进行了全面评估，结果表明，在当今世界102项尖端科学技术中，俄罗斯有77.54%处于世界前列，其中52项保持世界主导地位，27项具有世界一流水平。[①]在高新技术研究方面，俄罗斯在许多领域始终保持着世界领先地位。

俄罗斯科技实力中最值得夸耀的部分是军工和宇航技术，这两个领域集中了俄罗斯最优秀的科研力量，也最集中地体现了俄罗斯的科技潜能。所有这一切都充分显示了俄罗斯作为世界顶级科技强国的雄厚实力和巨大潜能，在新世纪全球科技角逐中俄罗斯理所当然地是一个绝对不容忽视的重量级选手。

由此可见，教育仍然是俄罗斯国家最具竞争力的资源。2000年在参加达沃斯论坛的国家中，俄罗斯在居民教育水平上排名第25位，而其他的社

① 许志新.重新崛起之路——俄罗斯发展的机遇与挑战[M].北京：世界知识出版社，2006：241.

会–经济参数位次比较靠后，排在第52位。俄罗斯教育的基础性和较好的自然科学培养水平是其国家特别强大的方面。

（二）俄罗斯居民的教育潜力

教育潜力在现代社会体现为智力活动对社会过程、经济增长及对科学、教育和文化的较高的社会、经济购买力的直接和间接影响。它在很大程度上决定人在社会中的地位，以及国家（民族）在世界上的地位。在后工业社会，提升教育体系的作用及其主要功能在于满足个人获得新知识、技能的需要，推广生产知识、促进年轻一代社会化和职业化，最后达到国家居民教育潜力的提升。

就俄罗斯而言，一方面从其在智力领域取得的巨大成就和传统（不仅是其本国的财富，也是全人类的财富）来看，另一方面从文化、技术与地缘政治利益的关系看，保持和发展教育潜力的问题都是俄罗斯当前面临的一项紧迫任务。现代俄罗斯继承了苏联时期发达的教育体系和人力资源（不论从数量还是质量上看），保持和继续发展这一体系可以保证高水平地满足俄罗斯公民对教育的需求。俄罗斯25至64岁年龄段具有高等教育水平的居民的比重（17.5%）超过了多数OECD国家，仅次于美国（24%）和荷兰（21%）。[1]

早在20世纪90年代，生活质量和教育质量就被宣布作为联合国和联合国教科文组织全球政策的主要方向。1990年起联合国根据其所制定的发展大纲在各国政府提供的人力发展报告的基础上，实现了对世界各国《人的发展潜力指数》（以下简称ИРЧП）的监察。人的发展潜力指数按0.1（或0.100%）的比率由三个等级指标构成：预期的寿命、教育水平、实际的人均国内生产总值（ВВП），它反映了三方面的质量：健康的生活、知识水平、人的物质收入。如果ИРЧП低于0.5，那么这个国家属于低水平人的发展潜力指数国家；如果ИРЧП为0.5至0.8之间，则其人的发展潜力指数处于平均水平；如果ИРЧП高于0.8则人的发展潜力指数属于高水平。

1992年，俄罗斯的ИРЧП在174个国家中排名第52位。人力发展指数的持续走低（1985年俄罗斯教育水平指数为0.833，1995年为0.819）导致1995年俄罗斯从高水平组进入平均水平的组别，从52位降到114位（174个国家），1998年才又提升至72位。2000年俄罗斯的人力发展指数又有提

---

[1]　Т.Л.Клячко.Модернизация российского образования：ресурсный потенциал и подготовка кадров[M].Москва：ГУ-ВШЭ, 2002：10.

高，在174个国家中居第62位。排在前五位的国家分别是加拿大、挪威、美国、澳大利亚和冰岛。[①]

联合国每年出版的《人力发展报告》中对各国人力发展指数的比较表明，俄罗斯的人力资本发展水平处于平均水平（见表5-40，5-41，5-42）。

表5-40　人力资源发展潜力方面的国际比较（1999年人力发展报告）

指标	俄罗斯	加拿大	美国	日本	法国	德国
人力资源发展指数*	0.747	0.932	0.927	0.924	0.918	0.906
教育水平指数	0.92	0.99	0.97	0.94	0.97	0.95
成人居民识字水平（%）*	99.0	99.0	94.0	85.0	99.0	99.0
预期寿命（岁）*	66.6	79.0	76.7	80.0	78.1	77.2
人均国民生产总值（千美元）*	2.68	19.64	29.08	38.16	26.30	28.28
用于教育的开支（十亿美元）*	16.19	41.65	420.29	173.24	94.04	111.41
教育支出占人均国民生产总值的比（%）*	4.1	7.0	5.4	3.6	6.1	4.8

*1997年的数据
资料来源：A. Егоршин. Прогноз (О перспективах образования в России) [J]. Высшее образование в России，2000（04）：21.

表5-41　世界各国居民的教育水平（2000年）

	累计受教育年限的平均数（年）		备注：按2004年等价购买力居民人均GDP（千美元）
	15及15岁以上居民	25及25岁以上居民	
发达国家			
法国	7.86	8.37	26.9
德国	10.20	9.75	26.1
日本	9.47	9.72	27.3
英国	9.42	9.35	28.5
美国	12.05	12.25	36.7
过渡国家			
捷克	9.48	9.46	17.9
匈牙利	9.12	8.81	15.4

---

① A.И.Субетто.Государственная политика качества высшего образования：концепция，механизмы，перспективы.（Часть I）[M].Сан-Петербург: Кострома, 2004：26.

续表

	累计受教育年限的平均数（年）		备注：按2004年等价购买力居民人均GDP（千美元）
	15及15岁以上居民	25及25岁以上居民	
波兰	9.84	9.90	11.9
BRIC四国			
巴西	4.88	4.56	7.7
中国	6.35	5.74	5.1
印度	5.06	4.77	2.9
俄罗斯	10.03	10.49	9.1

资料来源：Barro R. J., Lee J. W. .International Data on Education Attainment: Updates and Implications [J].Oxford Economic Papers，2001（03）：53；World Development Indicators. Washington: World Bank，2005.

表5-42　人类发展指数排名（1994年）

HDI排名（国家）	成人识字率（%）	综合入学率（%）	人均实际GDP（PPP美元）	教育指数	GDP指数	人类发展指数（HDI）	人均实际GDP排名减HDI排名*
1加拿大	99.0	100（最高值）	21459	0.99	0.99	0.960	7
2法国	99.0	89	20510	0.96	0.99	0.946	13
4美国	99.0	96	26397	0.98	0.99	0.942	-1
7日本	99.0	78	21581	0.92	0.99	0.940	0
15英国	99.0	86	18620	0.95	0.99	0.931	5
19德国	99.0	81	19675	0.93	0.99	0.924	-3
32韩国	97.9	82	10656	0.93	0.97	0.890	5
中等人类发展水平							
67俄罗斯	98.7	78	4828	0.92	0.78	0.792	7
68巴西	82.7	72	5362	0.79	0.87	0.783	0
108中国	80.9	58	2604	0.73	0.41	0.626	3
低人类发展水平							
138印度	51.2	56	1348	0.53	0.21	0.446	5
175塞拉利昂	30.3	28	643	0.30	0.09	0.176	-4

*正值表示HDI排名优于人均实际GDP排名，负值相反.

资料来源：[美]杰拉尔德·M. 梅尔，詹姆斯·E. 劳赫. 经济发展的前沿问题[M].黄仁伟，吴雪明等译.上海：上海人民出版社，2004：27-34.

根据IMD《世界竞争力年鉴》关于国民素质在整个国际竞争力中的统计分析可以得出：（1）国民素质竞争力排名与国际竞争力排名具有明显的正向线性关系；（2）拟合直线的斜率与对角线的斜率非常接近。这反映了国民素质的竞争力和一国的竞争力是高度相关的（如图5-29）。

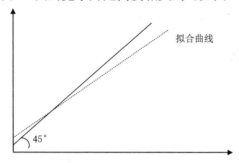

图5-29　国际竞争力与国民素质竞争力拟合曲线图

资料来源：李志江.人才资源的经济学分析——中国欠发达地区人才资源开发与利用实证分析[M].北京：中国人民大学出版社，2007：96.

根据国际竞争力排名的斯皮尔曼等级相关系数，国民素质和国际竞争力相关系数为0.902，是各项相关系数中最有相关性的因素。[①] 构成国民素质竞争力的指标体系主要是人才资源的数量与质量两部分。西方有学者认为，人才资源的质量由教育结构、生活质量、态度与价值观三个方面构成。人才资源的数量与国民经济的增长与发展呈正相关关系，人才资源的利用程度也与经济增长与发展具有正向关系。

（三）俄罗斯教育与就业

至少完成高中阶段教育是目前成人进入劳动力市场的最低标准，对高中毕业率和成年人口教育成就的测定，可以明确和直观地描绘一国的人力资本存量及其随时间的推移所发生的变化。从图5-30中可以看出，俄罗斯居民的经济积极性水平保持着平稳提升的发展状态，居民的就业水平在1999年以后有了明显的提升。

---

① 中国人民大学竞争力与评价研究中心研究组.中国国际竞争力发展报告2001[M].北京：中国人民大学出版社，2001：151.

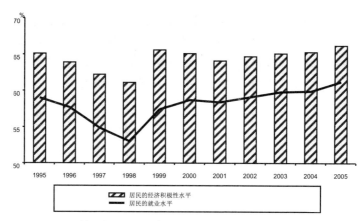

图5-30 俄罗斯15至72岁居民的经济积极性水平及就业水平

资料来源：Росстат.Российский статистический ежегодник 2006（статистический сборник）[G].Москва，2006：129.

联合国教科文组织一份研究报告表明：不同文化水平的人在同等条件下对提高劳动生产率的作用是不同的。其中，小学文化程度的劳动力可使劳动生产率提高43%，中学文化水平则可提高108%，而大学文化水平的可提高至300%。从表5-43可见，俄罗斯不同受教育水平居民的就业状况有明显的差别。

表5-43 按教育水平，俄罗斯居民在经济领域就业的数量分配（占居民总数的比%）

	经济领域的就业总数	具有的教育水平						
		高等职业教育	不完全高等职业教育	中等职业教育	初等职业教育	中等（完全）普通教育	基础普通教育	初等普通教育没达到初等普通教育水平
1995	100	18.4	1.5	33.2	···	33.2	12.0	1.8
2000	100	21.7	4.6	28.6	11.0	23.5	8.7	2.0
2001	100	24.2	2.5	31.1	11.7	22.7	7.0	0.9
2002	100	23.8	2.5	32.2	11.1	23.2	6.5	0.8
2003	100	23.6	2.1	26.8	16.5	22.9	7.4	0.8
2004	100	24.9	2.0	26.1	17.6	22.6	6.2	0.5
2005	100	24.7	1.9	25.4	18.3	22.7	6.3	0.7

*1995年的初等职业教育按中等（完全）普通或基础普通教育考虑.
资料来源：Федеральная служба государственной стастики（Росстат），Российский статистический ежегодник（2006）：статистический сборник [G]. Москва，2006：143.

表5-44　2005年按教育水平各类经济活动中居民就业的数量分配（11月末，%）

经济领域从业人数总数	具有不同教育水平的人数的比						
	高等职业教育	不完全高等职业教育	中等职业教育	初等职业教育	中等（完全）普通教育	基础普通教育	初等普通教育未达初等普通教育水平
总数	100	24.7	1.9	25.4	18.3	22.7	6.3	0.7
农业、养殖和林业	100	6.0	1.2	16.8	17.3	35.3	19.4	4.0
渔业	100	22.0	2.1	36.7	15.2	18.0	6.1	
矿物开采	100	16.5	0.9	27.9	29.0	21.7	3.9	
加工制造	100	18.8	1.8	23.8	23.5	25.4	6.2	0.4
电力、天燃气和水的生产	100	23.2	1.5	26.7	22.2	20.5	5.3	0.5
建筑业	100	19.6	1.4	21.1	26.6	23.6	7.6	0.2
商品批发、零售、汽车运输资源的维修	100	19.5	3.1	26.2	18.6	26.8	5.4	0.3
宾馆服务	100	9.1	1.4	23.0	34.0	25.7	6.2	0.6
运输业	100	17.0	1.8	24.9	24.7	27.0	4.3	0.3
财政活动	100	66.7	1.8	19.1	6.1	5.7	0.6	
不动产的出租和供给服务	100	38.9	1.9	20.6	13.4	20.4	4.7	0.1
国家管理和保证军事安全	100	39.3	2.2	25.4	11.5	18.7	2.8	0.2
教育	100	50.4	2.1	26.3	7.6	9.8	3.4	0.4
保健和社会服务	100	28.2	0.9	46.8	6.9	12.8	4.1	0.3
其他公共社会和个人服务	100	25.1	2.4	28.3	21.2	18.5	4.0	0.5

资料来源：Федеральная служба государственной стастики （Росстат），Российский статистический ежегодник（2006）：статистический сборник [G]. Москва，2006：144.

在知识经济的时代背景和全球化国际背景下，（一个国家）既需要相当数量的高层次拔尖创新专门人才，也需要数以千万计的各级各类、各行各业的生产、管理、服务的应用性、实用性、技术型的专门人才，还需要数以亿计的有一定文化水平和生产技能的高素质劳动者。而这种各层次人才的培养不仅有赖于高等教育的发展，也需要初、中等和职业教育的发达。表5-44显示了俄罗斯不同教育水平居民在不同行业中的就业状况。

表5-45　各国高等教育领域的专家*培养结构

培养方向	俄罗斯		美国		日本		德国	
	总数	每万居民	总数	每万居民	总数	每万居民	总数	每万居民
总产出（千人）	401.1	27.0	1047.9	40.2	372.2	30.0	134.7	21.0
%	100.0		100.0		100.0		100.0	
工程技术专业（千人）	163.3	11.0	187.3	7.0	70.5	5.6	29.1	4.6
%	40.7		17.9		18.9		21.6	
农业经济（千人）	36.0	2.4	15.0	0.6	13.8	1.1	4.8	0.8
%	9.0		1.4		3.7		3.5	
经济和法律（千人）	38.3	2.6	306.4	12.0	157.9	12.6	42.7	6.7
%	9.5		29.2		42.4		31.7	
自然科学（千人）	35.9	2.4	74.5	2.9	12.2	1.0	16.4	2.6
%	9.0		7.1		3.3		12.2	
人文科学（千人）	48.8	3.3	237.0	9.1	54.2	4.3	23.7	3.7
%	12.2		22.6		14.6		17.6	
教育（千人）	47.0	3.2	87.1	3.3	31.3	2.5	—	—
%	11.7		8.3		8.4		—	
保健（千人）	27.7	1.9	83.6	3.2	20.4	1.6	11.8	1.8
%	6.9		8.0		5.5		8.8	
艺术（千人）	4.1	0.45	40.3	1.6	10.1	0.8	6.2	1.0
%	1.0		3.9		2.7		4.6	

*美国——具有学士学位毕业生（对法律和医学而言指具有职业文凭的专家）；日本——学士；德国——文凭专家，接近俄罗斯高校毕业生的培养水平。

资料来源：Рассчитано по данным среднегодовых выпусков специалистов в 1985–1995гг.в указанных странах，опубликованным в материалах НИИВО Минобразования России.

表5-45显示了各国高等教育领域的专家培养结构。可见，俄罗斯在工程技术及自然科学教育上占有一定优势，其他学科较弱，导致俄罗斯1/3的高校是侧重选择工业的，而在工程专业学习的学生数达44%。

1990—1997年，在科学和科学服务领域就业的人数为49%，建筑领域37.3%，工业领域34.7%，运输业13.4%，农业和林业领域11.3%，都普遍下降了；而在财政行业增加了一倍，机构管理就业人数61%，商业领域48.3%，都有了快速增长。与其他国家相比，俄罗斯在不同经济领域就业的居民比例见表5-46。

表5-46　俄联邦和其他国家经济领域就业状况的分布

国家	1994年年均居民数（百万人）	在经济领域就业的居民比重（%）	在农业领域就业的居民比重（%）	在工业领域就业的居民的比重（%）	在服务业领域就业的居民比重（%）
俄罗斯	148.3	76.6	14.0	28.0	58.0
德国	81.4	52.5	2.9	35.3	61.8
英国	58.4	56.5	2.0	27.4	70.6
法国	57.9	48.8	4.8	26.5	68.7

资料来源：1.Рассчитано по данным Госкомстата России за 1996г.；2.Рассчитано по：Центр исследований и статистики науки Квалифицированные кадры России[G].Москва，1999.

随着国家在生产领域对科学和新技术的竞争加剧，教育在这一领域发展的状况和水平决定着国家在世界上的发展状况，它成为市场成功、经济增长和科技进步的决定性因素。在工业发达国家，研发新的技术特别是新工艺的投入通常超过对其他两个保证经济增长的基本生产要素——劳动和资本的投入。近些年对这些因素评估的平均水平在24%至32%。未来，教育和科学技术因素在世界经济中的作用将会继续增加。[①]

总体来看，根据波特对国家经济发展阶段的划分，俄罗斯国家经济正处于从投资导向阶段向创新导向阶段过渡的时期，其国家竞争力水平虽然与一些发达国家相比还落后，但是近年来基本上保持平稳发展态势并有上升的迹象。俄罗斯教育竞争力的水平在国际排名中并不逊色于一些发达国家，并且在某些方面保持着自己的优势，是俄罗斯国家最具竞争力的资

---

① Т.Л.Клячко.Модернизация российского образования：ресурсный потенциал и подготовка кадров[M].Москва：ГУ-ВшЭ，2002：9.

源。俄罗斯居民的整体教育水平较高，人类发展指数处于中等水平，居民的就业率总体来说很高。完成高中阶段教育是进入劳动力市场的最低标准，俄罗斯在经济领域的从业人员以高等教育、中等职业教育和中等完全普通教育水平的人居多，说明其拥有足够的人力资本存量。

很多学者都认识到，教育是国民经济新的增长点——教育是应用知识、传播知识、创新知识并需要大批工作者的服务行业，可以为社会提供占从业人员总量4%的就业机会，对GNP增长的直接贡献也不会少于4%（发达国家可达6%至7%）。[①]因此，教育领域的发展状况对于一国经济的发展具有重要意义，居民的受教育水平、经济积极性会对国民经济各个领域产生影响，对国家整体的生产能力具有重要作用，进而影响一国的国家竞争力。

---

① 肖川.教育的力量[M].长沙：湖南教育出版社，2008：38.

Education Development
on National Competitiveness
in Russia

—————— · 第六章 · ——————

教育发展对国家竞争力产生影响的因素分析及基本特征

一个国家教育的发展能够对其国家竞争力产生影响往往是多方面因素共同作用的结果。一方面与其历史传统有着千丝万缕的联系，另一方面又受现实的社会发展环境的影响，而最终能否对国家竞争力产生积极影响还要看其自身发展的能力。本章将主要从这三个方面就教育发展对国家竞争力的影响进行因素分析。通过前面的论述和分析，本章将教育发展对国家竞争力发生影响的基本特征概括为潜在性、滞后性和持久性三个方面。

第一节　教育发展对国家竞争力产生影响的因素分析

首先，任何国家教育的发展都有其深厚的历史渊源，都是在其传统的积淀基础上不断向前发展的，在长期的历史发展过程中会形成某些相对稳定的教育发展模式或特点，这些传统因素中优势的方面将会构成一国教育的特色，并对其以后教育的发展具有重要意义。其次，教育的发展并不是脱离其他因素而独立存在的，它总会受到外部环境的影响，当其处于一个良好、稳定的社会发展环境中时，就会积极地寻求变革并不断追求更高层次的发展；当其处于一个社会动荡、经济衰退的环境中时，则不但不能进行有效的变革，而且其正常的发展也会受到阻碍和破坏。最后，一个国家教育发展对其国家竞争力产生积极影响最关键的还是取决于其自身的发展能力或者说竞争力，当其自身通过一系列的变革和改进措施而形成一个有效的发展路径，并通过这些努力确实取得成效的时候，它才有能力对国家竞争力产生积极的推动作用。

一、教育的传统优势——教育对国家竞争力产生影响的基础

历史文化传统对于任何一个民族或国家都是一种历史遗产，它凝结着人类社会的物质文明和精神文明，记载了人类社会走过的伟大道路。在世界各国的教育现代化进程中，传统作为一种"社会遗传"发挥着极其重要的作用。在民族文化传统的影响下，各国教育都形成了自己的教育传统。

所谓教育传统，是指在过去的教育实践中形成并得以流传的具有一定特色的教育体系。教育传统有一个形成和发展的过程，一定的历史时期有

一定的文化传统，也有一定的教育传统，而这种教育传统的形成是受当时政治、经济以及文化的影响而形成的，同时也是对过去教育传统的继承和发展。①

1957年苏联成功发射第一颗人造地球卫星成为其在教育上的巨大胜利的佐证，充分说明了其在人力资源开发方面的巨大成绩，同时这一事件也使得苏联的民族凝聚力得到了空前的加强。但是，一个充满生命力和进取精神的教育制度的成功不仅仅在于高等教育的水平，还在于它是否从广阔的社会基础中招生（即从那些曾经被认为是次等民族和其他阶级的子女中招生），即教育的普及程度。苏联比其他任何国家（除中国以外）更想通过自己教育上的一些显著成就以及内在的长处"宣传"自己的国家。不管怎样，苏联确实在提升全体国民素质、实现教育的全面普及方面取得了很大成绩，不仅对当时苏联的社会主义建设提供了雄厚的人力资源，就是对现代俄罗斯教育的发展和改革来说也是一笔丰厚的历史遗产。根据1897年的调查数据显示，当时俄国的识字率仅为21%，到1914年已经提高到40%左右。1955年，有75多万名17岁及其以上的学生完成了十年正规的普通教育。到1975年，苏联政府基本上完成向普及中等教育过渡的任务，96%的15岁以上的青少年完成八年基础教育后继续接受完全中等教育或升入相应的职业技术学校。②美国学者诺亚在著作中指出，苏联科技界的杰出人才不是通过把大笔钱财倾注到某些专门渠道的方式培养出来的，而是通过向普通教育投资的方式培养的（见表6-1）。因为作为劳动力所必须具备的基本条件和技能，首先是通过普通教育形成并在以后逐步获得发展的。

表6-1　苏联工业工人普通教育水平的变化

类别	1952年		1973年	
	人数（千人）	%	人数（千人）	%
受过中等专业教育和高等（完全和不完全）教育者	124	1.1	1310	5.6
受过完全中等教育者	173	1.4	5584	24.1
受过不完全中等教育者	3162	25.5	9562	41.2

---

① 顾明远，薛理银.比较教育导论——教育与国家发展[M].北京：人民教育出版社，2001：212-213

② [英]埃德蒙·金.别国的学校和我们的学校——今日比较教育[M].王承绪，邵珊，李克兴，徐顺松译.北京：人民教育出版社，2001：373，374，378.

类别	1952年		1973年	
	人数（千人）	%	人数（千人）	%
受过初级教育和更低教育者	3941	72.1	6767	29.1
总计	12400	100.0	23223	100.0

资料来源：全国教育学研究会编.论教育和国民经济的发展[M].北京：人民教育出版社，1980：142.

埃德蒙·金认为在评价苏联教育成就的时候，不能仅看到其物质丰富和军事力量强大两个方面，还应看到它为发挥人类潜力提供了一种新的前景。就像苏联人自己认为的那样，他们不仅造就了一整套高效率的技术设备、一大批高水平的学者，而且更重要的是创造了一个比较公平的文明——大家都具有得到较充分发展的道德心和情感，并且都有过上富裕生活的机会，即苏联在教育公平方面的思想对于其提升全体国民的文化素质起到了重大作用。苏联正是利用教育这一主要动力使其国家朝着工业化和社会主义的方向发展的。

在苏联的专业文凭和大学学位中，工程、技术科学所占的比例一直高于其他学科，这也是俄罗斯教育发展历史中的特色之一。二战后，随着苏联教育体系的迅速恢复，其在高级人才培养上取得了显著成就，每年培养出6万多名工科大学毕业生，而美国只有2.2万名，英国仅3000名。[1]苏联的技术教育由此得到了快步发展。美国人认为苏联学生大学毕业，已经相当于美国的硕士，可见，苏联高等教育的质量是很高的。

21世纪的国力竞争最主要的就是人才的竞争，人的素质的竞争。苏联当年能够与美国争霸凭借的就是大批杰出的科技人才及其国家公民普遍较高的受教育水平。苏联时期的学校教育在解决一些具体任务方面是很有成效的。比如，消除文盲、拓宽教育机构网、培养工人力量、发掘国家的科学技术潜力、发展民族教育体系、保证教育的普及等方面都有建树。需要强调的是，苏联教育发挥了基础性的作用，特别是在自然科学和数学两门学科领域内。1960年初，苏联中学在这两门学科领域所培养的毕业生的水平处于世界领先位置，这一成绩一直保持到1970年，苏联中学生参加国际

---

① [英]埃德蒙·金.别国的学校和我们的学校——今日比较教育[M].王承绪，邵珊，李克兴，徐顺松译.北京：人民教育出版社，2001：376.

奥林匹克竞赛的结果有力地证明了这一点。①

二、国家的外部环境——教育发展对国家竞争力产生影响的条件

教育改革是一个复杂的系统活动过程，是在教育外部环境的变化以及教育自身内部的相互作用下而发生的。从这个意义上说，一个国家的外部环境状况对教育的发展具有重要影响。教育改革活动总是在一定的社会环境或背景中进行的，社会的政治、经济、文化等外部环境的发展和变化会影响到教育的制度安排以及教育的行动策略。

一个国家政治上的变革也会对教育产生直接的影响，对教育的性质、方向等起着决定性的作用。教育在任何一种社会制度中都不能超越特定的政治范畴，不能不体现某一时代、某一社会的政治要求和政治理想。

建立一种以稳定为核心，通过权威主义方式推动的多元主义民主政治是俄罗斯政治发展的阶段性目标。与西方国家不同，俄罗斯建立所谓的民主政治的进程，不是建立在资产阶级反对封建专制斗争的背景下，而是在苏联解体的背景下开始的。权威主义政治在叶利钦时代就提出来了，但是没有得到很好的实施。普京上台后，将法制、秩序和国家观念、强化国家权威作为中心任务，表明了其在政治上的权威主义倾向，并以其稳健、务实和果敢的风格实现了俄罗斯政局的基本稳定。②俄罗斯在政治上的发展走向也映射到了其教育领域。俄罗斯时期的教育政策更为注重宏观层面，多颁布一些具有综合性、纲领性、战略性特征的方针政策，与国家的发展密切相关，是国家政策的缩影。这一时期的教育政策与苏联时期教育政策的最大区别就在于，它虽然也是国家为了整体的发展而制定，但是，更注重确保教育优先发展，将教育政策看作是一个独立的领域，国家的各项大政方针都要为教育的发展提供条件和保障。

俄罗斯在选择权威主义政治的同时也不否认民主政治的发展方向，而是试图在权威政治的基础上向民主政治迈进，在坚持西方式民主政治框架和市场经济的前提下，寻找适合俄罗斯的改革之路。民主就意味着要求国家的公民必须具备一定的教育水平。杜威在《民主主义与教育》一书中指出，如果一个民主国家要得以生存，那么该教育系统必须传授一定的有关

---

① В.П.Борисенков.Стратегия образовательных реформ в России （1985—2005 гг.）[J].Педагогика，2006（07）：46.

② 范建中.当代俄罗斯政治发展进程与对外战略选择[M].北京：时事出版社，2004：49，56.

社会及其传统的知识，以便于公民有愿望并有能力参与国家政治。[①]公民教育与民主是紧密联系的。那么，俄罗斯民主政治的推进也必然要求提高公民的教育水平，加强普通教育领域的公民教育。

普京执政以来对俄罗斯的法制建设给予了充分的重视，基本上建立起了能够有效调整市场关系的法律基础，俄罗斯的很多专家和学者认为，俄罗斯的法制体系基本上符合现代经济的要求。普京时期法制建设的重点不是打破原有的制度框架而是将其完善。普京执政之前，司法改革的主要推动者是法律学者或法院，普京上台后改变了这一传统，亲自担负起了司法改革的担子，于2001年开启了新一轮的法制改革，由此可见，其在法制改革上的力度和决心是叶利钦时期所无法比拟的。[②]这对于教育领域法律政策的制定和实施也具有非常重要的意义。21世纪以来，俄罗斯出台了很多重要的法律文件，并且特别强调了将教育置于优先发展的地位，并根据教育领域因市场经济改革而发生的相应变化，对《教育法》以及《高等和大学后职业教育法》进行了相应的修改，足以见得其在教育法律保障工作上的重视。再如，在市场经济环境下，俄罗斯的非国立教育获得了快速的发展，并对教育规模的扩张、满足民众多样的需求起到了重要作用。之所以如此，与政府及时制定相配套的法律、支持和规范非国立教育的发展有紧密关系。

经济是教育的基础和保证，对教育改革与发展有着直接的决定性的影响，教育的发展需要有强大的经济作后盾。经济的变革是教育改革的重要动因之一，经济上的改革与变化必然会引起并要求教育也要进行相应的调整，以更好地服务于经济。

20世纪以来世界经济的三次重大变革都对教育的发展产生了重要影响。第一次是20世纪初由世界性经济危机引发的，其特点是实现经济的分化，各种经济形式的出现，使得产业结构发生大的调整，相应地也要求科学技术的进步，由此引发了世界性的教育改革；第二次是20世纪50年代末60年代初，由美苏两大军事集团间的军备竞赛引起的，其特点是为了提升军事实力而形成的生产力的高技术化，包括建立新的技术产业、改变生产工艺、提高劳动力素质等，由此又引发了新一轮的教育改革，其重点是基础教育、科学教育和天才教育方面的改革；第三次是20世纪70年代末80年

---

① 袁本涛.发展教育论[M].南京：江苏教育出版社，2005：435.

② 冯绍雷，相蓝欣.转型理论与俄罗斯政治改革[M].上海：上海人民出版社，2005：202.

代初由世界性新兴科学技术革命所引发的，其特点是实现经济的现代化、自动化和电子化，电子技术广泛应用于经济发展，从而引起产业结构的大变革，新兴产业不断兴起和出现，要求教育在结构、内容、方法和技术上面向现代化。①

经济要求深刻地影响着教育，教育也被看作是促进经济发展的最富有潜力的因素。经济发展了就需要有更多的技术工人，技术上的变革又改变着传统的行业结构或增加新的行业，这就要求大规模地对人才的训练和培训。在世界范围内，经济发展的要求和新的就业机会的出现强烈地刺激着教育的扩张。经济改革为教育改革创造经济条件，教育改革寻求的是教育在质与量上的提高，而这必须以必要的经济条件为基础，需要有适当的经费投入。足够的经费投入可以改善办学条件、提升教职工的收入，改变教育的生存环境。经济的发展还可以改变教育发展的速度和质量，一般来说，教育是随着一个国家和地区的社会和经济发展的需求而发展的，经济的发展对人才培养的数量和质量也有不同的要求。

普京执政以来，俄罗斯经济逐渐进入一个稳定的复苏时期，其国家的宏观经济环境得到了明显的改善，2002年俄罗斯的市场经济地位已经得到国际上的普遍认可。许多人都认为，俄罗斯在经过艰难曲折的转轨之后，开始走向复兴，并在寻求以经济崛起为先导的全方位的国家崛起，甚至在2003年被美国权威的A.T.科尔尼咨询公司评为"越来越具有投资吸引力的国家"②。俄罗斯经济的恢复和发展为教育带来的最直接的益处就是在经费投入上的保障，不论在民族教育方案、教育现代化构想还是俄罗斯青年政策中都特别强调了加大教育投入的力度，这对于改善落后的教育条件、培养更多优秀人才具有重要意义。另外，随着市场经济在俄罗斯的深入发展，市场化的运作方式也在教育领域得到了拓展，非国立学校的出现、有偿教育服务的扩张、教育投资渠道的多元化等等都反映了教育市场化改革的日益深化。

除了政治、经济因素对教育改革有重要影响外，新的文化观念、人文精神也是教育改革的重要动力，相对于政治、经济因素而言，它对教育活动的影响是"软性"的、潜在的。③教育是文化的一个子系统，它受到文化的其他方面的规定和影响，一个国家、一个民族的价值观、思维方式、民

①　王宗敏，张武升.教育改革论[M].郑州：河南教育出版社，1991：68.

②　唐朱昌.俄罗斯经济重新崛起的前景分析[J].东北亚论坛，2005（05）：78.

③　袁振国.教育改革论[M].南京：江苏教育出版社，1995：62.

族心理和民族精神对教育来说尤为重要。教育的内容主要源于文化内容，它主要从已经创造出来的文化中选择有价值的部分作为授课内容，传授给学生。因此，一个国家的教育发展的如何很大程度上反映了这个国家的文化特质。

俄罗斯科学院院士、俄罗斯古代文化学泰斗、俄罗斯国学大师德米特里·利哈乔夫认为俄罗斯文化具有与基督教有关的三大特点：个性原则、易于接受外族文化（普适性）和追求自由。作为一个文学史家，他认为文学对俄罗斯社会历史具有重要意义，文学是俄罗斯民族的灵魂和精神核心。而文学的这一重要地位与普希金的成就密切相关，普希金被认为是俄罗斯文化的最高典范。[①] 作为世界文化大国，俄罗斯一直很重视人文教育，文化要素是开展教育活动的土壤和根基，俄罗斯文学方面的成就对其学生人文素质的养成具有重要影响。俄罗斯的公民教育、素质教育以及教师教育中都充分体现了个性化、人文化、民主化等文化内涵。俄罗斯总统普京从第二任期开始就把文化建设作为复兴文化大国的重任，将构建和改善俄罗斯文化环境作为提高人民生活质量的重要手段，相继制定出台了一系列关于文学、艺术教育、文物保护、儿童艺术学校、芭蕾舞蹈学校，以及关于艺术进修班的法律法规，[②] 为培养个性化人才创造良好环境，提高国家的文化影响力。根据利哈乔夫的观点，基础人文教育对于中小学生的培养非常重要，而中学时代的教育是树立一个人人文素质的最重要阶段，需要在此期间教育青少年从小养成对传统文化价值的尊重和继承。俄罗斯有代表性的文化以最优秀的形式出现，力求上升到更高的水准，充满重大的内容，获得摆脱陈规的自由。这与其地域的辽阔性及其所带来的无限自由密切相关。俄罗斯文化的这一特性使得其拥有了一个与欧洲任何一国相比都毫不逊色的知识分子阶层，成为其国家发展的重要保障。

苏联解体所带来的重创，使得俄罗斯在世界格局中的地位下降，很难成为多极世界中独立的一极，但是其综合国力仍居世界前列，俄罗斯辽阔的疆域、丰富的自然资源、人口的技能和素质，以及作为联合国安理会常任理事国的地位，使其仍能在国际事务中发挥重要作用。尤其是普京时期实施的以恢复大国地位为目标、欧亚并重、东西兼顾的全方位外交战略，为俄罗斯国家的发展和复兴创造了一个良好的国际环境。这种良好的国际

---

① [俄]德·谢·利哈乔夫.解读俄罗斯[M].吴晓都，王焕生，季志业，李政文译.北京：北京大学出版社，2003：7.

② 汪宁，纪悦生.俄罗斯文化复兴战略[M].上海：上海财经大学出版社，2018：3.

环境不仅为教育改革提供了一个稳定的环境，而且也进一步推动了其教育的国际化。普京外交的最大特点，也是其区别于前任的地方就是主动、灵活和务实的外交风格，在其就任总统的第一年就出访了十几个国家。① 这种主动的多边外交战略也促进了其教育的开放性。在传统的专家培养模式的基础上，引入学士–硕士的多级培养体制，将普通教育的学制由十一年改为十二年的尝试，在很大程度上都表明了其在教育上力图与国际接轨的倾向。这也为其教育的发展注入了新的活力，与苏联时期以"老大哥"的姿态一味地教育输出相比，现在更加注重同别国在教育领域的合作和交流，并积极借鉴国际通用的教育发展模式，也鲜明地体现了俄罗斯当前教育改革的国际视野。

三、教育自身的生命力——教育发展对国家竞争力产生影响的内因

健全的公立教育体制是一个社会政治、经济复兴的关键。这种健全的公立教育体制的形成并不是一蹴而就的，它是经过不断的改革和变化，不断地去除其中那些不利于教育发展的因素，建立和创造出更为合理和适应国家和社会发展的内容。教育系统的不断更新和变革正是展现了其较强的生命力。

教育体系的改革在很大程度上是源于其体系内部各种各样的问题的出现，然而正是由于这些问题的存在促使人们去寻求解决问题的方法，在已有的框架体系内进行适当的调整和变化，以使教育体系更加顺畅地运作。虽然变革的过程是不可预测的，是非直线的，充满着不确定性。② 但是，当其不断地朝着积极的方向努力时，就会取得一定的成效，就具有一定的进步意义。

仅仅停留在理论框架上的改革策略是不能奏效的，因为这些策略在快速变化的各种环境面前不能发挥任何作用。尽管自上而下的变革并不有效，但是，在教育变革中仍然需要这种自上而下的强制性的力量。因为来自上层的政治力量既可以为地方改革施加必要的压力，又可以提供各种机遇，尽量使地方的改革合法化，即自上而下的强制压力和自下而上的变革动力是互为补充的。个体学校的改革无论怎样都会很难达到大规模的

---

① 范建中.当代俄罗斯政治发展进程与对外战略选择[M].北京：时事出版社，2004：49，358.

② [加拿大]迈克尔·富兰.变革的力量（续集）[M].北京：教育科学出版社，2005：25.

变化。

大规模的改革就是系统的变革，要完成这一任务，所有的个人、集体、机构和社会都要竭尽全力地去调动有利于改革的各种重要力量。需要这些不同利益群体间通力合作，调动所有智力、政治和精神的力量，并将这些有机地融合起来。

苏联时期的学校处于形式划一的体制下，这种形式划一反映在教育的各个水平——从幼儿园到高等教育机构都采用统一的教学大纲方法。到1988年，普通学校的活动基本上都按统一的教学计划（对所有相应水平的教育机构来说都是强制性的法令）运行。教学实践中缺乏区别化，按照统一大纲工作也决定了教育过程的形式和方法上的整齐划一，教师已经明确了培养抽象的、"合规格的"的儿童培养标准，不去关注每一个生命个体的个性。苏联学校教育的统一目的是：培养全面发展的个性、形成辩证唯物主义的世界观和共产主义的道德观。这一目的显然带有乌托邦性质，从而导致命令与职责、自由的理想与学校生活实际相脱离等现象。学校为学生提供广泛的知识和各种社会团体所具有的高度的社会保护功能，使学校的毕业生很少去了解周围的世界，他们所擅长的事也很少，往往都很幼稚，对于实际活动中的问题了解很少，丧失了创造性和独立性。

变革的时代要求解除学校教育教学过程和培养的单一化和片面性。教育机构向市场模式的转变要求俄罗斯国家做出果断的变革，即不能总是遵从民族传统。苏联学校教育所具有的强烈的意识形态的特性留在了过去，取而代之的是思想独立、言论自由、提出假设和方案等等开放的思想。而在课程大纲的修订上教师和学生有了实现和发展自己创造潜能的机会。20世纪80年代末90年代初，苏（俄）教育改革的最大特点就是彻底的更新和自由变革。首先是在3至4年的时间内出现了很多新型教育机构：实科中学（лицей）、高等专科学校（колледж）、文科中学（гимназии）、选择性学校（альтернативные школы），拓宽了居民参与有偿教育服务的渠道。[①]这些教育机构可以采用自己所制定的教学计划进行教学工作，并且引入了各种不同的有侧重的教学和可选择的课程体系。

教育是形成公民社会的重要组成部分和国家未来成功的保证，它应该比国家所有的权力机构和制度的地位都要高，俄罗斯政府及相关部门认识到：教育需要的不是外部的改造，在新的历史条件下进行自我定位和自我

---

① Борисенков В.П.Стратегия образовательных реформ в России （1985–2005 гг.）[J].Педагогика, 2006（07）：47.

创造等精神层面的深入改革是最重要的，并且要在国家的精神鼓励和财政支持下才能得以顺利进行。

20世纪90年代后半期，俄联邦国家机构确定了这一时期教育改革任务的三个方面，即民族的、全俄的人道主义教育思想的确立；民族教育学说的制定；联邦教育发展大纲的确立，并将这些问题的解决看作是俄罗斯教育体系长远发展的强有力的基础。而进入21世纪以后，俄罗斯政府颁布了一系列与教育改革直接相关的法律文件：《2001—2005年俄联邦教育发展大纲》《俄罗斯联邦民族教育学说》《俄联邦政府远景社会–经济政策基本方向》《俄罗斯教育现代化构想》等。事实证明，所有上述这些文件不仅巩固了教育的法律规范基础，更为重要的是恢复了国家在教育中的作用，将教育事业列为国家政策优先发展的方向之一。

与以往不同，当代俄罗斯教育的改革吸收了来自各方面的力量，政府、地方、企业、各种社会团体、教育机构、教师、家长等等各种组织和个人都有机会参与到教育改革中。俄罗斯总统普京在《致俄罗斯联邦联邦会议的信件》中指出：教育是促使经济机制发挥作用的领域之一，在全球化和新技术变革的时代，不仅是社会领域、公司、社会团体及公民，所有关系国家下一代的教育质量问题的人都应参与到教育改革中，将资金投入到国家的未来。

自苏联解体以来，俄罗斯在教育领域的改革实现了从苏联时期具有国家垄断性质的中央管理、服从马克思主义思想，转向与世界教育空间一体化，适应人道主义、开放性、定位于知识社会基础上的质量等。教育的政治基础发生了转变，使教育多渠道筹集资金成为可能，形成教育服务的市场。确定了教育优先发展战略、教育发展的规模倾向、教育改革的科技和经济取向以及培养目标上的人文倾向，等等。可以说，俄罗斯在教育体系进行根本性重建，带有复杂性、有益性、深刻的矛盾性等特点，但是，也正因为如此才显示了其教育体系的动态发展和持久的生命力。

第二节　教育发展对国家竞争力产生影响的基本特征

在影响国家竞争力的诸多因素中，教育只是其中的一个方面，我们不能直接证明它确实对国家竞争力有明显的提升作用，但是，通过间接的分析可以发现，它是国家竞争力影响因素中不可或缺并且具有重要意义的一个方面。这也说明了教育与其他影响因素相比有着自己的独特性。本节将教育发展对国家竞争力发生影响的基本特征概括为潜在性、周期性和持久性三个方面。

一、教育发展对国家竞争力产生影响的潜在性

教育是将科学技术转化为现实生产力的桥梁。科学技术与生产力有着密切的联系，生产力的基本因素包括生产资料和人的劳动力量，其中人又是生产力的能动因素，劳动者在生产中的这种能动作用主要依靠发展科学技术，科学技术要为劳动者所掌握、变成现实的生产力则主要通过教育这一渠道。

马克思认为，提高劳动生产率的因素主要有"工人的平均熟练程度，科学的发展水平和它在工艺上应用的程度，生产过程的社会结合，生产资料的规模和效能以及自然条件"。[①]综合起来可以概括为两大类：物质技术力量和劳动力质量。其中工人的熟练程度、管理者的智力结构及科学转化为技术的程度，是提高劳动生产率的重要因素，而这些都同教育发展的程度有着直接的关系。教育可以通过提高劳动力的质量和素质对劳动生产率乃至经济发展发生作用。一般来说，劳动力的质量和素质是与劳动者受教育水平成正比的，劳动者受教育年限越多，教育程度越高，其文化、技术水平和智力水平也越高，从而劳动力的质量和素质也越高。

教育的范畴中有一部分是属于上层建筑，但是它与经济生产也存在多方面的直接联系。在现代科技迅速发展的今天，劳动力的再生产主要依靠教育，将科学技术成果转移到生产过程中同样依靠教育。教育已经作为潜在的生产力在发挥着重要的作用。

---

① 杨连登，张公武，张雄.教育兴民论[M].长沙：湖南人民出版社，2002：95.

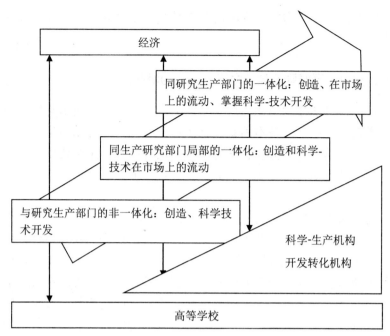

图6-1 高等学校科技成果向生产领域转移的过程

资料来源：И.Майбуров. Развитие высшей школы и экономики：коэволюционный подход[J].Высшее образование в России，2005（06）：83.

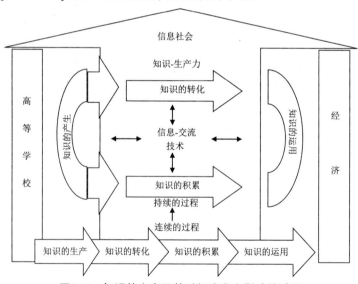

图6-2 知识的生产及其对经济发生影响的过程

资料来源：И.Майбуров. Развитие высшей школы и экономики：коэволюционный подход[J].Высшее образование в России，2005（06）：86.

由图6-1，6-2可见，整个知识生产的过程以及科技成果转化为生产力的过程是一个非常复杂的系统，这之中任何独立的一部分都不会对经济产生直接的影响和作用，或者整个知识生产的过程是一个相互关联和延续的统一体，只有在完成了这一系统的演变过程之后，才能最终运用于各个经济领域。但是，这一演变的过程还是一种潜在的要素，只是在经济领域得到运用之时才会显现出其巨大的能量和作用。

二、教育发展对国家竞争力产生影响的周期性

教育获得经济效果的周期比较长，培养一代具有中等文化技术水平的劳动者大概需要12年左右，而培养高级科技人才则需要16年以上。由于教育过程的周期比较长，往往当教育机构按照一定的要求开始进行人才培养，等到学生毕业时，这种要求有可能就已经发生变化了。因此，在教育系统不断地向经济领域输送大批毕业生的同时，也会出现学生毕业后找不到工作而失业的状况（如表6-2，6-3），这说明教育发展在对经济活动产生影响时具有滞后性的特点。

表6-2　按年龄组，俄罗斯失业居民的数量分布（占居民总数的比：%）

	失业人员总数	各年龄段失业人数比例										失业人员平均年龄（岁）
		20岁以下	20-24岁	25-29岁	30-34岁	35-39岁	40-44岁	45-49岁	50-54岁	55-59岁	60-72岁	
1995	100	11.5	18.0	13.9	14.4	14.0	11.0	7.6	4.2	4.0	1.6	33.1
2000	100	8.6	17.0	13.3	11.3	14.2	13.4	10.1	5.9	3.1	2.9	34.8
2001	100	8.8	17.9	12.4	12.0	12.9	13.6	10.5	6.7	2.6	2.6	34.7
2002	100	9.2	17.2	13.2	11.9	11.5	12.9	10.5	8.2	2.5	2.8	34.8
2003	100	10.1	18.8	12.8	11.1	11.3	12.1	11.0	7.8	2.8	2.3	34.4
2004	100	10.4	17.7	12.3	10.6	10.9	12.1	11.6	8.7	3.2	2.5	34.9
2005	100	10.5	17.9	13.0	11.3	9.5	11.2	11.6	9.0	3.6	2.4	34.8

表格6-3 按教育水平，俄罗斯失业居民的数量分布（占居民总数的百分比：%）

	失业人员总数	不同教育水平失业人员比例						
		高等职业教育	不完全高等职业教育	中等职业教育	初等职业教育	中等（完全）普通教育	基础普通教育	初等普通教育未达到初等普通教育水平
1995	100	9.2	2.3	28.7	…	41.8	16.7	1.3
2000	100	11.0	4.2	22.7	13.5	32.8	13.7	2.1
2001	100	11.1	3.2	25.2	13.1	33.5	12.8	1.1
2002	100	10.4	2.8	24.4	12.4	34.9	13.9	1.2
2003	100	11.2	2.7	20.7	16.2	33.7	14.1	1.4
2004	100	11.0	2.7	20.5	18.3	33.1	13.5	1.1
2005	100	10.7	2.9	18.8	18.3	32.4	16.4	1.1

资料来源：Федеральная служба государственной стастики（Росстат）. Российский статистический ежегодник（2006）：статистический сборник[G].Москва, 2006：145.

但是，从另一个角度来理解，这说明教育在人才培养方面具有周期性特点，就是教育发展在经济领域产生的效果不能马上就看得出来，这种人力资本的积蓄和储备是从基础教育开始的，一直到培养出能够进入经济活动领域并发挥作用至少需要十几年甚至几十年的时间，尤其对于那些依靠高科技的行业来说。

苏联的科学技术之所以在20世纪50年代末以后能够得到很快的发展，完全是依靠了20世纪30年代斯大林教育改革以后高等学校培养出来的一批科技力量。按照教育经济学的理论，这就叫作教育资本的积累。教育投资不是马上就能见到效果的，它比物的投资见效的速度要慢很多，但是，只要它能够良好地发挥作用，其所产生的效果就是巨大的。一项科学技术的发明可以成倍甚至几十倍的速度提高劳动生产率。

表6-4 苏联教育费用和国民收入增长额之间的对比

	1960	1970	1975	1975年占1960年的比（%）
各种来源的教育费用（亿卢布）	85	198	263	309
占国民收入的比（%）	5.2	6.8	7.3	140
靠教育和工作人员熟练程度所取得的国民收入（亿卢布）	279	797	1086	399
占所生产的国民收入的比（%）	19.3	27.5	30.0	156
每一卢布教育费用所得到的国民收入	3.28	4.00	4.13	126

资料来源：全国教育学研究会编.论教育和国民经济的发展[M].北京：人民教育出版社，1980：142.

由表6-4可见，苏联时期依靠教育和工作人员熟练程度所取得的国民收入增加了近三倍。

诚然，教育发展对国家竞争力发生影响的滞后性或周期性特征是教育自身的特性使然。由这种特性对个人或国家的发展可能带来的负面影响，可以通过一些科学预测来极早地采取措施，避免这种负面影响的扩大。以人口规模的变化对教育的影响为例。人口统计上的特征是拟定与实施教育政策一个重要因素，人口规模数据影响着一国的教育需求及相关教育资源的需求。俄罗斯统计学专家们预测，到2025年俄罗斯人口将缩减到一亿两千五百万。2007年年轻劳动力较2006年增加了1%，但是较2004年减少了0.4%，较1992年减少了1.5倍。这一指数特别值得关注，它预示了居民中学生构成数量的趋势。据社会预测中心的研究数据，俄罗斯居民中7至22岁的人口将会减少。与2006年相比，2012年这一部分居民的数量将减少21%，而各种类型教育机构的青年学生数将减少17%，此外，从2010年起青年学生数量的缩减将会变慢，并且还会出现上升的趋势，特别是普通教育学校的学生数量（如图6-3，6-4，6-5，6-6，6-7，6-8）。

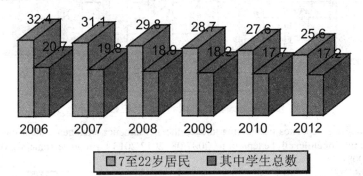

图6-3　俄联邦居民中7至22岁及各类教育机构全日制学生数的变化（单位：百万人）

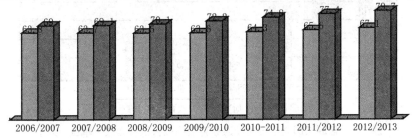

图6-4　居民中7至22岁各类教育机构全日制学生数及普通学校学生数（单位：百万人）

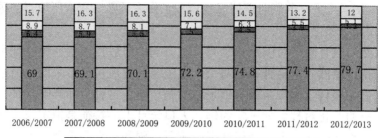

图6-5 各类教育机构全日制学生数比重（%）

资料来源：Прогноз изменения численности учащейся молодежи образовательных учреждений Российской федерации（2007/08-2012/2013）учебные годы[M].Москва：ЦСП，2008：12，13，14.

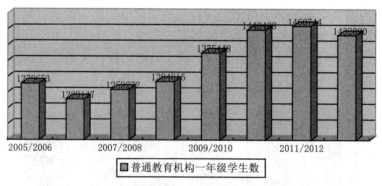

图6-6 俄联邦普通教育机构一年级学生数（单位：人）

资料来源：Прогноз изменения численности учащейся молодежи образовательных учреждений Российской федерации（2007/08-2012/2013）учебные годы[M].Москва：ЦСП，2008：35.

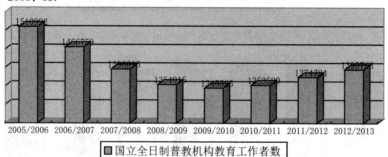

图6-7 俄联邦国立全日制普通教育机构教育工作者数（单位：人）

资料来源：Прогноз изменения численности учащейся молодежи образовательных учреждений Российской федерации（2007/08-2012/2013）учебные годы[M].Москва：ЦСП，2008：35.

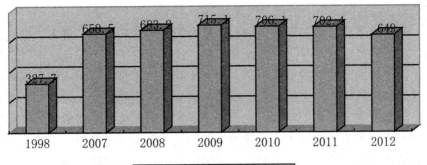

图6-8　国立全日制高校毕业生数（单位：千人）

资料来源：Прогноз изменения численности учащейся молодежи образовательных учреждений Российской федерации（2007/08–2012/2013）учебные годы[M].Москва：ЦСП，2008：120，127.

通过预测人口规模的变化趋势及其将会对教育体系产生的影响，对现有教育政策进行调整和变革，或者在制定未来教育政策或长期规划时作为参照，无疑将会适当地减小这种滞后性特征的负面效应，做到未雨绸缪。

三、教育发展对国家竞争力产生影响的持久性

教育竞争力，特别是高等教育的竞争力是国家竞争力的有机组成部分，是国家竞争力赖以持久的基础和关键要素。

20世纪，美国以全面的竞争优势取代英国而成为世界上最强大的国家，而且其雄厚的国家竞争力不但持续了整整一个世纪，也延续到了21世纪。使美国保持了如此长时间的竞争力的关键在于其领先的科学技术。美国正是依靠"新经济"取得了历史上创纪录的长期增长，"新经济"主要是由高新技术产业群带动的，包括信息网络、电子计算机、高速远程通信技术、卫星定位系统、网络技术等等，美国在这些基础和应用技术方面仍然保持着世界领先地位和竞争优势。[①] 所谓"新经济"即知识经济，即在经济发展过程中知识含量所占比重越来越大，这也说明了教育和人才在经济发展中的重要作用。这也是美国能够得以持续地保持其所取得的成就的重要因素。美国、日本、德国的经济能够在20世纪取得巨大成就，与这些国家重视教育、重用高级人才有直接关系。由此可见，教育是保证一国拥

---

① 邱询旻.国家可持续竞争力长期视角分析[J].财经问题研究，2002（06）：72.

有长期、持久的竞争力的重要因素。

苏联解体后，俄罗斯经历很长一段时间的动荡和衰退，进入21世纪以后，在总统普京的领导下逐渐恢复平稳，经济也有了较大起色，但资金和人才仍是其国家发展的重要阻碍，而人才问题更不是在短时间依靠原来的教育体制所能培养出来的。俄罗斯并不缺少高层次的技术人才，苏联时期已经为此奠定了坚实的基础，在市场经济条件下，俄罗斯所缺少的是高级管理人才、企业经营人才、国际市场开拓人才等这些能够服务于新的经济即市场经济的高级人才，他们决定着国家改革事业的连续性和发展潜力，同时也是国家改革和经济发展的主要力量。也正因为如此，俄罗斯总统普京特别强调要大力发展科学技术，加大对教育及科研的投入。俄罗斯的科技优势主要体现在基础研究和高新技术领域，凭借苏联时期的积累和解体后的一系列科技政策，使其保留了一支在质量上仍居世界前列的科研队伍。而俄罗斯所拥有的相对完整的科技体系以及相关的组织机构的支撑，不仅对高校培养科技人才提出了较高的要求，也为高科技人才提供了一个良好的发展环境和成长空间，拉近了教育与科学之间的距离。

由此我们可以看出，苏联在教育领域取得了令世界瞩目的成就，培养了大量高级技术人才，不仅对当时的社会主义建设作出了重大贡献，而且也成为当今俄罗斯国家发展的重要优势力量。但是随着苏联的解体，俄罗斯的教育体系在政治动荡和经济下滑状况下也受到了严重的冲击，另外，由于整个社会由计划经济向市场经济转轨的过程复杂而艰难，原有的人才培养模式暴露出其极大的不适应，虽然政府曾一度为改变这一现状作出过努力，但是并没有得到预期的效果，其教育领域的诸多变革也没有显现出立竿见影的效果，因而也没有显示出对经济乃至国家发展的重大作用。

曾有俄罗斯学者预言，到2020年，俄罗斯的教育可以成为世界领先的教育，俄罗斯将是第一位的教育强国——拥有最好的教育实践、技术和最好的教师的国家。今天俄罗斯国家唯一、绝对的具有竞争力的领域就是教育，这就要求迅速地发展教育事业，因为教育将是国家发展的主要手段，现在还应该成为快速提升最基础的资源——居民的劳动和智力的质量的手段。每一个儿童都应该接受比今天更好的教育。那么，怎样才能使俄罗斯成为世界第一的教育强国呢？达到这一长远目标并非一段时间内就可实现的，需要教育领域内长久的准备和积累。如有俄罗斯学者提出了以下几点作为教育发展的方向，即为了使教育发展达到更长远的目的而作出的努力和规划。[①]

第一，使教育发展的目的和最终目标指向于工业和科学领域，如果没有构建出新的工业和科学，没有使国家得到发展，那么教育和受过教育的人就不被社会和国家所需要。

第二，将个人的发展置于中心位置，在有效地发展教育体系的基础上转向个性化的或独特的教育。

第三，从根本上改变教育的内容、积累教育技术（方法），教育内容应该保护和增强传统基础。

第四，在新的教育内容基础上，应该加上思考和活动的方法和技术、理解、想象、布局、模式化，每个俄罗斯儿童都应该进入基本能力体系，作为其主要的生存资本。

第五，实施普及高等教育，以应对未来的人口危机（2010—2020年）。

第六，使教师成为第一阶层，提高教育的价值以及教师行业的价值和威望，国家和社会都应该尽全力提升教师的地位。

第七，组建1000所联邦学校（中小学），作为构建新俄罗斯学校模式、超前发展的网络。

21世纪以来，俄罗斯明显加大了对教育的改革力度，将发展教育和科学技术作为国家的优先方向，说明其正倾尽全力为国家的未来发展积蓄人力资本，保持和发展其在教育上的优势力量乃至其在世界上的领先地位。

---

① Юрий Крупнов.Модернизация образования и развитие страны[J].Народное образование，2006（01）：19.

Education Development on National Competitiveness in Russia

结　语

当今激烈的国际竞争越来越集中地体现在高新技术和创新性人才的数量和质量竞争上，而教育体系的质量对改善高级人力资本的状况至关重要，从而对一国财富的创造过程具有重要意义。未来国力的竞争仍然是具有创新能力的人力要素的竞争，高素质人才的培养是知识经济时代国家经济和社会发展的重要推动力，人才的储备状况反映着一个国家当前的实力和未来竞争的潜力，而高素质人才的培养与教育紧密相关。大力实施科教兴国战略，走科教兴国道路，将依然是世界各国迎接知识经济时代挑战的重要筹码。

　　通过前文的论证和分析不难发现，教育的发展对于一国国家竞争力的提升具有重要意义。国内外关于国家竞争力的理论研究中都将教育作为其中的一个必要要素，俄罗斯教育领域出台的一系列重大教育政策及教育改革最终的指向都是为了提升其国家竞争力水平，恢复其大国的地位，从大量的教育发展指标和数据中，我们也可以看得出俄罗斯国家的教育在21世纪以来取得了一定成效，这无疑将会对其当前乃至未来的经济及社会发展产生重要的推动作用。当然，教育的发展能够对一国的国家竞争力产生积极影响是由多方面因素促成的，包括国内稳定的政治经济环境，与其他国家和组织间的融洽关系，以及教育自身的不断调整和革新，即教育发展对国家竞争力产生影响是内在和外在因素共同作用的结果。任何事物的发展变化都有一定的规律可循，在研究过程中，笔者发现并归纳出了教育发展对国家竞争力产生影响的几个基本特点，即潜在性、周期性和持久性。

　　通过对俄罗斯教育发展对其国家竞争力影响的研究，可以从中得到以下几点启示。

一、对俄罗斯国家实力的清醒认识

　　把"俄罗斯是发达国家吗？"这样一句问话放在百度里搜索一下，就会发现我国的大众对于该问题的回答是各不相同的：既有肯定的也有否定的，还有介于两者之间的。有人认为，从军事和科技实力方面来看，俄罗斯在这两个领域的实力都很强，应属于发达国家之列，但也有人认为看一个国家是否发达要看其综合实力，而不能仅凭其军事、科技方面的强大；有人从人均国民收入、经济发展水平方面分析，认为根据世界银行按收入高低的划分和俄罗斯实际状况应在发达国家之列，也有人认为俄罗斯现在的经济发展水平比较落后，属于发展中国家；有人根据从书本上所学得的知识证明俄罗斯属于发展中国家，但也有人指出书中将俄罗斯列为发达国家。还有一种观点就是认为俄罗斯介于发达国家与发展中国家之间或者难以以此来划分，有人认为俄罗斯曾经的辉煌已不在，但当前在国际事务中的作用又举足轻重，将其列为中等以上发达国家；还有人认为很难用发达国家或发展中国家来界定俄罗斯的地位，因为经济体制不同，世界银行很晚才将俄罗斯列入统计，且俄罗斯现在正处于转型时期，GDP无法反映其实际经济水平。

巴西、俄罗斯、印度、中国四国近十年来所表现出来的发展潜力在世界范围内引起了广泛关注。2001年11月，美国高盛集团以吉姆·奥尼尔为首的经济学家在对世界经济10年增长的预期份额的基础上，对巴西、俄罗斯、印度和中国四国给予了特别关注，以四个国家名称英文的首字母的组合提出了"金砖四国"（BRICs）的概念，预测这四国将在未来全球经济发展中超越西方七国（G7）而扮演日益重要的角色，全球经济重心将向这些国家转移，由此将对整个世界经济和政治格局产生深远影响。

俄罗斯是"金砖四国"里很特别的"一块"，它具有压倒其他发展中国家的巨大优势：拥有受过良好教育的劳动力，继承了苏联绝大部分的遗产以及富饶的自然资源等等。[①]俄罗斯国家的发展问题是对当今世界格局有重大影响的问题之一，也是不确定因素最多的问题之一。

作为第一个社会主义国家，苏联的工业化道路和社会主义计划经济体制对包括我国在内的世界上许多国家产生过深刻影响；作为一个大国，俄罗斯在世界政治经济格局中仍占有非常重要的地位；作为一个正处于经济、社会转型中的大国，俄罗斯的发展广受国际社会的瞩目；作为一个地域广阔，自然和社会经济条件地区差异明显的国家，对俄罗斯当前现状及未来发展进行研究具有十分典型的意义和重要的研究价值。

从历史上看，俄罗斯首次成为欧洲大陆强国是在17世纪末到18世纪初彼得一世执政时期。在其执政期间取得了过去200年来从未获得过的巨大成就，开辟并巩固了俄国"通往欧洲的窗户"。也是从这时起，俄国才有了同欧洲大陆先进国家进行经济和文化交流的渠道。彼得一世将首都迁至圣彼得堡也正是为了方便同欧洲的贸易往来。到彼得一世执政后期，俄国终

---

① [荷]莱恩·布鲁玛.俄罗斯：金砖四国里很特别的一块[J]//财富（美国），2006（02）.

于挤进了欧洲列强的行列。从彼得一世去世到叶卡捷琳娜二世登台，俄罗斯经历了近40年的动荡，国力日益衰退，经过叶卡捷琳娜二世三十多年的治理，在18世纪后期，通过对内的专制统治和对外扩张使俄罗斯再次成为欧洲大陆强国。直到19世纪中后期，沙皇俄国在克里木战争中的失败，使其丧失了其在欧洲保持了数十年的强国地位。

俄罗斯的第三次复兴是在十月革命和苏联成立之后。十月革命后，苏联被排斥于欧洲和世界之外，斯大林努力把苏联建成强国。为使俄国再次成为强国，俄共积极推进世界革命，但没有成功，由此提出"一国建设社会主义"的理论，运用指令性计划手段全力发展重工业、军工业，为苏联的强国地位奠定物质基础。到20世纪50至60年代，苏联达到鼎盛时期，成为世界上名副其实的两个超级大国之一，1957年，苏联成功发射第一颗人造地球卫星所给世界各国带来的震撼就是典型例证。

一个有趣的现象是，俄罗斯历史上的三次复兴的时间间隔基本上在百年左右，虽然不能断言相隔百年后的俄罗斯再次复兴，但也由此说明大国的兴衰必定有一段时间间隔，兴和衰都需要一个长期的过程，都会有一个触发点，这个触发点就是决定兴衰的一个重要标志。①

自苏联解体后，俄罗斯在向市场经济转轨的过程中遇到了政治、经济、社会等各方面困难：经济全面滑坡，连续几年工农业生产递减，人民生活水平下降。但这并不能说明俄罗斯已不再是一个经济大国，也不能由此否认其巨大的经济发展潜力。俄罗斯当前仍是一个大国，一个地位不如从前的大国。恢复到与世界上最强大国家同等的地位是俄罗斯历代统治者的大国之梦。

首先，因为俄罗斯拥有辽阔的疆土，并蕴藏着极为丰富的资源，为其经济发展提供了充分的自然物质基础。其次，俄罗斯自19世纪后半叶以来长达百余年的工业化历史为其构筑了雄厚的经济基础，使其在科学技术、基础设施、工农业装备等方面步入了发达国家行列；再次，俄罗斯人口素质较高，在联合国开发计划署（UNDP）1993年公布的世界各国人文发展指标排序中，俄罗斯列第37位，属上等水平国家。它拥有世界上最大的科技人员队伍，成人识字率达94%（这些在很大程度上要得益于十月革命后扫盲和教育普及），② 基础科研、军事技术、教育、文化、卫生等事业相

---

① 钮菊生.俄罗斯复兴：大国梦与现实——俄罗斯兴衰规律研究[D].上海：复旦大学，2003：16–17.

② 陈才.世界经济地理[M].北京：北京师范大学出版社，2002：228.

当发达，人才济济，这不是一般发展中国家和新兴工业化国家所能比拟的；最后，俄罗斯的经济规模、人口规模、广大的待开发的东部地区及其改造、发展的需求构成一个深厚的资本和产品市场，一旦经济运行条件好转，势必会成为充满活力的投资和发展场所。

除了以上国家发展的优势因素外，俄罗斯国家重新崛起的另一重要因素就是其当前执政者弗拉基米尔·普京的魄力。执政伊始，普京就提出了"重振俄罗斯昔日雄风"的口号，以自己的新思想、新作风、新政策将俄罗斯带入了一个全新的时期。在其第一任期内，使社会从无序、混乱的状态走向了有序和相对稳定，使经济从严重的危机状态摆脱出来，走向复苏和增长。普京在《2000年国情咨文》中指出："如果俄罗斯仍是一个弱国，那么我们的确不得不进行这样的选择，这是弱国的选择，也是一个弱者的选择。俄罗斯唯一现实的选择就是选择做强国，做强大而自信的国家……"[①] 俄罗斯发展的目标就是普京强国战略的目标，这一强国战略目标可以用"重新崛起"来概括。

认清他国国家实力和潜力是国与国之间竞争的重要前提。俄罗斯作为与我国相邻的大国，其当前的发展状态及其未来发展态势值得我们进行深入的研究和了解。以教育作为切入点对俄罗斯国家的发展进行研究，一方面是由于研究者本人的学习经历和专业所致，另一方面也是基于前面所讲的教育对于国家发展、对国家竞争力提升的重要作用。

二、教育发展对国家竞争力提升的重要性

国家竞争力的核心是人力要素的竞争，人力要素发挥作用主要通过教育，因此，教育竞争力是提升国际竞争力的关键，是一国综合国力的重要组成部分。目前全世界用于教育的开支在公共资金支出中仅次于军费开支居于第二位。[②]可见，世界各国仍然将教育置于重要位置。

从人力资本理论的角度看，教育是提高人口素质和质量的关键，因为人力资本投资所带来的经济增长效能是通过提高人口的素质和质量实现的，而人口的素质和质量的提高主要是通过教育活动来完成的；教育投资是一种能够使人的能力得以增长的生产性投资，即教育通过对人的培养这个中间环节去实现经济、社会方面的效益，从而推动经济和社会的发展。舒尔茨曾在《穷国的经济学》中指出，改进国家贫穷状况的关键因素不在

---

① 普京文集[M].北京：中国社会科学出版社，2002：78.

② 叶茂林.教育发展与经济增长[M].北京：社会科学文献出版社，2005：32.

于空间、能源和耕地，而是提高人口的质量和知识水平，而人口质量的提高在很大程度上是由教育来完成的，尤其是从事科研工作的科学家和工程技术人员等高技术人口数量的增加是评价人口质量的重要指标之一。

世界各国根据自己国情制定人力政策，加大对教育的投入，提高教育系统的效率，其最终目的就在于使教育适应动态的经济需求，增强国家竞争力。这些国家的经济发展历程也表明，一国经济实力的增强与其对教育的投入关系密切。如二战后的日本和德国在短时间内迅速成为世界经济强国，被誉为世界经济发展的奇迹，很大程度上是因为其所拥有的充足的高素质的人力资源，将人力资源的开发置于首位。德国的教育经费曾一直居于欧洲之首，日本前首相大平正芳曾指出，日本经济的崛起主要依靠的是人的头脑和进取心。

人力资本理论以及相关的经济增长理论的研究还表明，教育除了通过提高劳动者的素质使人力资本增值的方式推动经济的增长外，还通过创造、传播科学技术知识，推动科技成果向生产力的转化对国家的经济发展产生重要影响。当今激烈的国际竞争越来越集中地体现在高新技术和创新性人才的数量和质量竞争上，而教育体系的质量对改善高级人力资本状况至关重要，从而对一国财富创造过程具有重要意义。

科技进步与创新已成为获取国家竞争优势的源泉，新兴科技领域，电子信息和通信技术、生物工程技术及新能源材料技术对国家竞争力有深刻影响。人类社会发展的历史表明，科学技术是经济和社会发展的首要推动力，是国力强盛的根本。18世纪以来，人类社会的进步、经济的发展和国力的强盛都与科技进步息息相关，正是借助于科技的创新和进步，使得一些国家后来居上，成为世界科技、经济和军事强国，成为综合国力竞争中的优胜者。随着知识经济的兴起，国家间、企业间竞争的核心阵地已经不再或不完全是产品和服务领域，而转移到了科学技术的研究、研究与开发以及对用以进行技术创新的科学技术成果方面。由此，竞争将更多地取决于国家和企业在科学技术发展和相关资源的有效利用等方面的能力。科技创新是提高国际竞争力的主导力量。科技创新尤其是高新技术方面的创新和突破，不仅可以极大地提高劳动生产率，同时还能带动其他产业的兴起和发展。

生产率的提高，主要依靠采用新的科学技术，而要使科学技术转化为生产力，就必须要有一批具有科技文化知识、具有职业技能、能推广和应用科技成果的高级职业技术人才，科技人才作为知识的载体已成为知识经济发展的关键。未来国力的竞争也将主要是具有创新能力的人力要素的竞争。高素质人才的培养是知识经济时代国家经济和社会发展的重要推动力，人才的储备状况反映着一个国家当前的实力和未来竞争的潜力，而高素质人才的培养与教育紧密相关。

发达国家与发展中国家的差距本质上就是教育和知识上的差距。[①] 纵观近代以来人类社会的发展历史，实质上就是一部综合国力竞争的历史，而科教兴国的战略思想作为提升综合国力和赢得综合国力竞争的重要因素，则是始终贯穿这一历史过程的主线。因此，任何一个国家想要赢得综合国力的竞争，必须大力实施科教兴国战略，走科教兴国道路，这已是全世界各国迎接知识经济时代到来所达成的共识。

---

① 梁燕君.知识经济时代的科技与教育[J].发明与创新,2007（02）：7.

Education Development on National Competitiveness in Russia

—————— · 参考文献 · ——————

1. [俄]Л.И.阿巴尔金.俄罗斯发展前景预测——2015年最佳方案[M].北京：社会科学文献出版社，2001.

2. [加拿大]迈克尔·富兰.变革的力量（续集）[M].北京：教育科学出版社，2005.

3. [美]加里·S.贝克尔.人力资本——特别是关于教育的理论与经验分析[M].梁小民译.北京：北京大学出版社，1987.

4. [美]杰拉尔德·M.梅尔，詹姆斯·E.劳赫.经济发展的前沿问题[M].黄仁伟、吴雪明等译.上海：上海人民出版社，2004.

5. [美]雷·马歇尔，马克·塔克.教育与国家财富：思考生存[M].顾建新，赵友华译.北京：教育科学出版社，2003.

6. [美]迈克尔·波特.国家竞争优势[M].李明轩，邱如美译.北京：华夏出版社，2006.

7. [美]西奥多·W.人力资本投资——教育和研究的作用[M].舒尔茨，蒋斌，张蘅译.北京：商务印书馆，1990.

8. [苏联]苏科院历史所.苏联民族–国家建设史[M].北京：商务印书馆，1997.

9. [英]埃德蒙·金.别国的学校和我们的学校——今日比较教育[M].王承绪，邵珊，李克兴，徐顺松译.北京：人民教育出版社，2001.

10. [英]安迪·格林.教育与国家形成：英、法、美教育体系起源之比较[M].王春华译.北京：教育科学出版社，2004.

11. [英]亚当·斯密.国民财富的性质和原因的研究[M].北京：商务印书馆，2004.

12. [美]爱·麦·伯恩斯等.世界文明史（第二卷）[M].北京：商务印书馆，1995.

13. [美]奥古斯托·洛佩兹–科拉罗斯，迈克尔·E.波特，克劳斯·施瓦布.2006–2007全球竞争力报告：创建良好的企业环境[M].北京：中国经济出版社，2007.

14. [俄]B.B.马夫罗金.俄罗斯统一国家的形成[M].余大钧译.北京：商务印书馆，1994.

15. [俄]尼·别尔嘉耶夫.俄罗斯的命运[M].汪剑钊译.昆明：云南人民出版社，1999.

16. 程汉忠.国富密码[M].北京：中国水利水电出版社，2008.

17. 单中惠.西方教育思想史[M].太原：山西人民出版社，1996.

18. 范建中.当代俄罗斯政治发展进程与对外战略选择[M].北京：时事出版社，2004.

19. 冯绍雷，相蓝欣.转型理论与俄罗斯政治改革[M].上海：上海人民出版社，2005.

20. 高金岭.俄罗斯基础教育[M].广州：广东教育出版社，2004.

21. 顾明远，薛理银.比较教育导论——教育与国家发展[M].北京：人民教育出版社，2001.

22. 顾明远主编.教育大辞典[M]. 上海：上海教育出版社，1998.

23. 郭齐家.中国教育思想史[M].北京：教育科学出版社，1987.

24. 韩康.21世纪：全球经济战略的较量[M].北京：经济科学出版社，2003.

25. 胡家勇.转型经济学[M].合肥：安徽人民出版社，2003.

26. 李志江.人才资源的经济学分析——中国欠发达地区人才资源开发与利用实证分析[M].北京：中国人民大学出版社，2007.

27. 李中海.普京八年：俄罗斯复兴之路（2000—2008）（经济卷）[M].北京：经济管理出版社，2008.

28. 吕达，周满生.当代外国教育改革著名文献（苏联—俄罗斯卷）[M]. 北京：人民教育出版社，2004.

29. 马克思恩格斯论教育[M].北京：人民教育出版社，1959.

30. 马克思恩格斯全集（第16卷）[M].北京：人民出版社，1973.

31. [俄]尼·别尔嘉耶夫.俄罗斯思想[M].雷永生，邱守娟译.北京：三联书店，1995.

32. 庞大鹏.普京八年：俄罗斯复兴之路（2000—2008）（政治卷）[M].北京：经济管理出版社，2008.

33. 钱一呈.外国教育督导与评价制度研究[M].北京：中央广播电视大学出版社，2006.

34. 全国教育学研究会编.论教育和国民经济的发展[M].北京：人民教育出版社，1980.

35. 全民教育全球监测报告2006：全民扫盲教育至关重要[M].联合国教科文组织出版，2005.

36. 普京文集[M].北京：中国社会科学出版社，2002.

37. 瑞士国际管理发展学院.IMD世界竞争力年鉴[M].北京：中国财政经济出版社，2002.

38. 孙祥秀.彼得一世改革[M].北京：求实出版社，1987.

39. 王慎之.生产力理论史[M].长春：吉林人民出版社，1988.

40. 王义高.苏俄教育[M].长春：吉林教育出版社，2000.

41. 吴式颖.俄国教育史——从教育现代化视角所作的考察[M].北京：人民教育出版社.2006.

42. 肖川.教育的力量[M].长沙：湖南教育出版社，2008.

43. 肖甦，王义高.俄罗斯教育10年变迁[M].北京：北京师范大学出版社，2003.

44. 许志新.重新崛起之路——俄罗斯发展的机遇与挑战[M].北京：世界知识出版社，2006.

45. 杨连登，张公武，张雄.教育兴民论[M].长沙：湖南人民出版社，2002.

46. 羊忆蓉.教育与国家发展：台湾经验[M].台北：桂冠图书股份有限公司，1994.

47. 叶茂林.教育发展与经济增长[M].北京：社会科学文献出版社，2005.

48. 袁本涛.发展教育论[M].南京：江苏教育出版社，2005.

49. 张法琨.古希腊教育论著选[M].北京：人民教育出版社，2007.

50. 郑羽，柳丰华.普京八年：俄罗斯复兴之路（2000—2008）（外交卷）[M].北京：经济管理出版社，2008.

51. 中国人民大学竞争力与评价研究中心研究组.中国国际竞争力发展报告（2001）[M].北京：中国人民大学出版社，2001.

52. 中华人民共和国商务部欧洲司，中国社会科学院俄罗斯东欧中亚研究所联合课题组.俄罗斯经济发展规划文件汇编[M].北京：世界知识出版社，2005.

53. 钟亚平.苏联–俄罗斯科技与教育发展[M].北京：人民教育出版社，2003.

54. 朱小蔓，Н.Е.鲍列夫斯卡娅，В.П.鲍利辛柯夫.20—21世纪之交中俄教育改革比较[M].北京：教育科学出版社，2006.

55. [美]朱安尼塔·克雷波斯.高等教育与国家竞争力[J].张彦，任存珠译.陕西经贸学院学报，1994（02）.

56. 陈伟.新指数、新思维、新趋势——世界经济论坛新的全球竞争力指数简介[J].经济研究参考，2005（82）.

57. 陈学军.OECD教育指标体系概念框架及其内容的演变与发展[J].比较教育研究，2006（08）.

58. 杜妍智.高等教育国际化背景下国家发展探究[J].消费导刊，2006（11）.

59. 樊纲.论竞争力[J].管理世界，1998（03）.

60. 冯鹏志，母小曼.科学技术在当代综合国力竞争中的地位及功能[J].北京工业大学学报（社会科学版），2003（01）.

61. 冯增俊.论教育现代化的基本概念[J].教育研究，1999（03）.

62. 国家发展和改革委员会体管所国际竞争力比较课题组.全球竞争力报告. 2006—2007述评——解读我国的竞争力评比结果[J].中国经贸导刊，2007（23）.

63. 谷建春，刘耘.高等教育与国家的经济腾飞[J].湖南社会科学，2006（04）.

64. 胡列曲，丁文丽.国家竞争力理论及评价体系综述[J].云南财贸学院学报，2001（03）.

65. 胡列曲.国家竞争力理论的评价与探讨[J].云南财贸学院学报（经济管理版），2003（01）.

66. 胡瑞文，杜晓利.人才是增强国家竞争力的根本[J].前线，2005（12）.

67. 江海燕.人力资本理论与教育现代化[J].学术研究，1998（09）.

68. 康宴如，段启增.俄罗斯学者对列宁、斯大林及苏联历史的新见解[J].国外社会科学，2007（06）.

70. 雷丽平.俄罗斯文化的形成、发展及其主要特征[J].西伯利亚研究，2001（02）.

71. 雷永生.别尔嘉耶夫关于俄罗斯人道主义的思想[J].中州学刊，1991（02）.

72. 李光.发达国家高等职业技术教育与经济竞争力研究[J].山西大学学报（哲学社会科学版），2004（04）.

73. 李述森.荣耀与包袱——论帝国模式对俄罗斯国家发展道路的影响[J].俄罗斯中亚东欧研究，2005（02）.

74. 刘建银，安宝生.教育指标理论研究的几个基本问题[J].中国教育学刊，2007（09）.

75. 刘军梅，刘志扬.俄罗斯经济的竞争力、发展困境及其出路[J].俄罗斯中亚东欧研究，2007（04）.

76. 陆南泉.普京执政以来俄罗斯经济形势分析[J].国际观察，2004（04）.

77. 邱询旻.国家可持续竞争力长期视角分析[J].财经问题研究，2002（06）.

78. 任燕华.国民素质与国际竞争力[J].江汉论坛，2006（06）.

79. 商春荣，黄燕.国家竞争力评价理论与方法：演变过程及发展趋向[J].科技政策与管理，2005（06）.

80. 邵润堂，张华.比较优势、竞争优势及国际竞争力[J].经济问题，1999（04）.

81. 宋德星，许智琴.大俄罗斯主义思想体系及其当代政治表现[J].太平洋学报，2003（04）.

82. 唐朱昌.俄罗斯经济重新崛起的前景分析[J].东北亚论坛，2005（05）.

83. 王玲.竞争力的核心在于创新——解析世界经济论坛全球竞争力最新排名[J].世

界经济，2005（07）．

84．汪应洛，马亚男，李泊溪.几个竞争力概念的内涵及相互关系综述[J].预测，2003（01）．

85．邬志辉.教育指标：概念的争议[J].东北师大学报（哲学社会科学版）2007（04）．

86．夏清华.从资源到能力：竞争优势战略的一个理论综述[J].管理世界，2002（04）．

87．肖甦，单丽杰.俄罗斯教育政策与国家发展[J].比较教育研究，2005（11）．

88．徐宗俊.提高国家竞争力与工科研究生教育[J].高等工程教育研究.1988（01）．

89．许庆豫.西方国家教育制度的诞生与发展.苏州大学学报（哲学社会科学版）[J]，2000（03）．

90．薛海平，胡咏梅.国际教育竞争力的比较研究[J].教育科学，2006（01）．

91．杨丽娥.国家发展与国民素质[J].中华文化论坛，2003（03）．

92．杨永忠，蒋丽云.国家竞争理论的演变及对我国的启示[J].郑州航空工业管理学院学报，2007（03）．

93．占盛丽.国家发展与教育发展理论中的相对主义立场——评法格林兰和沙哈《教育与国家发展——一个比较的观点》[J].比较教育研究，1999（02）．

94．张百春.文化学研究在俄罗斯[J].国外社会科学，1998（06）．

95．张建华.俄罗斯国家的形成与民族主义[J].北京师范大学学报（人文社会科学版），2001（02）．

96．张建华.俄罗斯经济文化传统的形成及其对现代化的影响[J].求是学刊，1991（06）．

97．张琪，张岩.高校创新教育与提升国家竞争力[J].辽宁工学院学报，2004（04）．

98．张守锋，韩君.从比较优势到竞争优势——国家竞争优势理论评述[J].社科纵横，2006（09）．

99．赵宏斌.教育竞争力是国家竞争力的基石[J].中国国情国力，2008（07）．

100．赵丽敏.教育国际竞争力发展指标体系的构建[J].教育评论，2004（01）．

101．郑桂芬.俄罗斯文化中的普世主义和专制主义[J].今日东欧中亚，2000（04）．

102．朱旭东.格林的教育发展和国家形成理论[J].比较教育研究，2002（04）．

103．朱旭东，蒋贞蕾.国家发展与教育发展模式探讨[J].比较教育研究，2001（01）．

104．祝伟.试析俄罗斯传统文化中的大国意识[J].俄罗斯研究，1996（04）．

105. 钮菊生.俄罗斯复兴：大国梦与现实——俄罗斯兴衰规律研究[D].上海：复旦大学博士学位论文，2003.

106. "教育决策与教育指标"研讨会.OECD国家教育政策的关键问题及其指标体现[R].北京师范大学教育学院根据2003—2007年OECD《教育概览》改编，2008.

107. STEM教育与国家竞争力[EB/OL]. http://blog.sina.com.cn/s/blog_4ce310b501000b8s.html，2007–10–16.

108. 张聪明.俄罗斯的综合国力和国家竞争力[EB/OL]. http://euroasia.cass.cn/ Chinese/ Productio/Yellowbook2007/009.html.

Education Development on National Competitiveness in Russia

—————— · 后 记 · ——————

本书是在我博士毕业论文基础上完成，并对其中一些内容进行了修改、补充和完善。因为所学外语（俄语）的关系，自2006年考入北京师范大学比较教育专业后，一直在导师的指导下从事俄罗斯教育领域的学术研究，随着研究的不断深入和拓展，自己的研究兴趣也日益浓厚，并继续攻读了博士学位，延续对俄罗斯教育理论和实践的研究。毕业后我也一直致力于俄罗斯教育研究，在《外国教育研究》《江苏高教》《黑龙江高教研究》《现代教育管理》等CSSCI来源期刊、全国中文核心期刊等杂志上发表了多篇关于俄罗斯高等教育改革、国别研究方面的文章，并出版一部专著《大学特色发展的比较研究》，这些研究经历为本书的后续补充研究提供了丰富的资料积累和多元视角。

本书充分利用学校网络资源、图书资源以及国家图书馆的中外文资料库，开展了大量的一手文献查阅和分析工作。同时，导师肖甦老师提供的大量俄文教育类原文资料也为我博士论文的撰写起到了重要的支持作用。也正是有如此丰富的一手资料，使得博士论文的理论基础和研究内容更加扎实，论证更加有力。书中有关俄罗斯学者对竞争力以及教育与国家竞争力之间关系的论述具有一定的创新性，在国内相关研究中还少有对这一问题的深入阐述。而关于俄罗斯教育发展指标的分析，以及俄罗斯教育发展指标在国民生产领域的反映，运用了大量的数据指标来进行论证，更具直观性和说服力。

本书得到了北京师范大学教育学部及俄罗斯教育研究专家等多位老师的指导和支持，感谢导师肖甦老师、吴式颖老师、王义高老师、高益民老师、项贤明老师、朱旭东老师、刘宝存老师、马健生老师等在论文开题以及撰写过程中提出的宝贵建议；感谢姜晓燕师姐、冯相如师兄提供的一手资料；感谢我的同班同学和同门的师弟师妹，通过与大家一起探讨和交流，引发了我对所研究课题的全面认识和深入思考。更要感谢我的父母及亲人一直以来对我学业的支持和厚爱。

本书的出版得到了吉林大学出版社的大力支持，在此向担任本书编辑校对工作的老师表示诚挚的谢意！由于本书的研究题目较为宏大，时间跨度大、涉及范围广、工作量较为庞大，本人的知识储备、眼界、对材料的驾驭能力还没能达到驾轻就熟的程度，对有些问题的研究还不够深入，书中还存在不足和谬误之处，敬请广大读者提出中肯的批评和建议。

单春艳

2020年7月